特大跨度隧道工程施工关键技术研究

许宗帮　著

科学出版社
北　京

内 容 简 介

本书针对特大跨度隧道工程技术特点，结合作者学习和参加工作期间的研究成果，论述了特大跨度隧道的工程特征、施工工法选取、工法转换与控制、隧道分步施工松散荷载计算方法、连拱隧道中墙偏压机理与施工影响，以及考虑节理性状的节理岩体隧道围岩稳定性分析方法等内容，详细阐述了相关的研究思路和研究分析方法，并结合工程案例进行了应用说明。

本书可供隧道设计、施工和科研人员使用，也可作为高等院校硕士、博士研究生等的参考用书。

图书在版编目（CIP）数据

特大跨度隧道工程施工关键技术研究／许崇帮著. —北京：科学出版社，2021.9

ISBN 978-7-03-069599-4

Ⅰ. ①特…　Ⅱ. ①许…　Ⅲ. ①隧道施工　Ⅳ. ①U455

中国版本图书馆 CIP 数据核字（2021）第 167710 号

责任编辑：牛宇锋　乔丽维／责任校对：任苗苗
责任印制：吴兆东／封面设计：蓝正设计

科 学 出 版 社 出版
北京东黄城根北街 16 号
邮政编码：100717
http://www.sciencep.com

北京凌奇印刷有限责任公司 印刷
科学出版社发行　各地新华书店经销

*

2021 年 9 月第　一　版　开本：720 × 1000　B5
2023 年 1 月第二次印刷　印张：12 1/2
字数：242 000

定价：98.00 元

（如有印装质量问题，我社负责调换）

前　言

特大跨度隧道是我国公路行业一个重要的发展方向，尤其在社会经济发达、公路运输繁重的东中部地区，特大跨度隧道可以使有限路线资源得到更加充分的利用。与一般单洞两车道隧道相比，特大跨度隧道的开挖跨度与隧道建造工艺决定了其设计与施工工法的复杂性，尤其是以钻爆法开挖为主的山岭隧道。这种复杂性表现在对特大跨度隧道工程的建造理论与技术的认识还处于摸索、探讨的阶段，设计理论与方法体系尚未成熟，设计参数与工法间匹配关系尚不清晰，隧道施工工法选取与转换控制缺少理论依据，而多依赖于技术人员经验等方面。

作者在攻读博士学位期间与参加工作以来，有幸接触与从事特大跨度隧道的相关问题研究，参与了多座特大跨度隧道工程的建设，对其工程建设中存在的问题与现象深有感触，并对其中的某些问题开展了一些探索性的研究，力图探索隧道设计与施工中的一些规律，以期为隧道工程技术的发展贡献一丝绵薄之力。作者针对特大跨度隧道相继开展了松散荷载计算方法、连拱隧道中墙偏压机理、节理岩体隧道围岩稳定性分析方法、工法选用判据、工法转换与控制方法等研究工作，这些研究内容与成果在本书中做了较为系统的介绍，希望这些内容的研究角度与观点能够为广大的技术人员提供一丝启发和思路。

作者衷心感谢同济大学夏才初教授、交通运输部公路科学研究院王华牢教授级高级工程师两位导师的悉心指导；感谢交通运输部公路科学研究院领导和桥梁隧道研究中心领导对研究工作的支持；感谢赵旭博士、万飞博士、李杰硕士等对研究工作的协助。

特别需要说明的是，本书相关内容得到了中央级公益性科研院所基本科研业务费专项基金项目、贵州省交通科技项目、福建省交通科技项目等的资助。

限于作者的理论技术水平与工程经验，书中难免存在不足之处，敬望各方面专家、读者不吝批评指正。

许宗帮

2021 年 6 月

目　　录

第 1 章　特大跨度隧道工程特征

隧道作为交通基础设施的一种构造物类型，是交通线路穿越山体、水体、土体等障碍时的路径形式，其功能是满足人们交通出行时的安全需求。这种需求具有显著的时代性，是社会经济和社会技术发展的外在表现，其中，社会经济的发展为隧道工程的建造提供资金支持,社会技术的发展让隧道工程的建造成为可能。特大跨度隧道工程即是为满足当前人们交通出行的需求而出现，并伴随着社会经济和社会技术的发展而得以快速发展的。

1.1　特大跨度隧道界定

1. 隧道断面划分

日本和国际隧道协会采用隧道断面面积指标对隧道类型进行了划分，建议划分标准见表 1.1 和表 1.2。

表 1.1　日本隧道断面划分

等级划分	开挖断面面积/m^2	说明
标准断面	70～80	双车道
大断面	100～120	有人行道的双车道
超大断面	>140	与路面宽相同的三车道

表 1.2　国际隧道协会断面划分

等级划分	净空断面面积/ m^2
超小断面	<3
小断面	3～10
中等断面	10～50
大断面	50～100
超大断面	>100

由表 1.1 和表 1.2 可知，日本和国际隧道协会的划分依据并不完全一致，日本

基于开挖断面面积进行划分,而国际隧道协会则基于隧道净空断面面积进行划分。但根据表 1.1 和表 1.2 的划分标准，当隧道净空断面面积超过 $100m^2$ 时均已属于大断面隧道,因此利用断面面积划分隧道时常无法区别单洞两车道、单洞三车道、单洞四车道间隧道的差异性。

2. 隧道跨度划分

对属于大断面的单洞两车道和单洞三车道隧道，或同属超大断面的单洞三车道与单洞四车道隧道，利用隧道断面面积的表述形式不能对其做进一步的区分与表征。同时，在实际隧道工程建设中，公路隧道断面面积的增加主要源于隧道跨度增加，即隧道断面越大，隧道横断面越扁平。

因此，为表征隧道跨度的影响，我国依据隧道开挖跨度提出了公路隧道划分标准，见表 1.3。

表 1.3 公路隧道按开挖跨度分类

分类	开挖跨度 B/m
小跨度隧道	$B<9$
中跨度隧道	$9\leqslant B<14$
大跨度隧道	$14\leqslant B<18$
特大跨度隧道	$B\geqslant 18$

根据表 1.3 的划分标准，单洞四车道隧道属于特大跨度隧道，而对采用路基同宽的中短单洞三车道隧道而言，其开挖跨度也常常超过 18m，亦属于特大跨度隧道。因此，特大跨度隧道指单洞三车道及以上的公路隧道。

1.2 特大跨度隧道构造特点

1.2.1 隧道断面扁平

隧道开挖高度与开挖宽度之比称为隧道扁平率，一般两车道隧道的扁平率在 0.8 左右,三车道隧道的扁平率在 0.65 左右,四车道公路隧道的扁平率在 0.5 左右。可见，车道数量越多(跨度越大)，隧道扁平率越小。隧道结构在开挖后应力重分布更不利于结构稳定，如隧道拱脚处应力集中显著增大；拱顶拉应力和下沉变形增加明显，易出现拉裂破坏而塌方，这些对隧道结构整体稳定性十分不利。

1.2.2 隧道临时支护措施多

受隧道断面尺寸、围岩条件、施工工艺及机械作业水平等因素影响，特大跨度隧道施工中除超前支护外，还需采用大量的临时支护措施(图 1.1)，如临时仰拱、临时中墙、斜向钢支撑等，用以保障隧道施工安全。这些隧道临时支护措施施作、拆除均会对隧道衬砌支护结构受力产生重要的影响，是特大跨度隧道施工的重要特点。

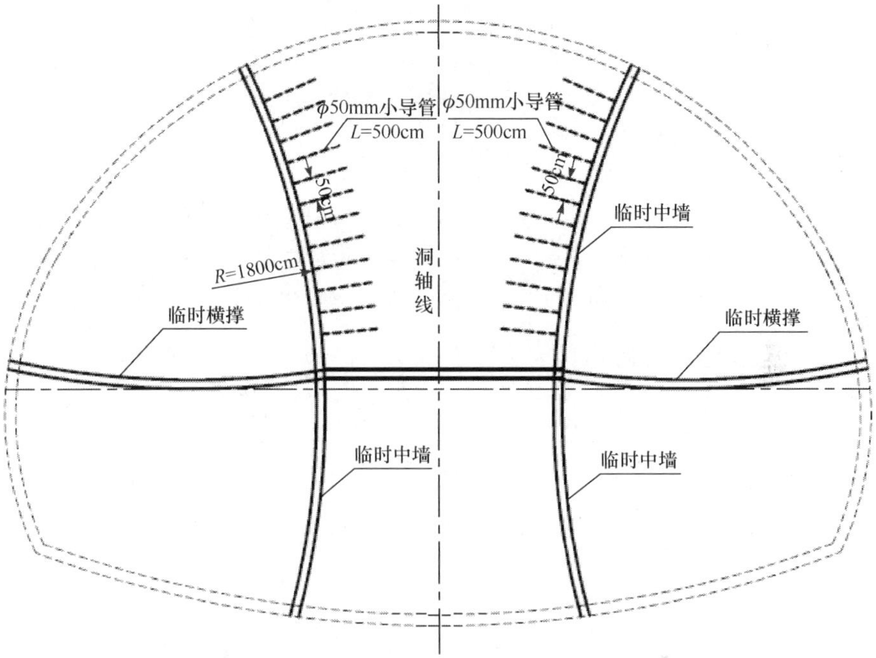

图 1.1　特大跨度隧道临时支护设计图

1.2.3　隧道衬砌荷载复杂

隧道工程作为一种半地下结构工程，与地上建筑结构相比，其荷载受周边围岩影响与控制，荷载作用模式与大小难以进行精准表述，现有的各类荷载计算方法也多适用于某一类工程环境和原岩应力场下的初次开挖条件。而对特大跨度隧道而言，除了上述问题外，特大跨度隧道荷载还受到隧道施工工法、工序及临时支护的影响。

以下通过Ⅴ级深埋条件下双向四车道、六车道、八车道连拱隧道的衬砌结构受力状态对比，以及不同时期下隧道衬砌支护指标的工程对比，说明特大跨度隧道荷载的复杂性。

1. 不同跨度隧道结构受力状况

模型尺寸：三种车道的连拱隧道埋深均为 90m，模型尺寸为宽 200m、高 180m。

约束条件：底边界采用竖向位移约束；左、右两侧边界采用水平方向位移约束。网格划分见图 1.2(双向八车道连拱隧道)。

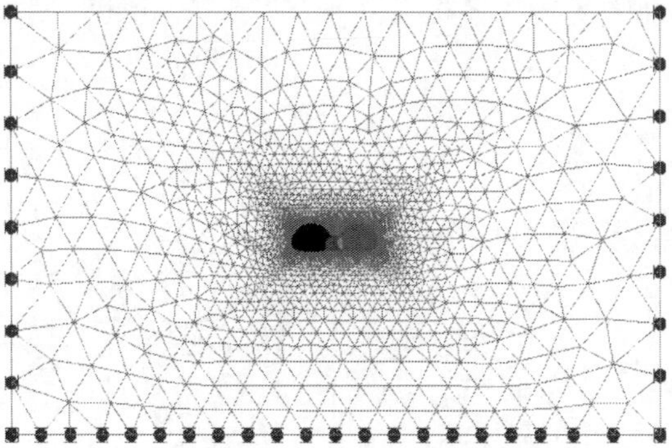

图 1.2 模型网格划分(双向八车道连拱隧道)

模型参数：隧道衬砌支护参数见表 1.4。

表 1.4 模型参数

隧道类别	名称	弹性模量 E/GPa	容重 γ/(kN/m^3)	截面积 A/m^2	惯性矩 I/10^{-3}m^4
双向四车道连拱	初衬	25	23	0.45	7.59
	二衬	29.5	25	0.55	13.86
双向六车道连拱	初衬	25	23	0.25	1.30
	二衬	29.5	25	0.55	13.86
双向八车道连拱	初衬	25	23	0.25	1.30
	二衬	29.5	25	0.55	13.86

分析对象：以左洞拱顶和左右侧拱腰三处特征点(拱顶 A、左侧拱腰 B、右侧拱腰 C)(图 1.3)为分析对象。

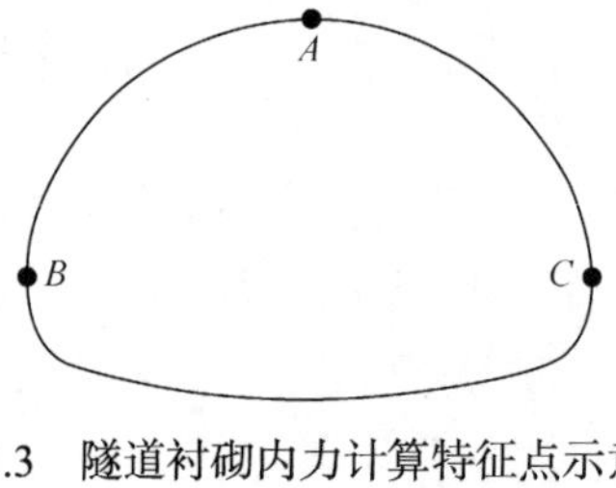

图 1.3 隧道衬砌内力计算特征点示意图

三种车道连拱隧道的衬砌内力和位移计算结果见表 1.5。由表可知：

(1) 八车道连拱隧道衬砌内力大于四车道、六车道连拱隧道。前者相对于后两者，隧道初衬轴力在拱顶位置分别增大 82.6%、19.1%，在左侧拱腰位置分别增大 39.9%、15.5%；隧道二衬轴力在拱顶位置分别增大 48.7%、18.6%，在左侧拱腰位置分别增大 51.5%、32.7%；在右侧拱腰位置分别增大 56.4%、23.8%。八车道连拱隧道拱顶负弯矩(净空内侧受拉)比四车道、六车道连拱隧道分别增大 104.4%、18.3%；四车道连拱隧道左洞左、右两侧特征点没有出现负弯矩，而六车道、八车道连拱隧道均出现了负弯矩，其中八车道连拱隧道左、右侧特征点比六车道连拱隧道分别增大 151.2%、313.9%。

(2) 在特征点位移方面，八车道连拱隧道拱顶位移均显著大于四车道、六车道连拱隧道，其中八车道连拱隧道要比四车道、六车道连拱隧道分别增大 67.3%、27.0%；三者的水平收敛位移差异性更为显著，四车道连拱隧道水平特征点向隧道临空面内侧变化，而六车道、八车道水平特征点向隧道围岩内部变化，且八车道要比六车道增大 126.5%。可见，跨度越大，连拱隧道拱顶沉降越大；水平收敛方向则随着隧道跨度增大由向临空面变形转化为向围岩内部变形。

表 1.5 不同车道隧道特征点内力及位移值汇总

名称		四车道 (A_1)	六车道 (B_1)	八车道 (C_1)	$(B_1-A_1)/A_1$ /%	$(C_1-A_1)/A_1$ /%	$(C_1-B_1)/B_1$ /%
初衬轴力/kN	*A*	1949	2989	3559	53.4	82.6	19.1
	B	3422	4144	4787	21.1	39.9	15.5
二衬轴力/kN	*A*	1052	1319	1564	25.4	48.7	18.6
	B	1245	1421	1886	14.1	51.5	32.7
	C	1008	1274	1577	26.4	56.4	23.8
弯矩/(kN · m)	*A*	−18.35	−31.70	−37.51	72.8	104.4	18.3
	B	12.12	−42.20	−106.00	−448.2	−974.6	151.2
	C	9.92	−4.04	−16.72	−140.7	−268.5	313.9
拱顶下沉/mm		10.4	13.7	17.4	31.7	67.3	27.0
水平收敛/mm		3.2	−0.234	−0.53	−107.3	−116.6	126.5

由以上分析可知，八车道连拱隧道支护受力状态比四车道、六车道连拱隧道更为不利，由此可表明作用在衬砌结构上的荷载与四车道、六车道连拱隧道相比更为复杂。

2. 工程案例对比

我国已建成的单洞四车道公路隧道工程设计信息见表 1.6。由表可见，隧道工程随着建设年代的变化，其支护参数呈现逐步变弱的趋势。例如，洞口浅埋段二衬厚度由早期的 80cm 渐变为 75cm、70cm、65cm、55cm，其他围岩级别的二衬厚度也类似。显然，早期大断面隧道的设计方案具有过大的安全储备，存在经济上浪费的可能。

表 1.6 单洞四车道公路隧道统计表

项目		贵州凯里大阁山隧道	广州地铁公纪区过渡段	大连韩家岭隧道	深圳雅宝隧道	广州龙头山隧道	金鸡山隧道(双向八车道连拱)	魁歧2号隧道(双向八车道小净距)
单洞长度/m		496	22	521	265	1010	295	737
跨度/m		21.04	21.6	21.242	20.9	21.47	20. 94	19.9
洞高/m		11.5	14.2	15.52	13.48	13.56	14.2	13.19
扁平率		0.55	0.66	0.731	0.645	0.63	0.67	0.66
建设时间		2000.4～2001.8	2002	2002.8～2003.4	2004.8～2006.6	2005.3～2007.10	2007.3～2010.10	2007.3～2010.10
浅埋段	初衬/cm	—	钢隔栅，35	工字钢拱，30	H钢拱架，30	H钢拱架，30	钢隔栅，45	钢隔栅，45
	二衬/cm	—	80	75	70	65	55	55
Ⅴ级围岩	初衬/cm	—	—	26	25	27	45	30
	二衬/cm	—	—	70	65	60	55	60
Ⅳ级围岩	初衬/cm	—	—	22	20	22	26	25
	二衬/cm	—	—	65	55	50	50	55
Ⅲ级围岩	初衬/cm	—	—	—	12	15	—	18
	二衬/cm	—	—	—	50	45	—	45
Ⅱ级围岩	初衬/cm	—	—	—	—	10	—	10
	二衬/cm	—	—	—	—	40	—	40

根据调查和计算，广州地铁公纪区过渡段的 80cm 衬砌厚度能够满足结构上任一点的安全要求，即取传统荷载计算方法得到的松散荷载最大值为设计荷载，结构上的任一点均在规范要求的合理范围内；但相比之下，同是浅埋情况(即荷载基本相同)，福建省福州市的金鸡山隧道以 55cm 的衬砌厚度仍然能够保障安全，后者衬砌厚度减少了 25cm。由此表明，特大跨度公路隧道的荷载计算方法还存在一定的不足，有待进一步研究。

1.3　特大跨度隧道施工特点

1.3.1　特大跨度隧道施工方法

公路隧道施工中常采用的施工方法主要有以下几种。

1) 全断面法

全断面法(full face excavation method)一般仅适用于小断面隧道，或围岩地质条件很好(如Ⅰ级、Ⅱ级围岩)的隧道。该施工优点是有利于机械化作业，施工工序简单、工程造价低、施工速度快。

2) 台阶法

台阶法(bench cut method)适用范围较广，台阶数量一般分为二台阶或三台阶，可综合考虑隧道断面高度、机械设备及围岩稳定性等因素，工程造价较低、施工工序较简单、施工速度较快。

3) 中隔壁法

中隔壁法(center diaphragm method，CD 法)将隧道施工断面分成左右两部分，使隧道施工跨度减小，变大跨度施工为小跨度施工，有利于掌子面和顶板稳定，有利于抑制拱顶沉降和地表下沉。中隔壁法适用于对隧道安全要求相对较高的大断面隧道，该方法施工工序较多、工程造价和施工安全性较高，但施工速度相对较慢。

4) 交叉中隔壁法

交叉中隔壁法(cross diagram method，CRD 法)是中隔壁法和台阶法两种方法的混合应用，该方法集成了上下台阶法、中隔壁法两种方法的优点，适用于对环境保护要求较高的大断面隧道，该方法施工工序较为复杂、施工难度高，工程造价也较高。

5) 三导坑(洞)法

三导坑(洞)法(three drift method)是将隧道施工横断面分成 3 个并列导坑分步施工，首先开挖中央导坑(洞)，再开挖两侧导坑(洞)。该方法适用于断面特大的公路隧道，与交叉中隔壁法相比，其施工工序较简单、施工难度低。

6) 双侧壁导坑法

双侧壁导坑法(both side drift method)是目前隧道施工方法中最为复杂的，该方法综合了上下台阶法、中隔壁法、三导坑法的特征，将单洞隧道横断面分为 6～9 个小导坑分步施工，变大跨度施工为小跨度施工、变大断面施工为小断面施工。该方法适用于围岩稳定性较差的大跨度隧道，缺点是施工工序十分复杂、施工难度大，且不利于大型机械作业。

7) 其他施工方法

在隧道施工中，除以上 6 种常见的施工方法外，还有一些在上述基本方法基础上，结合隧道断面地层岩性情况衍生的施工工法，但这些方法仅出现在少数隧道施工中，未被广泛应用，在此不再赘述。

上述方法中适用于特大跨度隧道施工的方法主要有中隔壁法、交叉中隔壁法、三导坑(洞)法和双侧壁导坑法。这些隧道施工方法的显著特征是：首先，沿隧道横断面水平方向将隧道断面进行分割；然后，将各导坑按上下或上中下的方式进行分割，从而形成多个独立的小型开挖作业面；最后，各小型作业面间按照一定顺序分步施工。可见，施工中控制单次隧道施工跨度是特大跨度隧道施工的根本特征。

1.3.2　隧道分步施工对荷载的影响

特大跨度隧道分步施工中先行导坑的施工和导坑间的临时支护改变了后行导坑开挖时的应力状态和边界条件，该状态下后行导坑开挖后顶部围岩应力状态与未扰动状态下开挖此导坑所产生的应力状态具有明显的差异性。导致这种差异性的原因主要有两个方面：

第一个方面是先行导坑的施工，使后行导坑范围内的围岩受到扰动而松弛。

第二个方面是临时支护结构的存在改变了后行导坑边界，阻止了后行导坑两侧(或一侧)围岩和顶部围岩的松弛、变形(实际中，后行导坑一侧或两侧围岩已被挖去)。

这两个方面对后行导坑顶部压力状态的影响效果相反，前者将可能增加导坑顶部的松散荷载；后者则起到阻止顶部围岩松散塌落、减小导坑顶部松散荷载的作用。两者的综合结果是阻止后行导坑松散围岩塌落、减小导坑顶部松散荷载，这是特大跨度隧道分步施工方法实施的目标。

为说明这种分步施工特征对隧道荷载的影响，借助于图 1.4 所示的工法算例模型进行分析。算例中隧道断面尺寸见图 1.4，隧道围岩为Ⅴ级，埋深 46m。考虑以下四种不同开挖工况。

工况 1：无临时支护，中间导坑开挖。

工况 2：有临时支护(提前预埋，两侧导坑无开挖)，中间导坑开挖。

工况 3：左、右导坑先开挖，施作临时支护，再开挖中间导坑。

工况 4：三个导坑分步开挖，无临时支护。

四种开挖方法下隧道拱顶围岩应力的变化见图 1.5。由图可知：

(1) 在无临时支护条件下开挖中间导坑(即工况 1)时，在距隧道顶部 9.32m 的位置，围岩应力发生突变；径向大于 9.32m 时围岩应力与原岩应力状态仅有小幅度的偏离，因此该工况下松散塌落高度可视为 9.32m。若中间导坑开挖前开挖边界存在临时支护结构(即工况 2)，则中间导坑开挖后拱顶围岩沿径向的应力仅与原岩应力有小

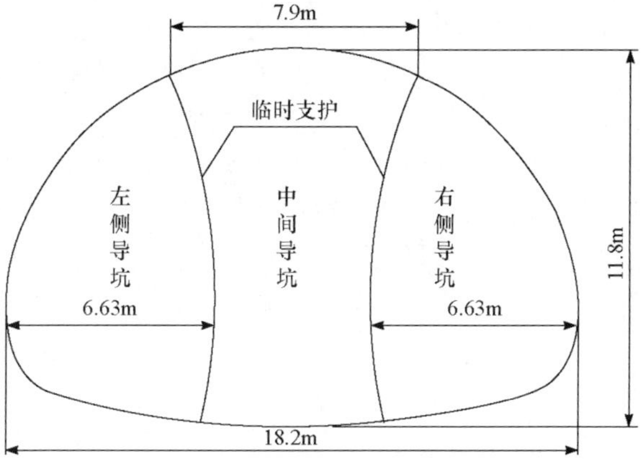

图 1.4　双侧壁导坑法示意图

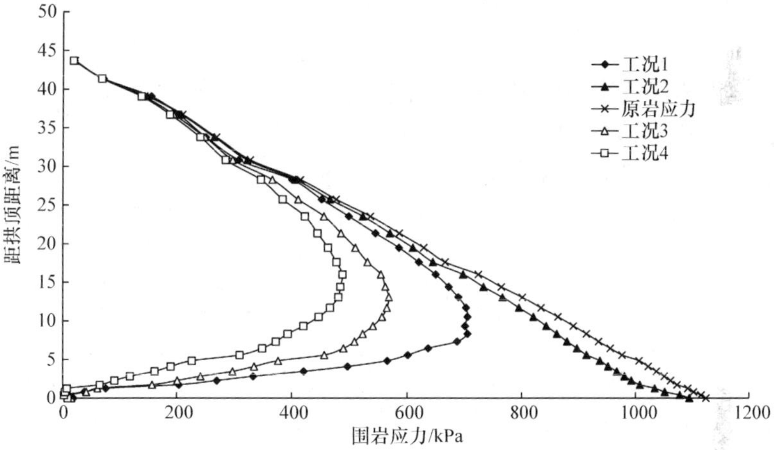

图 1.5　V 级围岩临时支护效果比较

幅度的偏离，没有应力突变现象，表明围岩未出现松散塌落。工况 1 与工况 2 顶部围岩应力变化说明导坑开挖后的松散塌落高度受其边界条件的影响与控制。

(2) 若左右导坑先开挖，施作临时支护，再开挖中间导坑(即工况 3)，在距隧道顶部 13.05m 的位置，围岩应力发生突变；若三个导坑依次开挖(即工况 4)，在距隧道顶部 15.22m 的位置，围岩应力发生突变。同样，可认为工况 3 的松散塌落高度为 13.05m，工况 4 的松散塌落高度为 15.22m。工况 3、工况 4 的顶部围岩应力变化表明在分步施工中，采用临时支护和工序对隧道松散塌落高度的影响显著；同理，工况 2 和工况 3 的对比也同样说明工序和周边导坑开挖对荷载的影响。

在以上对比分析的基础上，对大跨度隧道分步施工和导坑临时支护的施工作用和意义做如下进一步分析讨论。

1) 隧道分步施工作用和意义

隧道岩体一般视为弹塑性介质体，在隧道施工卸载过程中，不但产生弹性变形，而且还产生塑性变形。其中，弹性变形可认为与施工过程中释放的荷载呈线性正比关系，因此弹性变形量与荷载的分步释放无关；而隧道围岩的塑性变形量与荷载的增量密切相关，受每步释放荷载的控制，增量越小则塑性变形量越小。此外，从能量耗散的角度分析，隧道施工过程中产生塑性变形的能量由未开挖的岩体承担，因此分步施工中后开挖的岩体在先行洞施工中起到吸收被释放能量的作用。由此可见，分步施工的工程意义在于控制了施工最终状态的塑性变形量，避免隧道周边围岩承担所有需释放的能量，从而有利于隧道工程围岩的稳定。

2) 导坑间临时支护作用和意义

隧道施工过程中围岩从被扰动到最终的稳定可分为三个阶段：第一阶段为围岩应力平衡状态扰动破坏阶段(施工开挖阶段)；第二阶段为动态调整阶段(围岩支护和变形阶段)；第三阶段为平衡稳定阶段(施工完毕阶段)。在三个阶段中，第二阶段是决定围岩最终能否稳定的关键控制阶段。临时支护结构则将先行导坑开挖后的顶部压力传递到隧道底部围岩中,降低了作用在先行导坑周边围岩上的荷载，不但起到了传递和平衡荷载的作用，而且为围岩提供了支撑力，改善了围岩受力状态，为隧道围岩自身应力状态的调整平衡提供了外部条件。

1.4　隧道工程地质特点

隧道工程尤其是公路山岭隧道工程，其修建特点与所穿越山体的工程地质特点密切相关。隧道工程沿纵向可分为三段：隧道进口段、隧道洞身段和隧道出口段，其中，隧道进、出口段一般均位于山前坡体处，隧道洞身段常穿越海拔较高的山岭或山峰(图 1.6)。

从工程地质方面讲，隧道工程存在以下几个特点：

(1) 隧道洞口段围岩差，认知程度高；洞身段围岩好，认知程度低。

隧道进、出口段的围岩受风化侵蚀、节理裂隙切割的作用比较严重，围岩稳定性常常较差。但是，该段围岩揭露面积大，易被直接观察，人们对其的认知程度较高，可根据隧道洞口段地质条件，采取与之相匹配的工程控制措施，保障隧道洞口段施工安全。

与隧道洞口段围岩相比，一般隧道洞身段的围岩风化程度相对较低，节理裂隙切割影响也有所降低，围岩自身稳定性得到了提升。但是，在隧道施工中仅有掌子面与隧道周边岩壁的围岩可直接观测，其他内部岩体信息只能依赖相关测试手段进行获取和研判，因此人们对隧道洞身围岩的认知程度或认知的时效性降低了许多。另外，隧道洞身段也是大型地质构造发育、特殊岩土赋存、地下水变化的区段，这些地质信息均增加了人们对隧道洞身段工程地质性状认知的难度。

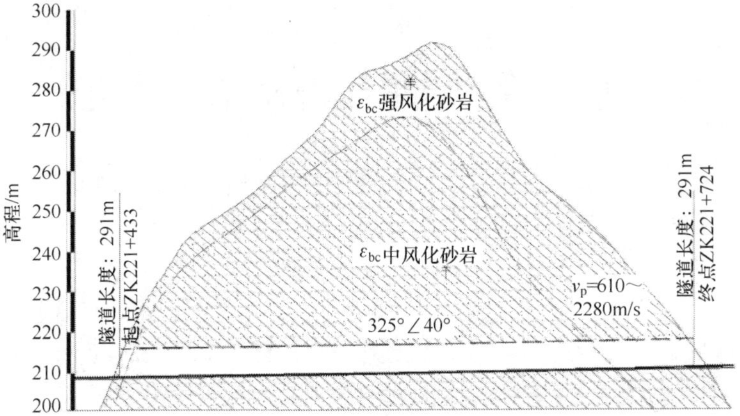

图 1.6　公路隧道一般纵断面地质特征图

(2) 工程控制措施与工程地质条件相互依存。

隧道工程施工中若工程地质条件无法满足工程安全需要，必须依据不同的地质条件采取相应的工程控制措施，如大管棚、超前小导管、超前锚杆和围岩注浆等支护加固措施或施工工法控制措施。一般而言，在相对较差的工程地质条件下，采用相对较强的工程控制措施；在相对较好的工程地质条件下，采用相对较弱的工程控制措施。通过两者有效结合、协同作用，共同达到稳定隧道围岩、保障隧道施工安全的目的。这种关系在隧道洞口段与隧道洞身段过渡时，可表述为图 1.7 所示的关系。

(1) 进口段　　(2) 出口段

图 1.7　围岩质量与施工方法沿隧道纵向的变化(单向施工)

根据图 1.7，隧道进口段中逐步降低施工方法对围岩的控制能力，而充分利用隧道围岩的强度条件及自身稳定性，达到保障施工安全的目的，如对围岩的超前支护由大管棚支护过渡到超前小导管支护，再过渡到超前锚杆支护。在隧道出口段(由洞内向洞外施工)，由于隧道围岩质量开始降低、自身稳定性逐步变弱，采用与洞身段相同的工程措施时围岩自身稳定性难以保障隧道施工安全，需要通过提升工程措施加强对围岩的控制以保障隧道施工安全，避免发生安全事故。

第 2 章　特大跨度隧道施工工法选取

特大跨度隧道受隧道断面、地形条件、工程地质条件和水文地质条件等诸多因素影响，其隧道施工工法种类多、工艺复杂程度不一，常见的特大跨度隧道基本工法类型有中隔壁法(CD 法)或交叉中隔壁法(CRD 法)、双侧壁导坑法、台阶法(二台阶法、三台阶法)等，以及在上述基本工法基础上衍生出的形式各异的工法。在众多工法中，选取合适的工法是十分关键的，隧道施工工法选取的合理与否将直接影响施工安全、施工进度、施工成本及人机物配置。

目前，在隧道工程施工中，对特大跨度隧道施工工法的选取和判别还仅停留在定性层面上，对特大跨度隧道施工工法的选取多依赖于现场技术人员的工程经验，因此工法选取缺乏严谨、有效的理论依据和相关判断标准。本章从隧道工程结构安全影响因素的分析入手，选取与隧道施工工法有直接影响的关键因素，构建隧道施工工法选取判断的理论分析模型，建立隧道施工工法选取方法与标准，为特大跨度隧道工程施工工法选取提供理论方法。

2.1　施工工法研究内容

1. 隧道施工工法的研究对象

在特大跨度隧道分步施工过程中，导坑开挖对围岩产生扰动，使其向不稳定、不安全方向发展；而临时支护与初期支护则对导坑的稳定起到保护作用，为围岩提供直接或间接的支撑。从宏观上看，特大跨度隧道的整个开挖施工过程是各导坑开挖扰动与临时支护、导坑初期支护综合作用的结果，且这种开挖扰动与支护结构对围岩的作用很难进行定量化的表述与区分。此外，在同一隧道施工工法和围岩条件下，这种综合作用结果的差异性一般又与施工工序密切相关。

为简化理论分析，基于上述各因素影响分析，在隧道施工工法理论研究中重点考虑开挖扰动影响下的隧道稳定性，而将施工过程中的支护结构作用作为一种安全储备予以考虑。

2. 隧道施工工法的时效性

隧道开挖施工过程中若不考虑超前支护，被支护范围内的围岩稳定性主要由已施作初期支护结构、临时支护结构和邻近导坑施工扰动共同决定，当隧道初期支护全部施作完成后，隧道围岩稳定性则主要取决于隧道初期支护结构强度与围岩自身力学属性。因此，伴随着隧道初期支护全部施作完成，隧道施工工法的影响也基本完成。隧道施工工法选取主要关注于开挖过程中的围岩稳定性，隧道施工工法的影响也只限于初期支护施作全部完成之前。

3. 隧道施工工法的空间特征

隧道施工工法对围岩稳定性的影响，严格意义上讲是一个三维空间，即其对围岩稳定性的影响不仅表现在隧道横断面上，还表现在沿隧道纵向展布上。换言之，隧道施工工法包括隧道横断面和纵断面上的布设。其中，横断面上的布设内容是施工工法主体，是施工工法间的根本区别；纵断面上的布设内容主要依据隧道横断面的布设状况而开展进一步延续，可认为是从属性的内容。因此，隧道施工工法选取的研究以隧道横断面布设内容为主，纵断面布设内容暂不予考虑。

综上所述，隧道施工工法对隧道稳定性的影响主要是指对爆破开挖后至初期支护完成前这一时期隧道围岩稳定性的影响，隧道施工工法的安全性也以该时期的围岩稳定性作为判断基准，隧道施工工法选取内容仅限于隧道横断面的布设。

2.2 影响工法的主控因素

隧道工程一般修建在稳定的山体中，在隧道开挖之前岩体未发生失稳现象，隧道施工过程中的围岩失稳是由人为开挖活动所致，且在同样的地质条件下，隧道随着一次性开挖跨度的增加而越易失稳。另外，在相同的隧道开挖跨度条件下，岩体中节理裂隙越少(块体越大)、强度越高，隧道工程的稳定性越好。因此，隧道围岩稳定性的影响因素可分为两大类。

(1) 人为因素。人为因素包括隧道断面形状、大小，隧道线位与围岩结构面的空间关系，支护参数(含衬砌结构和超前支护)，施工工艺(含开挖方式、施工工法、衬砌施作等)，隧道开挖进尺等。

隧道工程设计中一般首先根据工程技术标准确定隧道建筑限界；其次确定隧道断面形状与大小；然后结合工程地质状况确定隧道支护方式与参数；最后确定相应的施工方法和辅助措施。因此，人为因素中以隧道断面为基础，其他因素均围绕着隧道断面而展开，且对公路隧道而言，隧道断面最具代表性的指标为隧道跨度，即隧道跨度是人为因素中最为核心、最为根本的因素。

(2) 由地质环境影响的客观因素。包括岩性、围岩强度、岩体完整性系数(节理裂隙发育程度)、埋深、地下水和地应力等。

在众多客观因素中，围岩强度和岩体完整性系数是最为常见、最为关键的因素，而其他因素常赋存于特定的工程环境中，或在特殊条件下其作用才突显。例如，岩性因素主要在围岩出现流变、膨胀、软化、岩爆、岩溶等现象时才突显其影响；地下水则在地下水赋存丰富的环境下才产生影响；地应力仅在大埋深或具有构造应力时才突显其影响。因此，考虑由地质环境影响的客观因素时，仅考虑围岩强度和岩体完整性系数两个指标，其他特殊条件下的影响因素不作为主控因素考虑。

综上所述，在影响隧道施工过程中围岩稳定性的众多因素中，选取隧道跨度、围岩强度和岩体完整性系数三个指标作为构建特大跨度隧道工法选取的主控因素。

2.3 隧道施工工法理论模型构建

2.3.1 总体思路

由前述内容可知，隧道施工工法选取主要确定隧道横断面水平导坑的数量，即将隧道断面划分为多少个水平导坑进行开挖，由此确定隧道施工工法主体，其中，特大跨度隧道横断面水平导坑的数量可由各导坑的开挖尺寸与隧道总开挖跨度确定。因此，只要确定隧道在既定围岩条件(围岩强度与岩体完整性系数)下最大单次安全开挖跨度，就可以确定隧道横断面水平导坑的数量。换言之，可将隧道施工工法选取问题转化为隧道单次最大开挖跨度的问题。

在确定隧道单次最大开挖跨度时，首先，明确隧道围岩稳定性评判方法与标准；其次，量化三个主控指标在不同参数组合时对隧道围岩安全状态的量化；再次，在此基础上，构建隧道安全状态与三个控制因素的函数关系；最后，根据构建的函数关系确定在既定的隧道安全要求和围岩条件(围岩强度与岩体完整性系数)下的隧道单次最大开挖跨度。

关于隧道安全状态与三个控制因素的函数关系的构建，采用正交试验法获取样本数据，隧道安全评判方法采用隧道围岩塑性区连通状况进行标定。

2.3.2 模型构建方法与步骤

利用隧道跨度、围岩强度和岩体完整性系数三个因素构建特大跨度隧道施工工法选取模型时，需要明确这三个指标对隧道围岩稳定性的影响规律，而由于三者取值范围及三者组合工况是无穷的，若利用穷举法进行逐一验算分析则不现实，也没有必要。模型借助正交试验对不同隧道跨度、围岩强度和岩体完整性系数组合下的隧道稳定性进行测试分析。

将三个因素分别用 A、B、C 表示，即 A 代表隧道跨度，m；B 代表围岩强度，MPa；C 代表岩体完整性系数。

1. 试验水平确定

为获取隧道跨度、围岩强度和岩体完整性系数对隧道围岩稳定性的影响规律，这里采用五水平正交试验方案。三个因素的各水平值设置如下。

(1) 因素 A：根据公路隧道中的导坑跨度、常见隧道跨度、特大隧道跨度，因素 A 的五种水平分别设计为 6m、9m、12m、15m、18m。

(2) 因素 B：围岩强度因素 B 选取岩石试块强度指标，根据岩体软硬岩程度划分，因素 B 的五种水平分别设计为 2MPa、10MPa、20MPa、40MPa、65MPa。依据莫尔-库仑准则，因素 B 的五种水平对应的内摩擦角 φ 和黏聚力 c 见表 2.1。

表 2.1 因素 B 各水平参数取值

水平	抗压强度/MPa	内摩擦角 φ/(°)	黏聚力 c/MPa	容重 γ/(kN/m^3)	弹性模量 E/GPa	泊松比 μ
1	2	27.5	1.6	22	1.0	0.3
2	10	37	2.5	22	1.0	0.3
3	20	46.4	4	22	1.0	0.3
4	40	56.6	6	22	1.0	0.3
5	65	63	7.8	22	1.0	0.3

注：试验研究中不考虑容重、弹性模量和泊松比的影响。

(3) 因素 C：岩体完整性系数因素 C 的五种水平分别设计为 0.1、0.2、0.4、0.6、0.75。在试验中隧道围岩的岩体完整性系数可通过结构面发育程度(节理组数、节理间距)来表述，为了简化计算，节理组数主要考虑水平方向和竖直方向的两组极端节理。根据岩体完整程度的定性划分内容与岩体完整性系数的关系，试验中因素 C 五种水平对应的参数取值情况见表 2.2。

表 2.2 因素 C 各水平参数取值

水平	节理组数	节理间距/m	节理倾角/(°)	岩体完整性系数
1	4	0.2	0/90/45/135	0.1
2	3	0.3	0/90/45	0.2
3	2	0.4	0/90	0.4
4	2	0.8	0/90	0.6
5	2	1.5	0/90	0.75

节理面的试验参数根据《公路隧道设计细则》(JTG/T D70—2010)中有关各级围岩参数与岩体结构面抗剪峰值强度等取值，取值情况见表 2.3。

表 2.3 节理参数取值

内摩擦角 φ/(°)	黏聚力 c/MPa	抗压强度/MPa
15	0.06	0.13

2. 正交试验设计

对三个因素五种水平进行组合时，根据正交试验设计表共需进行 25 次试验，25 次正交试验的分析表见表 2.4。

表 2.4 正交试验设计表

试验号	隧道跨度	围岩强度	岩体完整性系数	试验代码
	A	B	C	
1	1	1	1	A1B1C1
2	1	2	2	A1B2C2
3	1	3	3	A1B3C3
4	1	4	4	A1B4C4
5	1	5	5	A1B5C5
6	2	1	2	A2B1C2
7	2	2	3	A2B2C3
8	2	3	4	A2B3C4
9	2	4	5	A2B4C5
10	2	5	1	A2B5C1
11	3	1	3	A3B1C3
12	3	2	4	A3B2C4
13	3	3	5	A3B3C5
14	3	4	1	A3B4C1
15	3	5	2	A3B5C2
16	4	1	4	A4B1C4
17	4	2	5	A4B2C5
18	4	3	1	A4B3C1
19	4	4	2	A4B4C2
20	4	5	3	A4B5C3

续表

试验号	隧道跨度	围岩强度	岩体完整性系数	试验代码
	A	B	C	
21	5	1	5	A5B1C5
22	5	2	1	A5B2C1
23	5	3	2	A5B3C2
24	5	4	3	A5B4C3
25	5	5	4	A5B5C4

3. 计算模型

1) 隧道断面形式

隧道断面形式受隧道跨度影响，隧道跨度由小至大时，一般分别采用直墙+半圆拱形式、单心圆形式、三心圆形式及五心圆形式等。在试验计算中，不同跨度下的隧道断面形式见图 2.1。

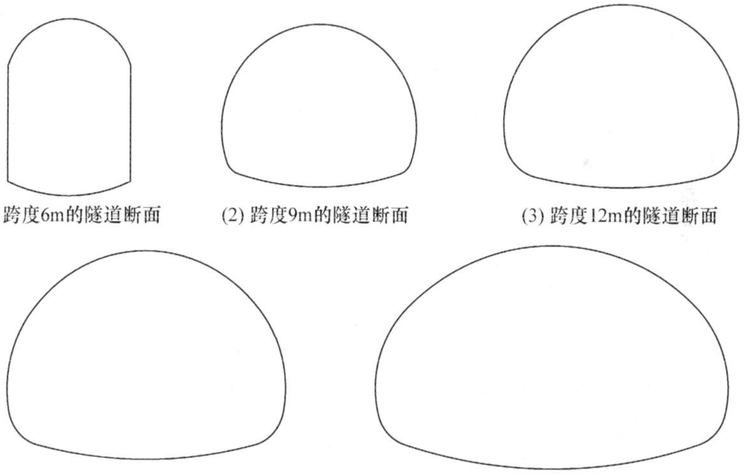

(1) 跨度6m的隧道断面　(2) 跨度9m的隧道断面　(3) 跨度12m的隧道断面

(4) 跨度15m的隧道断面　(5) 跨度18m的隧道断面

图 2.1　五种跨度的隧道断面形式

2) 模型尺寸

埋深：由于正交试验计算中隧道断面大小差异性较大，隧道深浅埋划分界限的差异性也较大，为减少埋深影响和隧道深浅埋的差异性，计算中隧道仅考虑深埋形式，并将地表至拱底的间距统一取为 50m。

模型边长：为克服隧道计算模型的边界效应，计算模型尺寸采用 200m(宽)×110m(高)，其中，隧道埋深均按照深埋考虑，统一按 50m 计，隧道结构置于模型中心(图 2.2)。

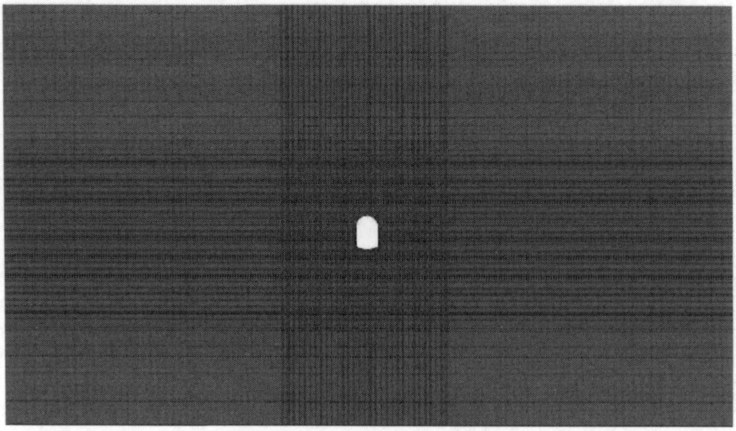

图 2.2　1 号试验计算模型

3) 施工模拟与释放率

隧道稳定状态主要以隧道爆破后、初期支护前的围岩稳定状态作为判断基准，因此施工模拟采用一次性开挖方式，不考虑分步施工和衬砌支护结构作用，隧道围岩应力释放率按 30%计。

4) 围岩失稳判据

试验计算模型采用理想弹塑性材料、莫尔-库仑力学本构模型、非线性计算。根据《公路隧道设计细则》(JTG/T D70—2010)对隧道稳定性判别的相关规定，将围岩失稳判据定为：围岩处于弹性变形状态或在拱圈和两侧边墙部位出现的塑性区互不连通的弹塑性变形状态，则认为围岩是稳定的，即在隧道拱部和两侧边墙部位出现塑性区连通时认为隧道围岩开挖失稳。

2.3.3　模型不同工况分析

1. 围岩稳定性分析示例

仅以 1 号试验 A1B1C1(图 2.2)为例，说明从计算模型的建立到判定围岩失稳的分析过程。

1 号试验的拱顶沉降与拱墙水平位移见图 2.3、图 2.4。从图中可以看出，随着计算时步的增大，即围岩应力不断释放，位移不断增大，直到围岩应力释放率达到规定值，计算收敛，位移变化也趋于稳定，最终拱顶沉降达到 118mm，拱墙水平位移达到 160mm。

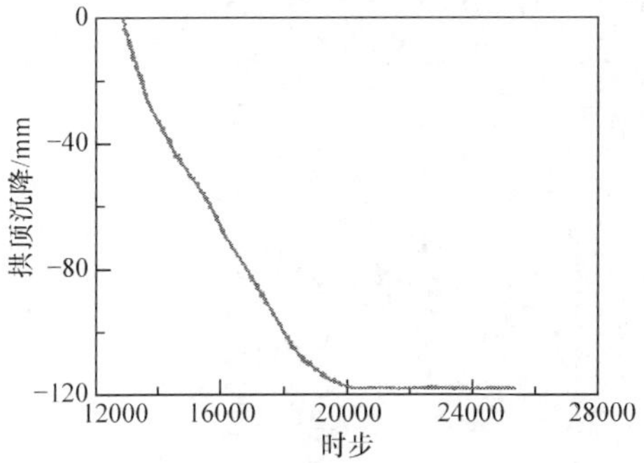

图 2.3　拱顶沉降随计算时步的变化曲线

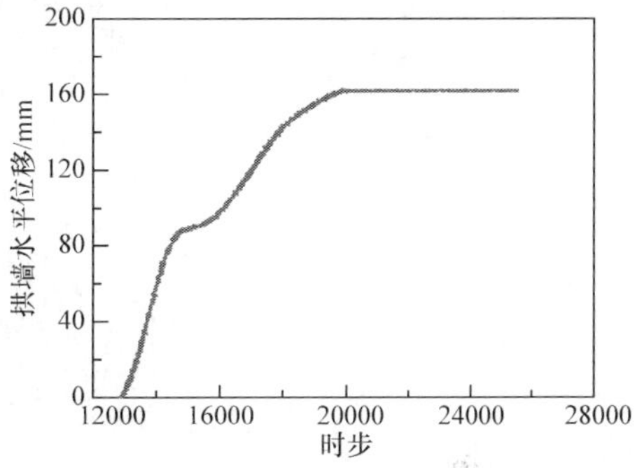

图 2.4　拱墙水平位移随计算时步的变化曲线

1 号试验的围岩主应力与围岩塑性区分布见图 2.5、图 2.6。在 1 号试验中，隧道拱顶和拱墙部位出现多处拉应力分布区(图 2.5)；隧道拱圈和两侧边墙部位节理面及岩石块体均出现塑性区，且塑性区均已连通(图 2.6)，表明 1 号试验隧道施工后围岩不稳定。

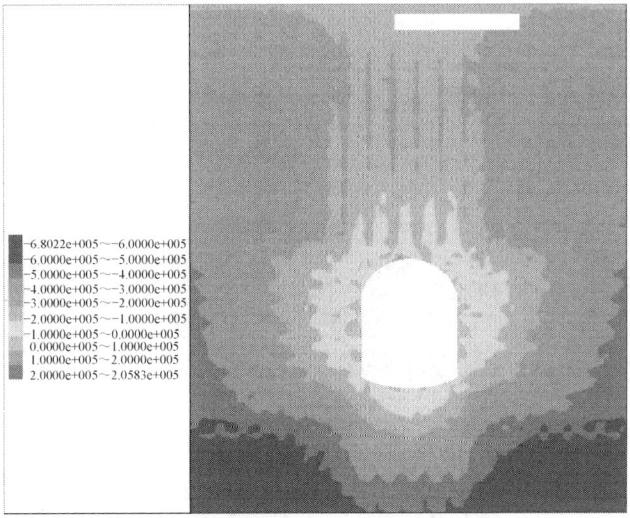

图 2.5　围岩主应力分布(单位：Pa)

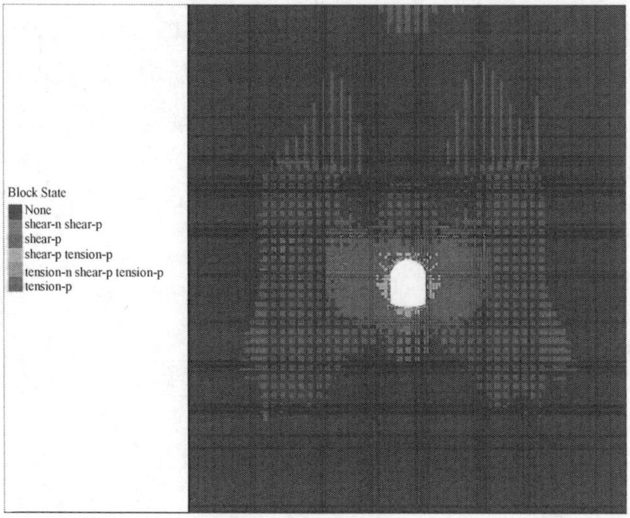

图 2.6　围岩塑性区分布

2. 试验结果

三个因素五种水平的 25 次试验结果见表 2.5。

表 2.5　试验结果

试验号	试验代码	塑性区分布	结果说明
1	A1B1C1		隧道拱圈和两侧边墙部位出现的塑性区已连通，隧道在该种围岩条件下进行该种跨度的全断面开挖是不稳定的
2	A1B2C2	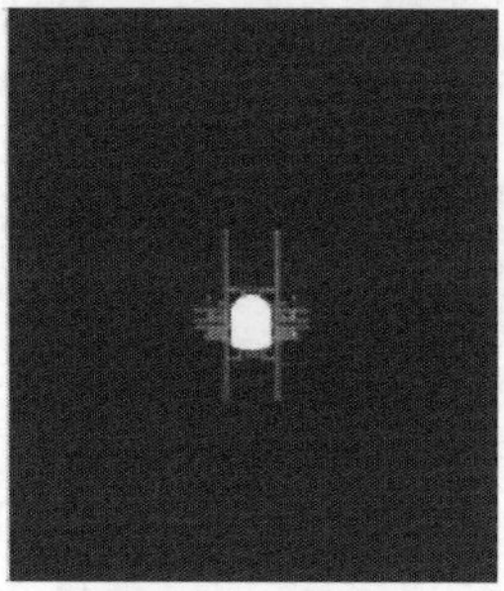	隧道拱圈和两侧边墙部位出现的塑性区已连通，隧道在该种围岩条件下进行该种跨度的全断面开挖是不稳定的

续表

试验号	试验代码	塑性区分布	结果说明
3	A1B3C3	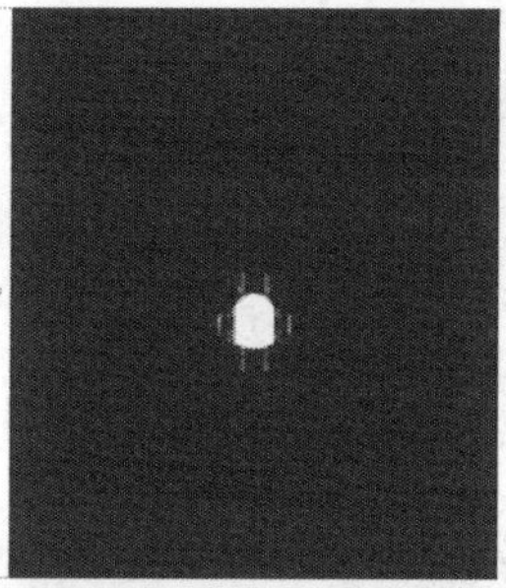	隧道拱圈和两侧边墙部位出现的塑性区未连通，隧道在该种围岩条件下进行该种跨度的全断面开挖是稳定的
4	A1B4C4		隧道在两侧边墙部位未出现塑性区，只在仰拱处出现塑性区，隧道在该种围岩条件下进行该种跨度的全断面开挖是稳定的
5	A1B5C5		隧道周围岩体没有出现塑性区，隧道在该种围岩条件下进行该种跨度的全断面开挖是稳定的
6	A2B1C2		隧道拱圈和两侧边墙部位出现的塑性区已连通，隧道在该种围岩条件下进行该种跨度的全断面开挖是不稳定的

续表

试验号	试验代码	塑性区分布	结果说明
7	A2B2C3	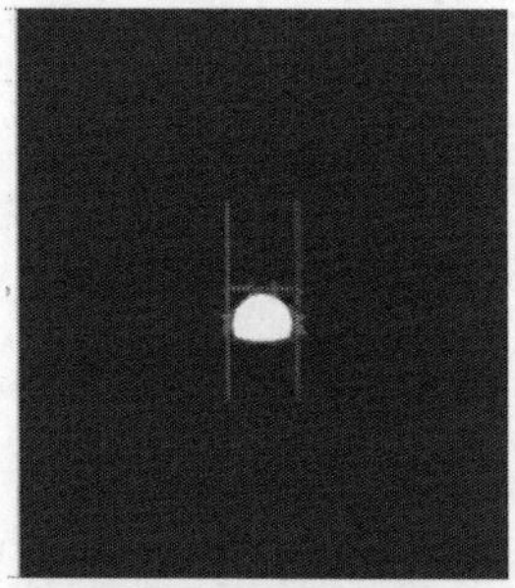	隧道拱圈和两侧边墙部位出现的塑性区已连通，隧道在该种围岩条件下进行该种跨度的全断面开挖是不稳定的
8	A2B3C4		隧道在两侧边墙部位未出现塑性区，只在拱圈部位出现塑性区，隧道在该种围岩条件下进行该种跨度的全断面开挖是稳定的
9	A2B4C5		隧道在两侧边墙部位未出现塑性区，只在拱顶处出现塑性区，隧道在该种围岩条件下进行该种跨度的全断面开挖是稳定的
10	A2B5C1	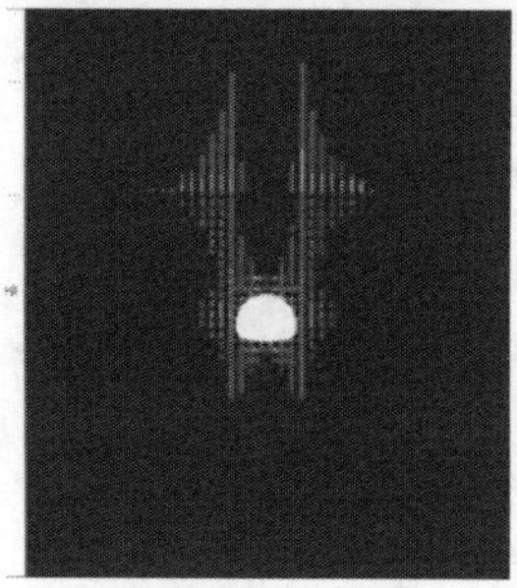	隧道拱圈和两侧边墙部位出现的塑性区已连通，隧道在该种围岩条件下进行该种跨度的全断面开挖是不稳定的

续表

试验号	试验代码	塑性区分布	结果说明
11	A3B1C3		隧道拱圈和两侧边墙部位出现的塑性区已连通，隧道在该种围岩条件下进行该种跨度的全断面开挖是不稳定的
12	A3B2C4		隧道拱圈部位出现的塑性区未连通，但两侧边墙部位出现的塑性区已连通，隧道在该种围岩条件下进行该种跨度的全断面开挖是不稳定的
13	A3B3C5		隧道在两侧边墙部位未出现塑性区，只在拱圈部位出现塑性区，隧道在该种围岩条件下进行该种跨度的全断面开挖是稳定的
14	A3B4C1	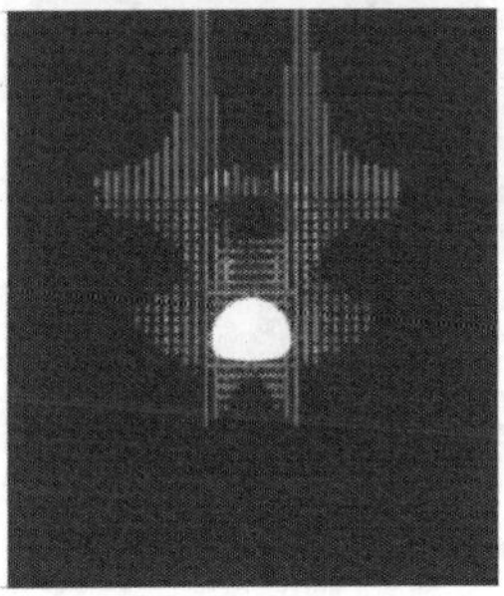	隧道拱圈和两侧边墙部位出现的塑性区已连通，隧道在该种围岩条件下进行该种跨度的全断面开挖是不稳定的

续表

试验号	试验代码	塑性区分布	结果说明
15	A3B5C2	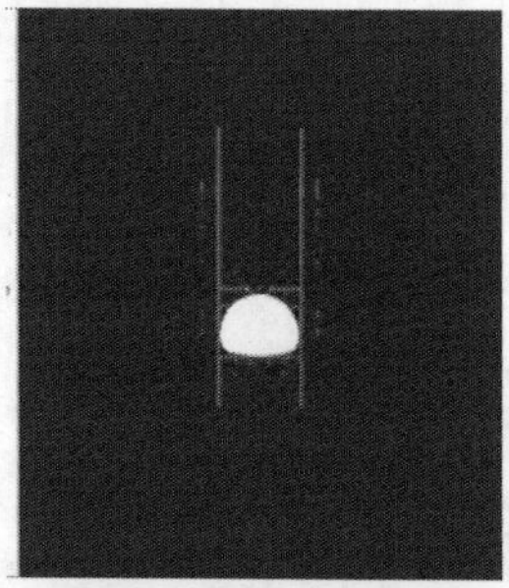	隧道拱圈和两侧边墙部位虽出现塑性区，但未连通，隧道在该种围岩条件下进行该种跨度的全断面开挖是稳定的
16	A4B1C4	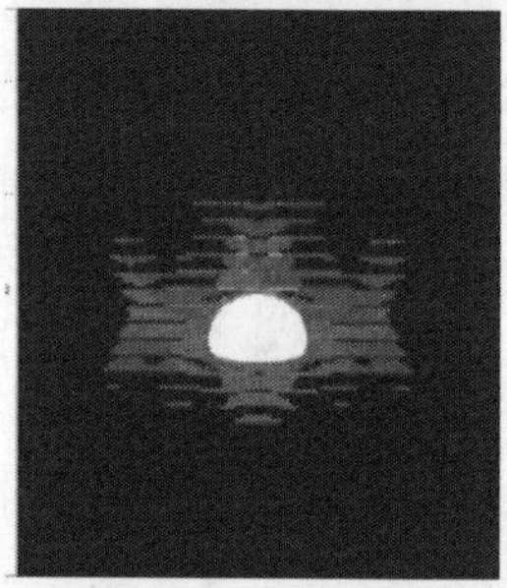	隧道拱圈和两侧边墙部位出现的塑性区已连通，隧道在该种围岩条件下进行该种跨度的全断面开挖是不稳定的
17	A4B2C5		隧道拱圈部位出现的塑性区未连通，但两侧边墙部位出现的塑性区已连通，隧道在该种围岩条件下进行该种跨度的全断面开挖是不稳定的
18	A4B3C1	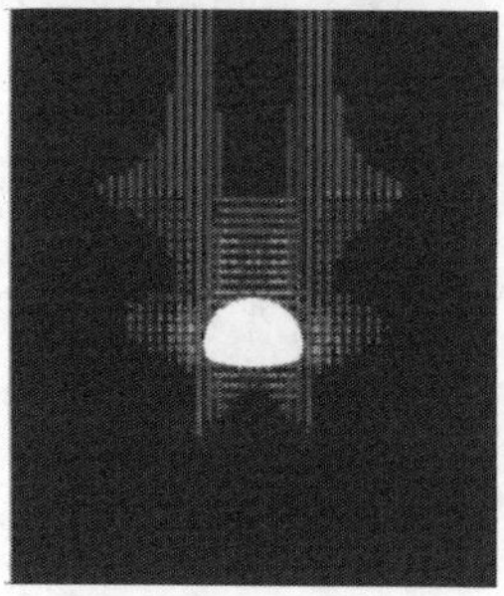	隧道拱圈和两侧边墙部位出现的塑性区已连通，隧道在该种围岩条件下进行该种跨度的全断面开挖是不稳定的

续表

试验号	试验代码	塑性区分布	结果说明
19	A4B4C2	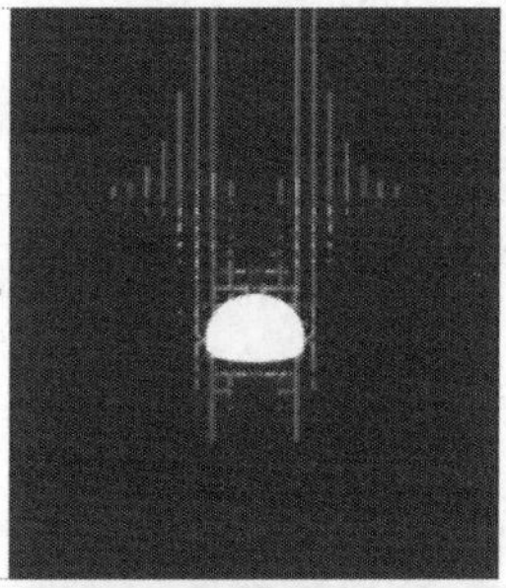	隧道拱圈和两侧边墙部位出现的塑性区已连通，隧道在该种围岩条件下进行该种跨度的全断面开挖是不稳定的
20	A4B5C3	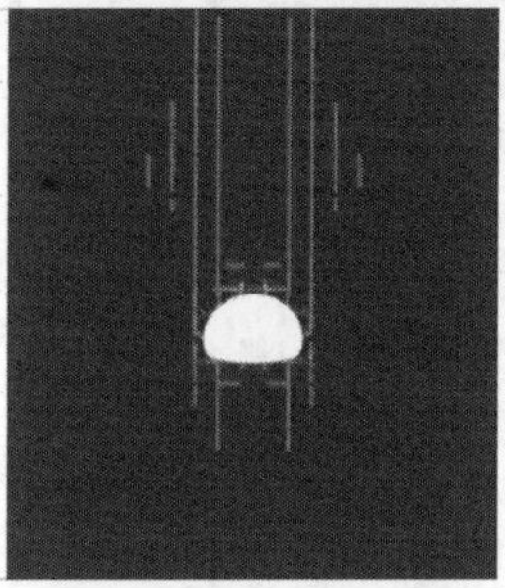	隧道拱圈和两侧边墙部位出现的塑性区未连通，隧道在该种围岩条件下进行该种跨度的全断面开挖是稳定的
21	A5B1C5	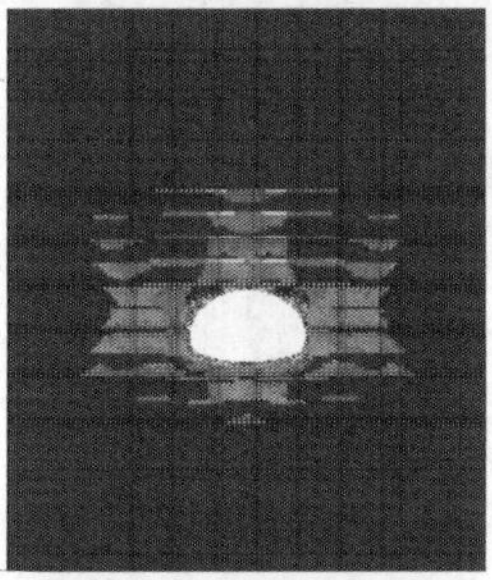	隧道拱圈和两侧边墙部位出现的塑性区已连通，隧道在该种围岩条件下进行该种跨度的全断面开挖是不稳定的
22	A5B2C1	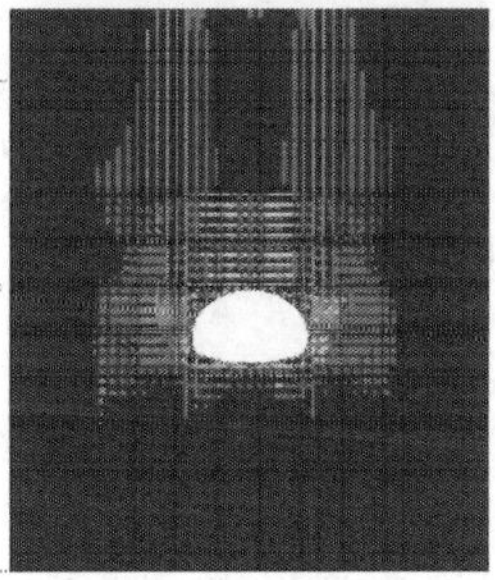	隧道拱圈和两侧边墙部位出现的塑性区已连通，隧道在该种围岩条件下进行该种跨度的全断面开挖是不稳定的

续表

试验号	试验代码	塑性区分布	结果说明
23	A5B3C2	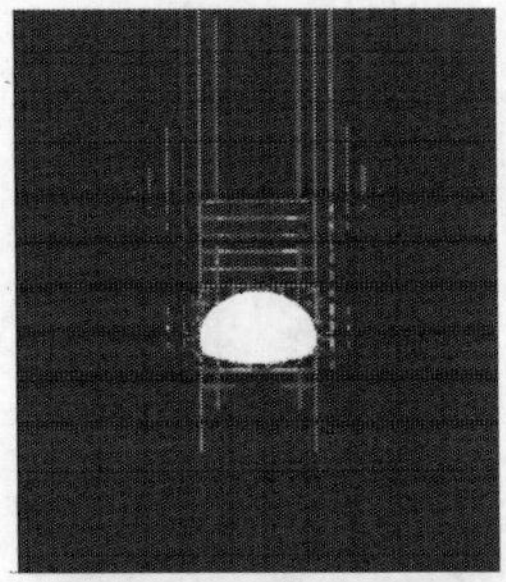	隧道拱圈和两侧边墙部位出现的塑性区已连通，隧道在该种围岩条件下进行该种跨度的全断面开挖是不稳定的
24	A5B4C3	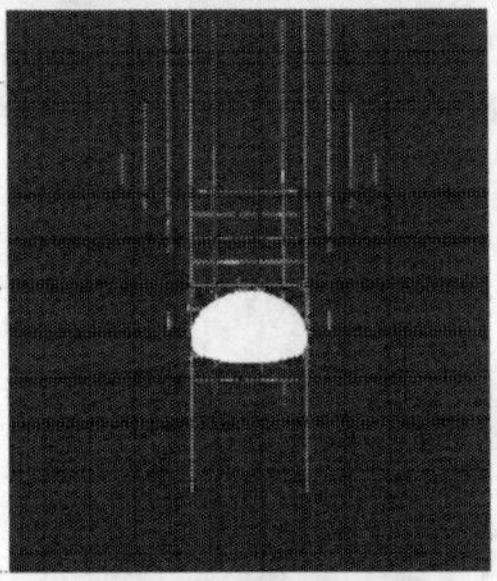	隧道拱圈和两侧边墙部位出现的塑性区已连通，隧道在该种围岩条件下进行该种跨度的全断面开挖是不稳定的
25	A5B5C4	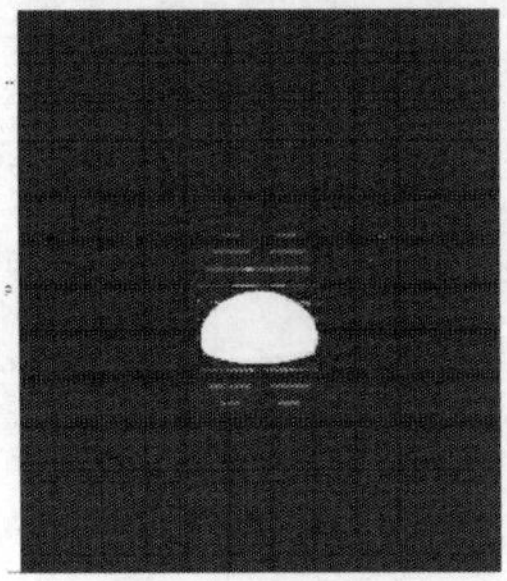	隧道在拱圈部位出现塑性区，两侧边墙部位未出现塑性区，隧道在该种围岩条件下进行该种跨度的全断面开挖是稳定的

2.4　主控因素对隧道稳定性的影响规律

2.4.1　隧道围岩稳定状态量化

在各试验中以隧道围岩周边塑性区是否连通作为判据对隧道稳定状态进行判断，为区分各种因素对隧道稳定性的影响程度，需对稳定状态进行量化分析，以期得到影响因素与稳定性的关系。对试验计算结果根据塑性区性质做如下量化规定：

(1) 节理面和岩石块体均出现塑性区，并且塑性区均连通，得分为 1；稳定状态为失稳。

(2) 节理面和岩石块体均出现塑性区，但仅节理部分塑性区连通，得分为 2；稳定状态为失稳。

(3) 仅节理面出现塑性区并且连通，得分为 3；稳定状态为失稳。

(4) 节理面和岩石块体均出现塑性区，但均未连通，得分为 4；稳定状态为稳定。

(5) 仅节理面出现塑性区，但未连通，得分为 5；稳定状态为稳定。

(6) 节理面和岩石块体均未出现塑性区，得分为 6；稳定状态为稳定。

根据量化规定对试验计算结果进行统计，统计结果见表 2.6。

表 2.6　试验数据与稳定指标量化

试验号	试验代码	因子			稳定状态	试验结果量化分值
		隧道跨度 A	围岩强度 B	岩体完整性系数 C		
1	A1B1C1	1(6m)	1(2MPa)	1(0.1)	失稳	1
2	A1B2C2	1(6m)	2(10MPa)	2(0.2)	失稳	2
3	A1B3C3	1(6m)	3(20MPa)	3(0.4)	稳定	5
4	A1B4C4	1(6m)	4(40MPa)	4(0.6)	稳定	6
5	A1B5C5	1(6m)	5(65MPa)	5(0.75)	稳定	6
6	A2B1C2	2(9m)	1(2MPa)	2(0.2)	失稳	1
7	A2B2C3	2(9m)	2(10MPa)	3(0.4)	失稳	3
8	A2B3C4	2(9m)	3(20MPa)	4(0.6)	稳定	5
9	A2B4C5	2(9m)	4(40MPa)	5(0.75)	稳定	5
10	A2B5C1	2(9m)	5(65MPa)	1(0.1)	失稳	3
11	A3B1C3	3(12m)	1(2MPa)	3(0.4)	失稳	1
12	A3B2C4	3(12m)	2(10MPa)	4(0.6)	失稳	3
13	A3B3C5	3(12m)	3(20MPa)	5(0.75)	稳定	5
14	A3B4C1	3(12m)	4(40MPa)	1(0.1)	失稳	3
15	A3B5C2	3(12m)	5(65MPa)	2(0.2)	稳定	4
16	A4B1C4	4(15m)	1(2MPa)	4(0.6)	失稳	1
17	A4B2C5	4(15m)	2(10MPa)	5(0.75)	失稳	3
18	A4B3C1	4(15m)	3(20MPa)	1(0.1)	失稳	1
19	A4B4C2	4(15m)	4(40MPa)	2(0.2)	失稳	3
20	A4B5C3	4(15m)	5(65MPa)	3(0.4)	稳定	5

续表

试验号	试验代码	因子			稳定状态	试验结果量化分值
		隧道跨度 A	围岩强度 B	岩体完整性系数 C		
21	A5B1C5	5(18m)	1(2MPa)	5(0.75)	失稳	2
22	A5B2C1	5(18m)	2(10MPa)	1(0.1)	失稳	1
23	A5B3C2	5(18m)	3(20MPa)	2(0.2)	失稳	2
24	A5B4C3	5(18m)	4(40MPa)	3(0.4)	失稳	3
25	A5B5C4	5(18m)	5(65MPa)	4(0.6)	稳定	5

表 2.6 仍无法反映单个影响因素对隧道稳定性的影响规律，如将因素 A 视为变量时，无法剔除因素 B 和 C 的影响，仍缺乏比较基础。因此，若要分析单一因素对试验结果的影响，需消除其他两个影响因素的差异性，建立相同的比较条件。

根据正交试验设计思想，试验中各因素的各水平在整个试验中出现的次数和概率是等同的，因此可以从宏观、整体的角度对各因素对隧道稳定性的影响进行分析。从整体上看，因素 A 第 1 水平(6m 跨度)与因素 B、因素 C 的 5 种水平均进行了组合；因素 A 其他 4 种水平(9m、12m、15m、18m 跨度)也均与因素 B、因素 C 的 5 种水平分别进行了组合，宏观上组合概率相同。借助这种规律，根据表 2.4 可得到因素 A 各水平试验组合的宏观形式，见表 2.7。

表 2.7 因素 A 各水平试验组合宏观形式表

序号	隧道跨度	试验组合代码	试验组合宏观形式
	A		
1	1	A1B1C1、A1B2C2、A1B3C3、A1B4C4、A1B5C5	A1B(5)C(5)
2	2	A2B1C2、A2B2C3、A2B3C4、A2B4C5、A2B5C1	A2B(5)C(5)
3	3	A3B1C3、A3B2C4、A3B3C5、A3B4C1、A3B5C2	A3B(5)C(5)
4	4	A4B1C4、A4B2C5、A4B3C1、A4B4C2、A4B5C3	A4B(5)C(5)
5	5	A5B1C5、A5B2C1、A5B3C2、A5B4C3、A5B5C4	A5B(5)C(5)

注：B(5)表示涵盖因素 B 的 5 种水平，C(5)表示涵盖因素 C 的 5 种水平。

由表 2.7 可知，对因素 A 各水平而言，因素 B、因素 C 的宏观组合是相同的，因素 A 各水平具备了对隧道稳定性影响的比较分析基础。为量化分析各因素对隧道稳定性的影响，需进一步对试验组合宏观形式进行量化。考虑组合的试验工况均为独立工况，采用线性叠加形式对因素 A 各水平条件下的量化分值进行处理，获取表征影响因素下隧道稳定性量化指标 F，计算过程如下。

(1) 因素 A 第 1 水平(6m 跨度)：

$$\text{I}A = A1B(5)C(5) = A1B1C1+A1B2C2+A1B3C3+A1B4C4+A1B5C5$$
$$=1+2+5+6+6=20$$

(2) 因素 A 第 2 水平(9m 跨度)：

$$\text{II}A = A2B(5)C(5) = A2B1C2+A2B2C3+A2B3C4+A2B4C5+A2B5C1$$
$$=1+3+5+5+3=17$$

(3) 因素 A 第 3 水平(12m 跨度)：

$$\text{III}A = A3B(5)C(5) = A3B1C3+A3B2C4+A3B3C5+A3B4C1+A3B5C2$$
$$=1+3+5+3+4=16$$

(4) 因素 A 第 4 水平(15m 跨度)：

$$\text{IV}A = A4B(5)C(5) = A4B1C4+A4B2C5+A4B3C1+A4B4C2+A4B5C3$$
$$=1+3+1+3+5=13$$

(5) 因素 A 第 5 水平(18m 跨度)：

$$\text{V}A = A5B(5)C(5) = A5B1C5+A5B2C1+A5B3C2+A5B4C3+A5B5C4$$
$$=2+1+2+3+5=13$$

对因素 B 和因素 C 采取同样的数据处理方式，计算得到因素 B、因素 C 各水平隧道稳定性量化指标 F，三个影响因素水平下隧道稳定性量化指标见表 2.8。

表 2.8　不同因素水平下隧道稳定性量化指标

因素水平	隧道稳定性量化指标		
	隧道跨度 A	围岩强度 B	岩体完整性系数 C
Ⅰ	20	6	9
Ⅱ	17	12	12
Ⅲ	16	18	17
Ⅳ	13	20	20
Ⅴ	13	23	21
极差 R	7	17	12

由表 2.8 中三个因素隧道稳定性量化指标的极差可判断，三个因素对隧道围岩稳定性影响中，围岩强度因素最为显著，其次是岩体完整性系数，隧道跨度影响最弱。

2.4.2 主控因素的影响规律

根据各影响因素不同水平下隧道围岩稳定性量化指标，可以获得各因素与隧道围岩稳定性指标的变化关系，见图 2.7～图 2.9。

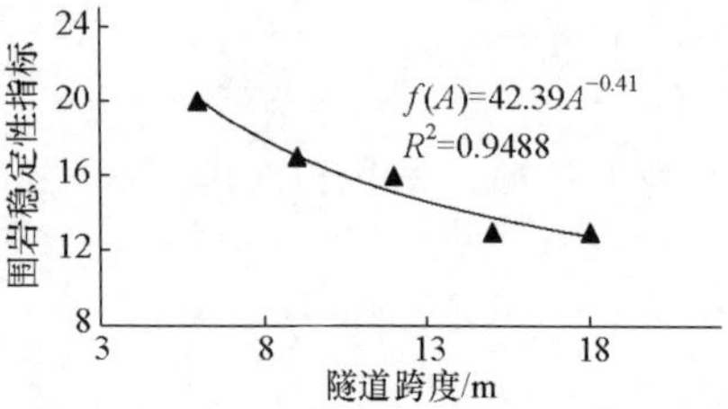

图 2.7　隧道跨度影响形式拟合曲线

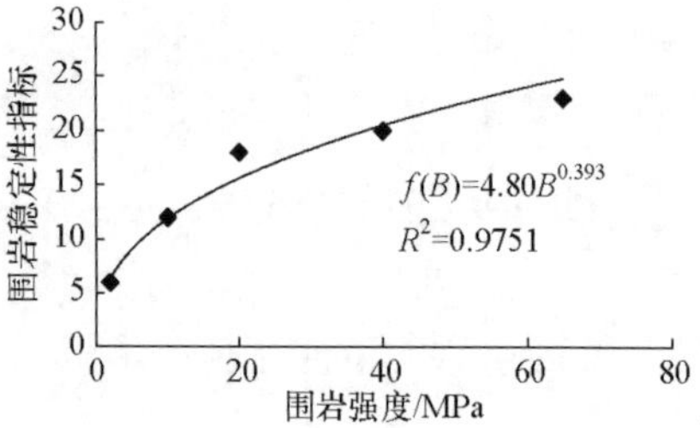

图 2.8　围岩强度影响形式拟合曲线

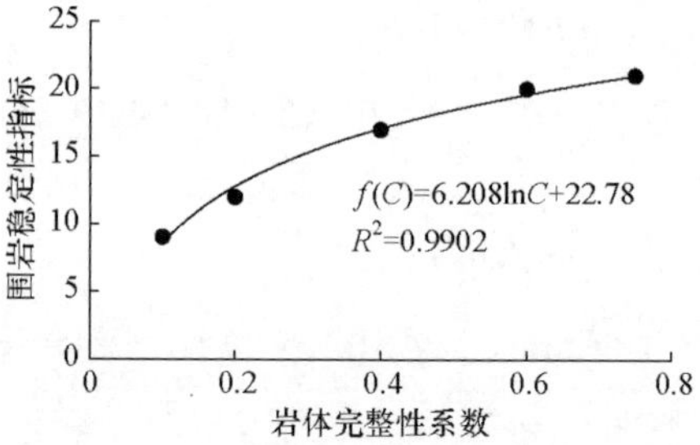

图 2.9　岩体完整性系数影响形式拟合曲线

1) 隧道跨度

由图 2.7 可见，隧道跨度与隧道围岩的稳定性呈反比关系，即隧道跨度越大，越不利于隧道稳定，两者的关系可用幂函数表述如下：

$$f(A) = 42.39A^{-0.41} \tag{2-1}$$

2) 围岩强度

由图 2.8 可知，围岩强度与隧道围岩的稳定性呈正比关系，即围岩强度越大，越利于隧道稳定，两者的关系亦可用幂函数表述如下：

$$f(B) = 4.8B^{0.393} \tag{2-2}$$

3) 岩体完整性系数

由图 2.9 可知，岩体完整性系数与隧道围岩的稳定性呈正比关系，即岩体完整性系数越高，越利于隧道稳定，两者的关系用对数函数表述如下：

$$f(C)=6.208\ln C+22.78 \tag{2-3}$$

由于 $f(C)>0$，岩体完整性系数需满足 $C>0.03$。

2.5　特大跨度隧道施工工法选取判据

2.5.1　隧道围岩稳定性指标表述

由 2.4 节分析可知，三个影响因素中隧道围岩稳定性与隧道跨度成反比，与围岩强度和岩体完整性系数成正比。隧道围岩稳定性是三者综合、共同作用的结果，各因素对稳定性的影响存在某种程度的关联和耦合，这种关联关系可用乘除的关系表示，故隧道开挖后的围岩稳定性指标与三个影响因素的整体关系可表述如下：

$$F=kf(A)f(B)f(C) \tag{2-4}$$

式中，k 为常数项，取 4.907×10^{-3}。

将式(2-1)～式(2-3)代入式(2-4)可得

$$F=A^{-0.41}B^{0.393}(6.208\ln C+22.78) \tag{2-5}$$

2.5.2　隧道围岩稳定标准

根据式(2-5)，可以通过隧道跨度、围岩强度和岩体完整性系数三个指标参数计算得到隧道围岩稳定性指标值。为获得围岩稳定性指标值所表征的稳定状态，将表 2.6 中数据代入式(2-5)，可得到各试验的围岩稳定性指标值，见表 2.9。

表 2.9　隧道围岩稳定性指标计算值

试验号	试验代码	因素			稳定状态	隧道稳定性量化指标
		隧道跨度 A/m	围岩强度 B/MPa	岩体完整性系数 C		
1	A1B1C1	6	2	0.1	失稳	5.3
2	A1B2C2	6	10	0.2	失稳	15.2
3	A1B3C3	6	20	0.4	稳定	26.6
4	A1B4C4	6	40	0.6	稳定	40.1
5	A1B5C5	6	65	0.75	稳定	51.9
6	A2B1C2	9	2	0.2	失稳	6.8
7	A2B2C3	9	10	0.4	失稳	17.2
8	A2B3C4	9	20	0.6	稳定	25.9

续表

试验号	试验代码	因素			稳定状态	隧道稳定性量化指标
		隧道跨度A/m	围岩强度B/MPa	岩体完整性系数C		
9	A2B4C5	9	40	0.75	稳定	36.3
10	A2B5C1	9	65	0.1	失稳	17.8
11	A3B1C3	12	2	0.4	失稳	8.1
12	A3B2C4	12	10	0.6	失稳	17.5
13	A3B3C5	12	20	0.75	稳定	24.6
14	A3B4C1	12	40	0.1	失稳	13.1
15	A3B5C2	12	65	0.2	稳定	23.8
16	A4B1C4	15	2	0.6	失稳	8.5
17	A4B2C5	15	10	0.75	失稳	17.1
18	A4B3C1	15	20	0.1	失稳	9.1
19	A4B4C2	15	40	0.2	失稳	18.0
20	A4B5C3	15	65	0.4	稳定	29.0
21	A5B1C5	18	2	0.75	失稳	8.4
22	A5B2C1	18	10	0.1	失稳	6.4
23	A5B3C2	18	20	0.2	失稳	12.7
24	A5B4C3	18	40	0.4	失稳	22.3
25	A5B5C4	18	65	0.6	稳定	30.9

由表 2.9 可知，25 组正交试验中，隧道开挖后围岩失稳时指标最小值为 5.3，最大值为 22.3；隧道开挖后围岩稳定时指标最小值为 23.8，最大值为 51.9。由此可给出利用隧道稳定性量化指标判断围岩稳定的标准：

(1) $F \geqslant 23$ 时，隧道围岩稳定；

(2) $F < 23$ 时，隧道围岩失稳。

此外，根据围岩稳定状态判据及量化规定，将隧道围岩稳定性指标值细化为六种情况，见表 2.10。

表 2.10　围岩稳定性指标值与定性描述

围岩稳定性指标值	失稳状态			稳定状态		
	<13	[13，17)	[17，23)	[23，26)	[26，40)	≥40
围岩稳定状态描述	极不稳定	很不稳定	不稳定	基本稳定	比较稳定	极稳定

根据公路隧道岩质围岩的基本质量分级内容，式(2-5)中围岩强度和岩体完整性系数取值范围与要求见表 2.11。

表 2.11　各级围岩强度与岩体完整性系数表

围岩级别	岩石坚硬程度	围岩强度/MPa	岩体完整性系数
Ⅲ级围岩	坚硬岩	>60	0.35～0.55
	较坚硬岩	45～60	0.55～0.65
		30～45	0.65～0.75
	较软岩	15～30	>0.75
Ⅳ级围岩	坚硬岩	>60	0.15～0.35
	较坚硬岩	30～60	0.35～0.55
	较软岩	20～30	0.35～0.5
		15～20	0.5～0.75
	软岩	5～15	>0.75
Ⅴ级围岩	坚硬岩	>60	0.06～0.1
	较坚硬岩	45～60	0.1～0.13
		30～45	0.13～0.15
	较软岩	20～30	0.15～0.35
		15～20	0.35～0.55
	软岩	5～15	0.35～0.75
	极软岩	2～5	>0.75

注：为满足岩体基本质量指标要求，岩石强度取表中大值时，岩体完整性系数取小值；岩石强度取表中小值时，岩体完整性系数则取大值。

2.5.3　考虑其他影响因素的修正

隧道开挖后制约隧道围岩稳定的因素除隧道跨度、围岩强度和岩体完整性系数外，一般还包括隧道施工单位工程经验、岩性、地下水、地应力等诸多因素，这些因素对隧道围岩稳定性的影响应予以考虑。因此，实际工程中需对式(2-5)按照式(2-6)进行修正：

$$[F]=k_1k_2k_3k_4A^{-0.41}B^{0.393}(6.208\ln C+22.78) \tag{2-6}$$

式中，k_1为施工单位工程经验修正系数，取值见表 2.12；k_2为隧道工程岩性修正系数，取值见表 2.13；k_3为隧道工程地下水修正系数，取值见表 2.14；k_4为隧道工程地应力修正系数，取值见表 2.15。

根据修改后的$[F]$值按照表 2.10 值进行判断。

表 2.12 施工单位工程经验修正系数

主管隧道工程师从事隧道施工年限	大于 10 年	5～10 年	不足 5 年
修正系数	1.0	0.98	0.95

表 2.13 隧道工程岩性修正系数

岩性	岩质隧道	土质隧道	膨胀岩隧道
修正系数	1.0	0.96	0.90

表 2.14 隧道工程地下水修正系数

岩性	无水	滴水、淋雨	其他
岩质隧道	1.0	0.98	0.95
土质隧道	1.0	0.95	0.90

表 2.15 隧道工程地应力修正系数

地应力条件	无特殊地应力	地形偏压	高地应力
修正系数	1.0	0.95	0.90

2.5.4 隧道施工工法选取判据

特大跨度隧道施工工法选取的重点是对横断面横向导坑数目的确定，如全断面开挖是将隧道横断面作为一个导坑开挖，CD 法或 CRD 法是将隧道横断面划分为两个导坑开挖，双侧壁导坑法是将隧道横断面划分为三个导坑开挖。特大跨度隧道确定横断面横向导坑数目后，再根据导坑开挖洞高将竖向的开挖划分台阶施工，因此特大跨度隧道施工工法选取的重点问题是将隧道横断面划分为几个横向的导坑，也最为安全。

1) 单次最大开挖跨度

根据式(2-6)，对于既定隧道围岩，单次最大开挖跨度 $A_{\max}$ 需保证隧道稳定性指标值 $[F]\geqslant 23$，才能保证隧道开挖过程围岩稳定，则当 $[F]=23$ 时，可推得隧道在既定围岩条件(围岩强度和岩体完整性系数)下一次最大开挖跨度 $A_{\max}$ 的计算公式，即

$$A_{\max}=\left[\frac{k_1k_2k_3k_4B^{0.393}(6.208\ln C+22.78)}{23}\right]^{2.44} \tag{2-7}$$

2) 导坑水平数目划分

假定隧道施工最大开挖跨度为 L，隧道导坑水平数目为 n，则由式(2-7)可知，隧道导坑水平数目 n 需满足

$$\frac{L}{n}\leqslant\left[\frac{k_1k_2k_3k_4B^{0.393}(6.208\ln C+22.78)}{23}\right]^{2.44} \tag{2-8}$$

即

$$n\geqslant\frac{L}{\left[\dfrac{k_1k_2k_3k_4B^{0.393}(6.208\ln C+22.78)}{23}\right]^{2.44}} \tag{2-9}$$

3) 导坑上下台阶划分

隧道导坑水平数目确定后，可根据导坑的围岩稳定状态确定是否进行上下台阶施工，导坑内台阶法施工宜根据表 2.16 的规定实施。

表 2.16　隧道导坑稳定性与台阶划分

隧道稳定状态描述	基本稳定	比较稳定	极稳定
导坑上下台阶划分	应划分上下台阶施工，应施作临时仰拱	应划分上下台阶施工，可不施作临时仰拱	可不划分台阶

2.6　工程实例

1. 工程概况

马林隧道位于贵阳市乌当区，为分离式双向六车道隧道，内轮廓采用三心圆曲边墙结构形式，净空面积 123.68m^2，净跨 17.61m，净高 5m，扁平率为 0.618，见图 2.10。设计采用高速公路设计速度 100km/h，左线隧道总长 745m，右线隧道

总长 760m，隧道最大埋深约 98.7m。

2. 工程地质条件

隧道围岩以全-中风化白云岩、白云质灰岩为主，围岩级别主要为Ⅳ级与Ⅴ级围岩，其中Ⅴ级围岩主要为碎石、强风化白云质灰岩和碎裂岩，围岩自稳性差，采用双侧壁导坑法施作不具争议性。本节对Ⅳ级深埋围岩段的施工工法选取进行了应用。

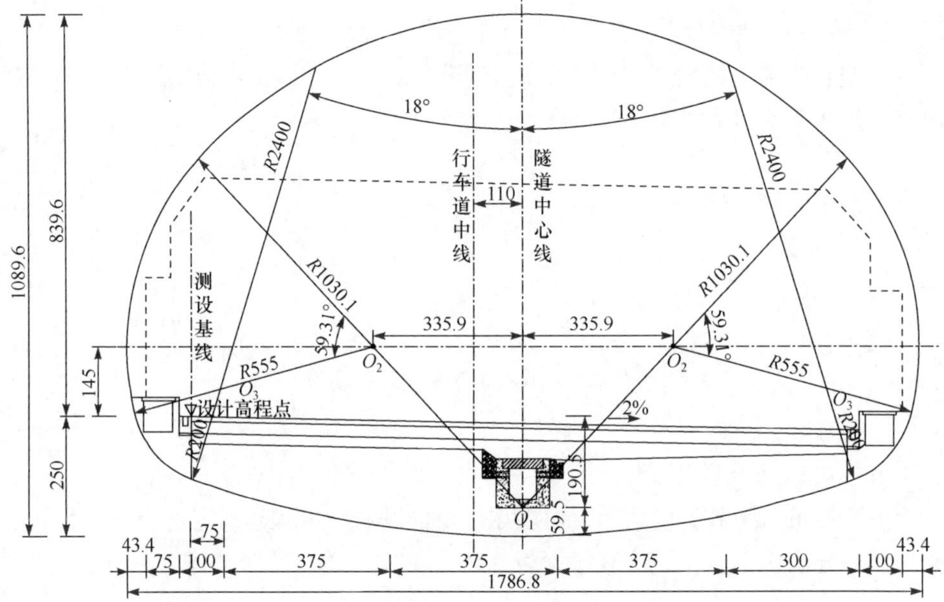

图 2.10　马林隧道内轮廓图(单位：mm)

3. 工法判别

马林隧道Ⅳ级深埋段的隧道跨度、围岩强度、岩体完整性系数分别为 19.54m、25.4MPa 和 0.69，则马林隧道Ⅳ级围岩段计算结果见表 2.17。

表 2.17　马林隧道施工工法计算结果

项目	计算值
计算单次跨度/m	15.9
计算整体跨度/m	19.9
计算水平导坑数目	1.2

续表

项目	计算值
采用水平导坑数目	2
采用单次开挖跨度/m	9.94
围岩稳定性指标	27.81
围岩稳定状态	比较稳定
工法建议	CD 法

由表 2.17 可知，马林隧道Ⅳ级围岩深埋段应采用横断面水平布设 2 个导坑的 CD 法施工，左、右导坑分别划分为上、下导坑施工，隧道施工按照 CD 法进行了实施(图 2.11)，保障了施工过程的安全与高效。

图 2.11　马林隧道 CD 法施工照片

第 3 章　隧道施工过程中工法转换与控制

隧道工法转换是隧道施工中经常面临的问题，工法转换的难易程度取决于工法转换前后的差异性与复杂程度，两者越复杂，转换控制技术难度越大。在特大跨度隧道施工中常用的、结构形式最为复杂的是双侧壁导坑法和 CRD 法，两者在实施过程中分步开挖导坑数量与临时支护措施相对较多，因此两者间的工法转换也最为复杂。

本章以双侧壁导坑法和 CRD 法为分析对象，阐述隧道施工过程中工法转换的方式方法与控制标准等。

3.1　双侧壁导坑法与 CRD 法的差异性

3.1.1　隧道横断面布设

1. 双侧壁导坑法

双侧壁导坑法将隧道断面划分为左、中、右三个水平导坑，每个水平导坑一般再细分为上、下两个导坑，因此双侧壁导坑法实施中整个隧道横断面共分为 6 个小导坑；同时，施工中施作 4 组竖向临时中墙、3 组横向临时仰拱，使得各自导坑中均形成封闭的结构形式。双侧壁导坑法断面布设图见图 3.1。

2. CRD 法

CRD 法将隧道横断面分为左、右两个水平导坑，同样，每个水平导坑一般再细分为上、下两个导坑，因此 CRD 法是将整个隧道开挖断面分为 4 个小导坑；同时，CRD 法施工中施作 2 组临时中墙、2 组临时仰拱，使得各个小导坑也形成独立封闭的结构形式。CRD 法断面布设图见图 3.2。

3. 对比分析

1) 小导坑结构形式

双侧壁导坑法、CRD 法的小导坑施工中均按照一定的次序先后开挖、施作初期支护与临时支护，均使小导坑在施工中形成封闭的结构形式。因此，两种工法在小导坑支护结构形式上基本没有区别，施工工艺基本相同。

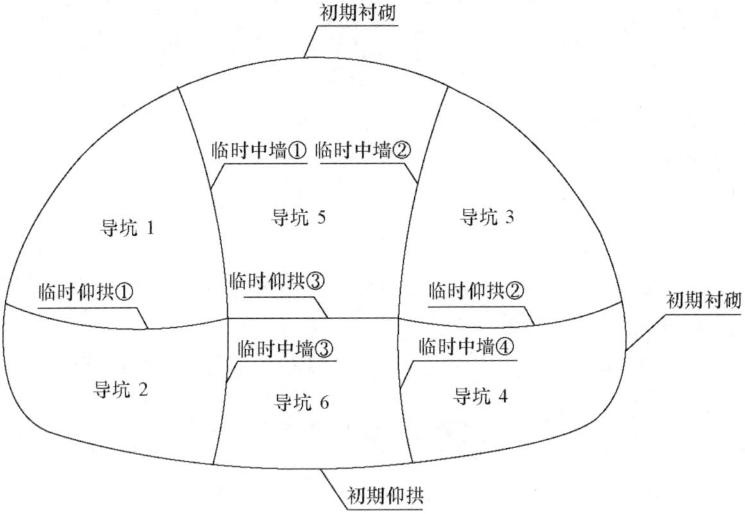

图 3.1　双侧壁导坑法断面布设图

1-左导坑上部开挖；2-左导坑下部开挖；3-右导坑上部开挖；4-右导坑下部开挖；5-中导坑上部开挖；6-中导坑下部开挖

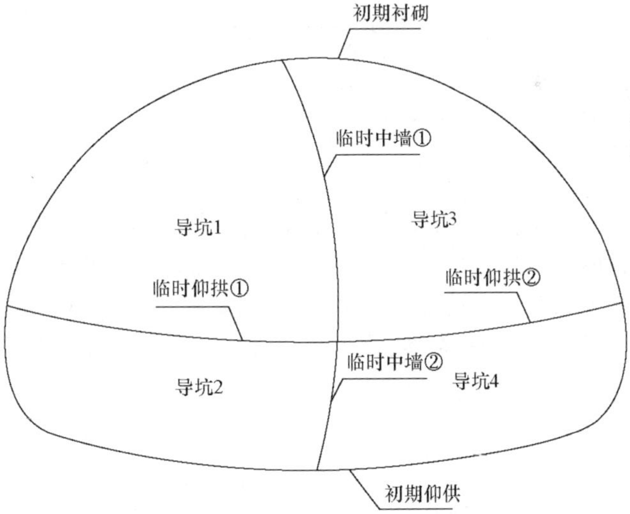

图 3.2　CRD 法断面布设图

1-先行导坑上部开挖；2-先行导坑下部开挖；3-后行导坑上部开挖；4-后行导坑下部开挖

2) 小导坑分布模式

对于隧道横断面，一般情况下，在竖向上，两种施工工法均是将导坑分为上、下两部分，中间设置临时仰拱结构；在水平方向上，双侧壁导坑法分为左、中、右三部分，CRD 法仅分为左、右两部分，两种方法在各部分间均设置竖向临时中隔墙支护结构。因此，双侧壁导坑法与 CRD 法在隧道横断面上布设的差异仅体现在水平方向导坑的数量上，而在竖向上基本一致。

3) 导坑数量与开挖面积

双侧壁导坑法中隧道横断面共分为 6 个小导坑，则每个小导坑开挖面积平均约为整个开挖断面的 1/6；CRD 法中隧道横断面分为 4 个小导坑，则每个小导坑开挖面积平均为整个开挖断面的 1/4。因此，双侧壁导坑法与 CRD 法的导坑开挖数目与开挖面积具有明显的差异性。

综上所述，双侧壁导坑法与 CRD 法两种施工工法的异同点见表 3.1。

表 3.1 双侧壁导坑法与 CRD 法的异同点

名称		双侧壁导坑法	CRD 法
临时支护形式		临时仰拱+临时中墙	临时仰拱+临时中墙
导坑封闭情况		全封闭	全封闭
横断面拆分数目	竖向台阶数	2	2
	水平导坑数	3	2
横断面导坑概况	总数	6	4
	导坑面积/断面面积	1/6	1/4

因此，两种施工工法的转换在隧道横断面上重点是通过调整水平导坑断面布局和面积，减少或增加水平导坑数目。双侧壁导坑法向 CRD 法转换时增加外侧(左侧或右侧)导坑面积，减小中间导坑面积，并逐步取消中间竖向导坑，由此将水平导坑数目由 3 个逐步调整为 2 个；CRD 法向双侧壁导坑法转换时减小左、右导坑面积，逐步形成中间竖向导坑，将水平导坑数目由 2 个逐步调整为 3 个。

3.1.2 隧道纵向布设

1. 双侧壁导坑法

双侧壁导坑法在施工过程中各个导坑的空间布设与施作次序见图 3.3。施工中，隧道左侧导坑(或右侧导坑)的上、下台阶先行施工，两台阶间距一般控制在 3～5m；其次施工隧道右侧导坑(或左侧导坑)的上、下台阶，两台阶间距亦控制在 3～5m；隧道先行导坑左侧导坑(或右侧导坑)的下台阶与后行导坑右侧导坑(或左侧导坑)的上台阶间距一般控制在 5～10m；在后行导坑右侧导坑(或左侧导坑)施工 5～10m 后，施工中间导坑的上、下台阶，中间导坑的上、下台阶间距同样控制在 3～5m。

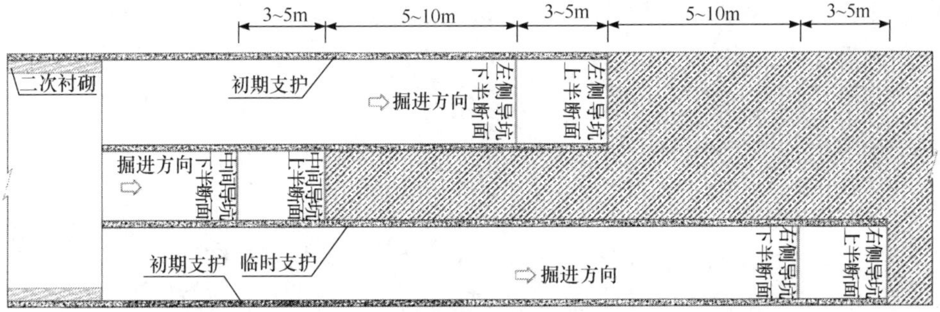

图 3.3　双侧壁导坑法施工纵向布设图

2. CRD 法

CRD 法在施工过程中各个导坑的空间布设与施作次序见图 3.4。施工中，隧道左侧导坑(或右侧导坑)的上、下台阶先行施工，两台阶间距控制在 3～5m；再施工隧道右侧导坑(或左侧导坑)的上、下台阶，两台阶间距亦控制在 3～5m；隧道先行导坑左侧导坑(或右侧导坑)的下台阶与后行导坑右侧导坑(或左侧导坑)的上台阶间距一般控制在 5～10m。

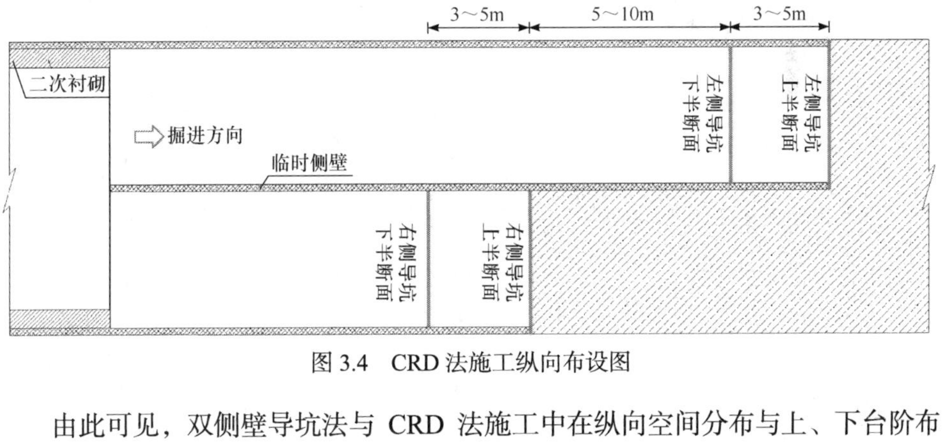

图 3.4　CRD 法施工纵向布设图

由此可见，双侧壁导坑法与 CRD 法施工中在纵向空间分布与上、下台阶布置上总体基本一致，对于同一水平导坑的上、下台阶一般采用 3～5m 间距进行施工控制；先后施工的导坑间距、先行导坑的下台阶与后行导坑的上台阶间距一般控制在 5～10m。因此，CRD 法和双侧壁导坑法转换时在隧道的纵向上不存在结构形式、空间展布和施工方面的显著差异性。

3.1.3　工程围岩稳定性控制差异性

3.1.1 节和 3.1.2 节从双侧壁导坑法、CRD 法的横断面和纵向布设分析了两种工法的差异性，为更好地说明两者的区别，本节以Ⅴ级浅埋和Ⅳ级深埋的双向八车道特大断面连拱隧道为例，从施工工法对隧道围岩控制的角度阐述两者的差异性。

1. 计算模型与模拟工序

1) 计算模型设置

隧道单洞跨度达 18.2m，整体开挖跨度 41.9m，高度为 14.2m，计算选取Ⅴ级(埋深 26m)和Ⅳ级(埋深 46m)两个断面工况作为模拟对象。计算模型尺寸见表 3.2，Ⅴ级围岩、Ⅳ级围岩和隧道中墙力学参数见表 3.3，计算模型网格划分见图 3.5。

表 3.2　模型尺寸

围岩级别	隧道跨度/m	隧道高度/m	埋深/m	模型长度/m	模型高度/m
Ⅴ	41.9	14.2	26	600	135
Ⅳ	41.9	14.2	46	600	135

表 3.3　模型力学参数

名称	容重 γ/(kN/m³)	弹性模量 E/GPa	泊松比 μ	内摩擦角 φ/(°)	黏聚力 c/MPa
Ⅴ级围岩	20	1.5	0.38	23	0.15
Ⅳ级围岩	24.5	2.4	0.24	38	0.6
中墙	25	29.5	0.17	55	2.0

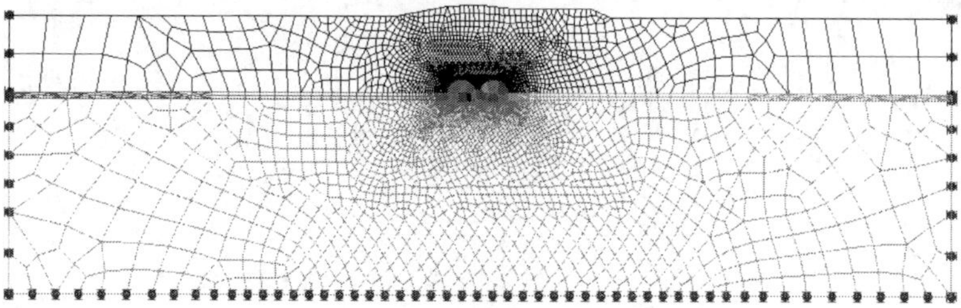

图 3.5　模型网格划分(Ⅳ级围岩，双侧壁导坑法)

2) 模型支护参数

模拟过程中围岩、中墙采用实体单元模拟，初期支护采用杆单元模拟，二次衬砌采用梁单元模拟，初期支护和二次衬砌间防水板采用接触面单元模拟。同时，对锚杆和钢拱架根据等效原则来考虑，即提高围岩的黏聚力和内摩擦角来代替锚杆的作用，提高喷射混凝土的弹性模量来代替钢拱架的作用。数值计算中支护结构参数取值见表 3.4。

表 3.4　梁、杆单元计算参数表

名称		弹性模量 E/GPa	容重 γ/(kN/m^3)	截面积 A/m^2	惯性矩 I/m^4
Ⅴ级围岩	系统锚杆	210	78	0.00038	—
	钢支撑	210	78	0.0054	0.000053
	初衬	25	23	0.45	—
	二衬	29.5	25	0.55	0.013865
Ⅳ级围岩	初衬	25	23	0.26	—
	系统锚杆	210	78	0.00038	—
	钢支撑	210	78	0.0031	0.000017
	二衬	29.5	25	0.55	0.013865
临时支护		77.9	25	0.2	0.000667

3) 模拟工序

计算双侧壁导坑法和 CRD 法具体工序如下：

(1) 双侧壁导坑法。模拟计算双侧壁导坑法施工分为 15 个模拟步骤(图 3.6)：①开挖中导洞，中导洞初期支护、浇筑中墙；②开挖左(右)洞外侧导坑上台阶，施作初期支护、临时支护；③开挖左(右)洞外侧导坑下台阶，施作初期支护、临时支护；④开挖左洞内侧导坑上台阶，施作初期支护、临时支护；⑤开挖左洞内侧导坑下台阶，施作初期支护、临时支护；⑥开挖右洞内侧导坑上台阶，施作初期支护、临时支护；⑦开挖右洞内侧导坑下台阶，施作初期支护、临时支护；⑧开挖左洞中部导坑上台阶，施作初期支护、临时支护；⑨开挖左洞中部导坑下台阶，施作初期支护；⑩施作左洞仰拱二次衬砌；⑪开挖右洞中部导坑上台阶，施作初期支护、临时支护；⑫开挖右洞中部导坑下台阶，施作初期支护；⑬施作右洞仰拱二次衬砌；⑭拆除左洞临时支护，整体浇筑二次衬砌；⑮拆除右洞临时支护，整体浇筑二次衬砌。

(2) CRD 法。模拟计算中 CRD 法施工分为 11 个模拟步骤(图 3.7)：①开挖中导洞，中导洞初期支护、浇筑中墙；②开挖左(右)洞外侧导坑上台阶，施作初期支护、临时支护；③开挖左(右)洞外侧导坑下台阶，施作初期支护、临时支护；④开挖左洞内侧导坑上台阶，施作初期支护、临时支护；⑤开挖左洞内侧导坑下台阶，施作初期支护；⑥施作左洞仰拱二次衬砌；⑦开挖右洞内侧导坑上台阶，施作初期支护、临时支护；⑧开挖右洞内侧导坑下台阶，施作初期支护；⑨施作右洞仰拱二次衬砌；⑩拆除左洞临时支护，整体浇筑二次衬砌；⑪拆除右洞临时支护，整体浇筑二次衬砌。

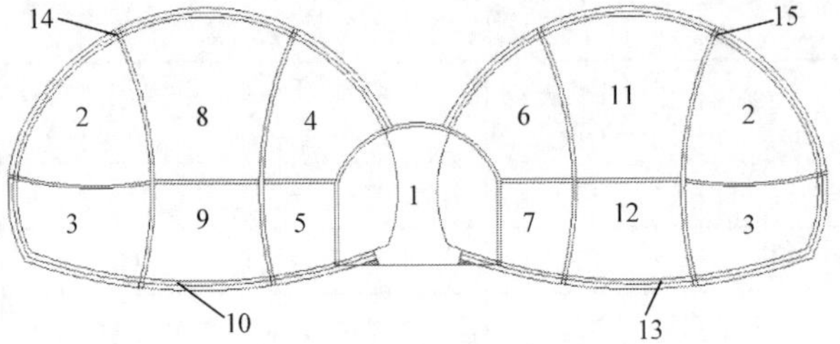

图 3.6　双侧壁导坑法施工步模拟

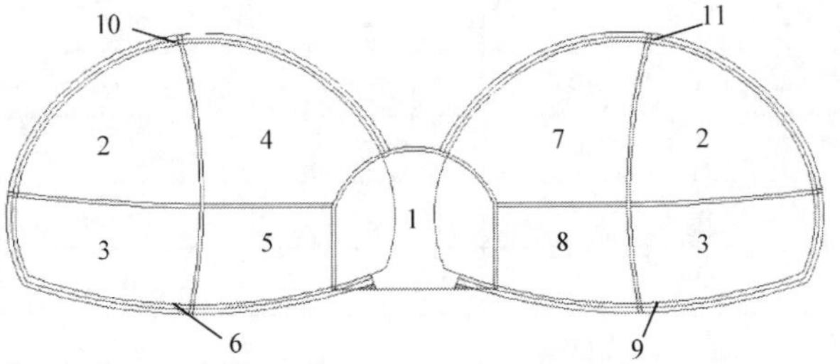

图 3.7　CRD 法施工步模拟

2. 围岩应力计算结果分析

在Ⅳ级、Ⅴ级围岩中，双侧壁导坑法和 CRD 法施工过程中中墙部位和隧道周边均有拉应力出现，且两者的最大拉应力区域均出现在中墙基底位置。在隧道周边位置中，CRD 法的拉应力区域出现在隧道顶部和隧道底部(图 3.8)，分布范围较广；

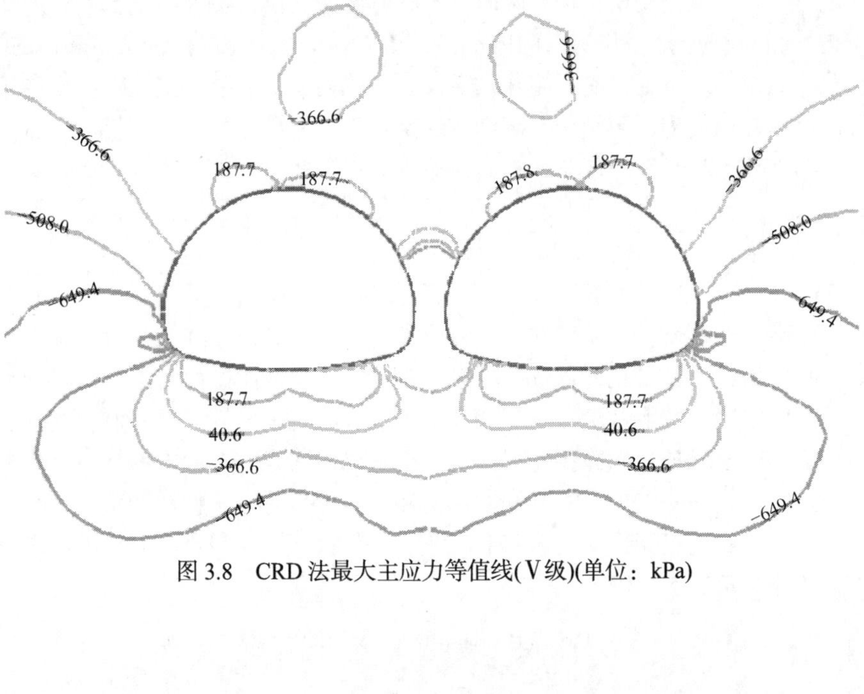

图 3.8　CRD 法最大主应力等值线(Ⅴ级)(单位：kPa)

双侧壁导坑法的拉应力区域仅出现在隧道底部局部区域，分布范围很小(图 3.9)。两种施工方法在Ⅳ级、Ⅴ级围岩中产生的拉应力数值(除中墙)列于表 3.5，在隧道周边围岩中 CRD 法最大拉应力约是双侧壁导坑法最大拉应力的 1.5 倍；两者拉应力平均值在Ⅳ级围岩中差距明显，在埋深较浅的Ⅴ级围岩中差距较小。

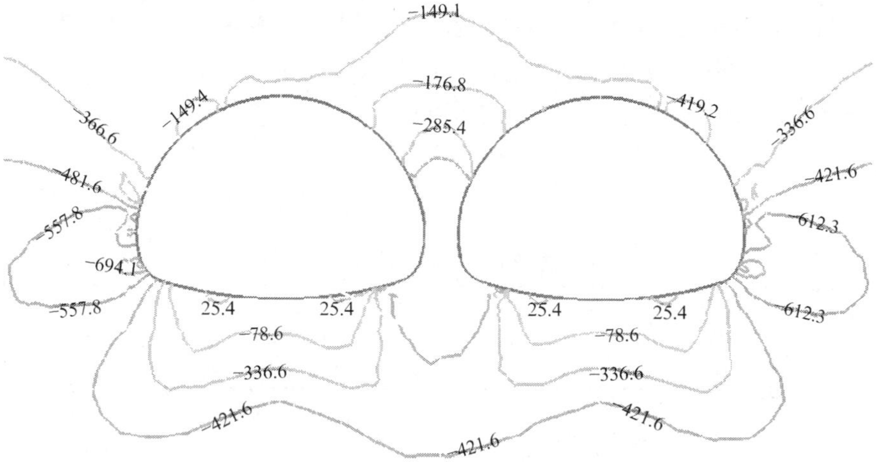

图 3.9　双侧壁导坑法最大主应力等值线(Ⅴ级)(单位：kPa)

表 3.5　拉应力数据

名称		CRD 法	部位	双侧壁导坑法	部位
Ⅳ级围岩	拉应力最大值/kPa	850.57		554.03	
	拉应力平均值/kPa	200.39		101.64	
Ⅴ级围岩	拉应力最大值/kPa	192.73		121.14	
	拉应力平均值/kPa	45.05		48.32	

对隧道周边压应力分布状态分析可知，两种施工方法下的最大压应力均出现在隧道中墙位置，最小压应力均出现在隧道底部位置。在Ⅴ级围岩中，CRD 法的最大压应力(11.234MPa)约是双侧壁导坑法下最大压应力(9.428MPa)的 1.2 倍；在Ⅳ级围岩中，两种施工方法的最大压应力差距较小。

以上隧道周边围岩应力分布状态比较表明，无论在埋深 26m 的Ⅴ级围岩条件下还是埋深 46m 的Ⅳ级围岩条件下，双侧壁导坑法施工均比 CRD 法有利于隧道周边围岩应力分布。

3. 支护衬砌内力计算结果分析

双侧壁导坑法和 CRD 法施工时衬砌结构各特征部位的内力信息见表 3.6 和表 3.7。由表可知，双侧壁导坑法中初期支护的轴力比 CRD 法中初期支护的轴力有较大幅度的提高：在Ⅴ级围岩中拱顶位置，双侧壁导坑法比 CRD 法平均提高 70%左右，边墙位置平均提高 30%左右；在Ⅳ级围岩中拱顶位置初期衬砌轴力提高 80%以上，边墙位置提高 10%左右。此外，在隧道初期支护结构内力分布状态中，隧道的外侧压力要比隧道拱顶处围岩压力一般大 2 倍以上，从隧道施工过程中衬砌压力控制角度来讲，大断面连拱隧道衬砌压力应侧重于隧道外侧边墙部位的控制。

表 3.6　Ⅳ级围岩衬砌支护内力比较结果

施工方法			双侧壁导坑法(a)	CRD 法(b)	(a–b)/b/%
初衬轴力/kN	左洞	左拱腰	2904	2613	11
		拱顶	317.2	159.4	99
	右洞	拱顶	248	136.2	82
		右拱腰	2908	2643	10
中墙顶部拉应力/kPa			684.7	717.1	–5
二衬负弯矩/(kN · m)	左洞	左拱腰	105	207.5	–49
		拱顶	6.3	41.1	–85
		右拱腰	2.1	3.6	–42
	右洞	左拱腰	7.25	7.2	1
		拱顶	4.2	42.4	–90
		右拱腰	13.3	171.9	–92

表 3.7　Ⅴ级围岩衬砌支护内力比较结果

施工方法			双侧壁导坑法(a)	CRD 法(b)	(a–b)/b/%
初衬轴力/kN	左洞	左拱腰	1065	783.6	36
		拱顶	2415	1178	105
	右洞	拱顶	990.3	695.8	42
		右拱腰	2293	1806	27
中墙顶部拉应力/kPa			823	892	–8

续表

施工方法			双侧壁导坑法(a)	CRD 法(b)	(a–b)/b/%
二衬负弯矩/(kN · m)	左洞	左拱腰	12.65	28.56	–56
		拱顶	42.4	102.4	–59
		右拱腰	—	1.1	—
	右洞	左拱腰	11.4	8.64	32
		拱顶	13.94	28.25	–51
		右拱腰	44.9	83.47	–46

由表 3.6 和表 3.7 还可知，在Ⅳ级、Ⅴ级围岩中，双侧壁导坑法中中墙顶部拉应力比 CRD 法分别降低了 5%和 8%，说明双侧壁导坑法施工与 CRD 法施工相比，可以减小作用在中墙上的荷载。隧道二次衬砌负弯矩大小分布分析结果表明，双侧壁导坑法整体上比 CRD 法要好，双侧壁导坑法无论在Ⅳ级围岩还是在Ⅴ级围岩中隧道各特征部位(除右洞左墙或者中墙右侧外)的负弯矩比 CRD 法均降低 40%以上，甚至在Ⅴ级围岩隧道左洞右墙测线位置没有出现负弯矩。

4. 隧道拱顶内部位移计算结果分析

数值计算中对隧道各主要特征点(图 3.10)的位移进行了采集，其中围岩位移正负号与模型坐标正负一致。

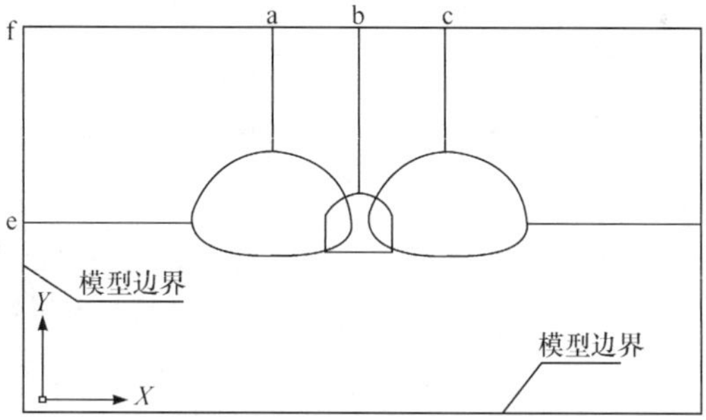

图 3.10　位移采集示意图

a-左洞轴线；b-中墙轴线；c-右洞轴线；e-拱腰部位；f-地表

两种施工方法下隧道顶部洞轴线(图 3.10 中 a、c 测线拱顶以上部分)节点和中墙顶部中轴线(图 3.10 中 b 测线中墙顶以上部分)节点竖向位移差异性显著，CRD 法的隧道顶部围岩位移明显比双侧壁导坑法偏高，其中Ⅴ级围岩中左右洞顶部竖向位移均偏高 20%，中墙顶部竖向位移偏高 16%；Ⅳ级围岩中隧道左右洞顶部围岩竖向位移均偏高 12%，中墙顶部围岩竖向位移偏高 22%，见图 3.11

和图 3.12。

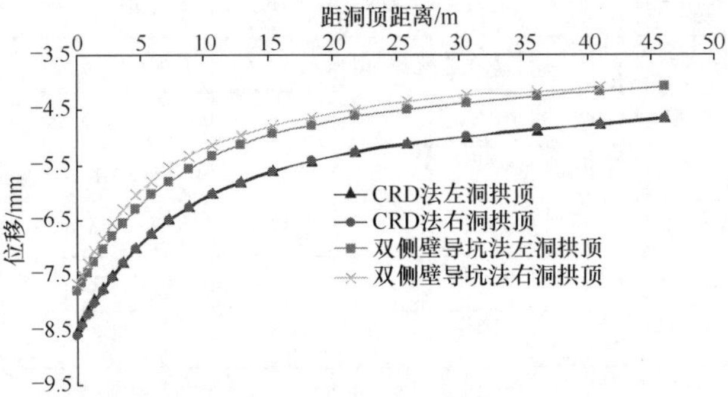

图 3.11　隧道拱顶围岩竖向位移比较(Ⅳ级围岩)

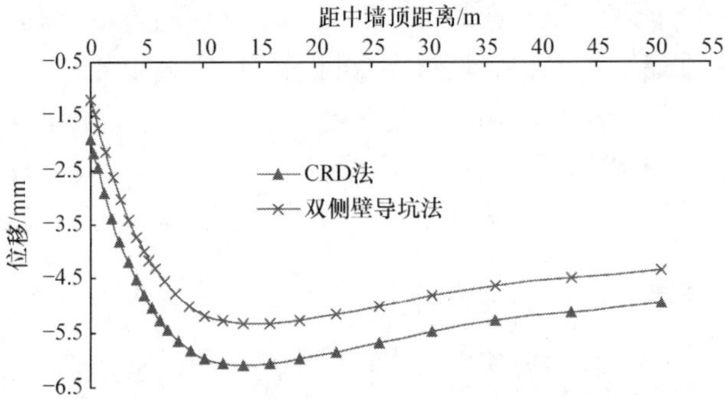

图 3.12　隧道中墙顶部围岩竖向位移比较(Ⅳ级围岩)

5. 隧道拱腰部位围岩内水平位移计算结果分析

隧道两外侧拱腰部位围岩内(图 3.10 中 e 测线)水平位移见图 3.13。两种施工方法下隧道外侧边墙的位移规律为：在Ⅴ级围岩中洞壁围岩(左侧围岩距洞壁小于 0.4m、右侧围岩距洞壁小于 0.6m)向隧道临空方向变化，随着距洞壁距离的增加，在至 1 倍隧道跨度(42m)左右以内的围岩节点水平位移均朝向外侧(背向隧道临空面方向)，1 倍隧道跨度(42m)左右(CRD 法 0.8 倍、双侧壁导坑法 1.2 倍)以外的围岩节点水平位移均朝向隧道方向；Ⅳ级围岩中隧道外侧拱墙围岩水平位移向隧道外侧变化趋势更为明显，隧道壁没有出现指向隧道临空面的位移，整条测线上均以背向隧道的位移为主。由此说明特大跨度隧道顶部压力对围岩变形的影响增大，侧向压力对围岩变形的影响减弱；在一定埋深的条件下，大断面扁平隧道两侧边墙围岩水平位移以背向隧道为主。两种施工方法对水平位移的差异性与隧道级别和埋深有关，在Ⅴ级围岩、埋深 26m 时，两种施工方法对水平位移的影响差异性比较显著，CRD 法的水平位移在距隧道壁 55m 以内小于双侧壁导坑法，而在 55m 以外大于双侧壁导坑法；在Ⅳ级围岩、埋深 46m 时，两种施工方法对隧道边墙水平位移的影响基本一致，差异性明显减弱或消失。

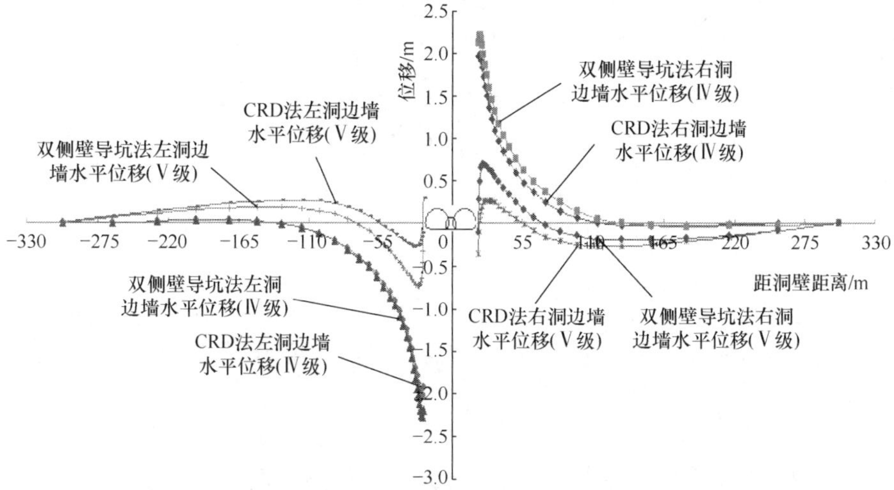

图 3.13　隧道水平位移比较

从顶板位移和边墙水平位移计算结果分析可知，双侧壁导坑法对隧道围岩顶部变形的控制能力较强，而 CRD 法对隧道边墙水平变形的控制更为有利。从两种施工方法数值模拟步骤分析，CRD 法较早(施工步 4 时)释放了隧道顶部的围岩应力，顶部围岩应力的释放有力地约束了隧道边墙向隧道内部的变形，但同时加剧了隧道拱顶围岩的下沉变形；双侧壁导坑法在施工步 8 时隧道左洞顶部围岩应力才得以释放，此时隧道侧向应力已释放较长时间，拱顶围岩在应力释放过程中受到两面临时支护墙(CRD 法仅一面临时支护墙)的约束，且隧道围岩压力向临空面每次释放区域也较小。因此，双侧壁导坑法施工与 CRD 法施工相比，隧道顶部围岩的较大部分应力转移到隧道围岩深部，而仅有较小部分围岩应力通过围岩变形进行释放。

6. 地表沉降计算结果分析

隧道地表(图 3.10 中 f 测线)沉降曲线见图 3.14。地表在隧道中轴线位置沉降量最大，两侧观测点随距隧道中心距离的增大而减小。从两条测线的位移计算值来看，双侧壁导坑有利于控制隧道地表的沉降，隧道中心线两侧的围岩位移也比 CRD 法更为对称，因此双侧壁导坑法施工可比 CRD 法更好地改善隧道中墙施工过程中的偏压现象。

通过两种施工方法下隧道顶部围岩竖向位移、边墙水平位移、中墙上部围岩竖向位移及地表沉降比较分析，可知双侧壁导坑对隧道顶部围岩、中墙拱顶围岩

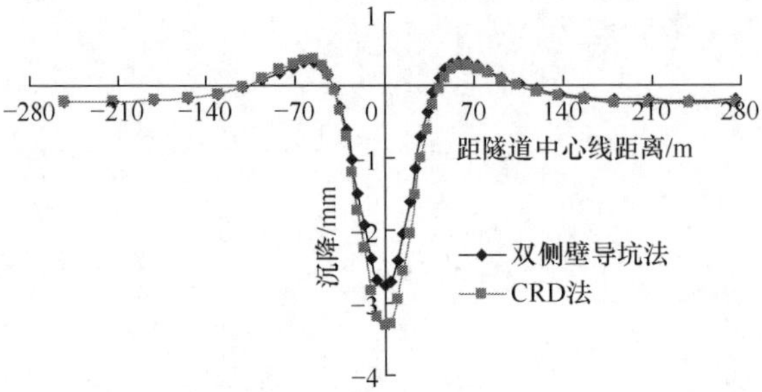

图 3.14　地表沉降比较(Ⅴ级围岩)

及地表的变形控制十分有利；CRD 法在对隧道边墙处围岩水平位移控制在Ⅴ级围岩浅埋断面和对隧道底部隆起控制较为有利。

7. 主要对比结果

通过对 CRD 法和双侧壁导坑法两种施工方法下双向八车道连拱隧道围岩压力、衬砌内力、隧道周边位移及地表沉降的数值模拟结果比较，可知双侧壁导坑法在施工过程中分步施工尺寸较小，每步隧道开挖和支护时间较短，与 CRD 法相比，可以更有效地增强隧道围岩自身承载能力，发挥隧道初期支护的承载能力，增加二次衬砌对隧道的安全储备，且可以减弱施工过程中对中墙的不利影响，防止隧道围岩应力过度集中现象。同时，双侧壁导坑法施工对隧道顶板围岩竖向位移和地表沉降的控制比较有利；CRD 法对隧道拱腰部位围岩水平位移的控制比较有利。

3.2　双侧壁导坑法和 CRD 法转化模式

对于特大跨度隧道，双侧壁导坑法一般适用于隧道洞口段、偏压段和Ⅴ级浅埋段，而 CRD 法适用于隧道Ⅳ级围岩段和洞身段。当隧道单向施工时，隧道的围岩分布规律一般为：隧道进口段(或洞口偏压段)、Ⅴ级围岩浅埋段、Ⅴ级深埋段、Ⅳ级围岩段、Ⅲ级(及以上)围岩段、Ⅳ级围岩段、Ⅴ级围岩深埋段、Ⅴ级围岩浅埋段、隧道出口端洞口段(或洞口偏压段)。因此，在隧道进口端洞口段至隧道洞身的Ⅳ级围岩段的施工方法一般是由双侧壁导坑法变换为 CRD 法；在隧道洞身的Ⅳ级围岩段至隧道出口端洞口段则由 CRD 法变换为双侧壁导坑法，即在特大跨度隧道施工中存在双侧壁导坑法向 CRD 法转换和 CRD 法向双侧壁导坑法转换两种情况。

3.2.1　双侧壁导坑法向 CRD 法转换

双侧壁导坑法与 CRD 法两种施工方法在纵向空间布置上总体一致，两种施工方法的差异性主要表现在隧道横断面水平导坑数目、横断面导坑总数及各导坑的开挖面积三个方面。双侧壁导坑法向 CRD 法转换需增加外侧(左侧或右侧)导坑面积、减小中间导坑面积，并逐步取消中间竖向导坑，将水平导坑数目由 3 个逐步调整为 2 个。因此，双侧壁导坑法向 CRD 法转化的模式有以下 3 种。

1) 侧移转换模式

侧移转换模式是指在双侧壁导坑法向 CRD 法转换过程开始时，水平方向上的导坑开挖界线均向同一侧偏移，当面积增大的上部导坑的面积达整个面积的 1/4 时，则取消面积减小显著导坑的临时中墙，并将此导坑的临时仰拱与中间导坑的临时仰拱合并，从而形成 CRD 法。根据侧移方向的不同，可以分为左向侧移模式和右向侧移模式两种。具体施工变化示意图见图 3.15。

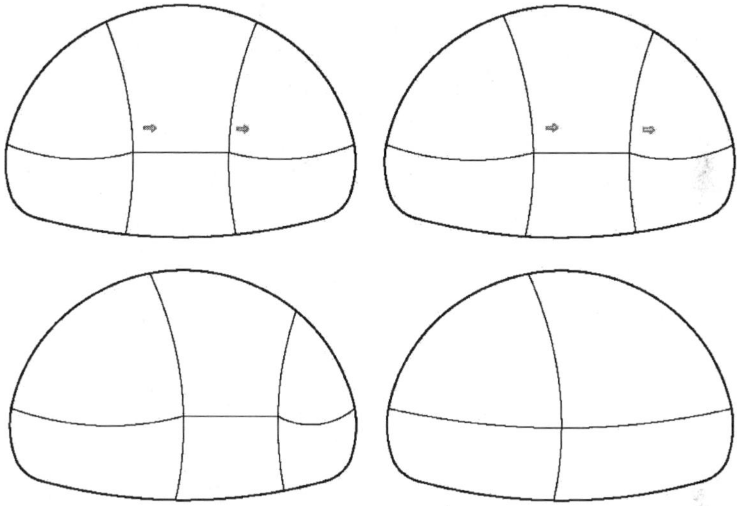

图 3.15　侧移转换模式

该种转换模式适用于隧道掌子面围岩质量分布不均，其中一侧质量较好而另一侧围岩仍较破碎的围岩区段，如深埋偏压地形。该方法可以充分利用围岩分布情况，强调围岩自身承载的作用。

2) 双墙侧移居中模式

双墙侧移居中模式是指在双侧壁导坑法向 CRD 法转换过程开始时，横断面上左、右两组临时中墙结构均向隧道的中部均匀靠拢，左、右两侧导坑的施工断面同时增加；当两组临时中墙中间位置重合时，仅保留一组临时中墙作为 CRD 法的临时中墙，从而转换至 CRD 法。具体施工变化示意图见图 3.16。

双墙侧移居中模式，也可先将两组临时中墙由曲墙形式变为临时直中墙，再做移动(简称双曲墙转直墙侧移居中模式)，当两临时直中墙移至中部，且两者间距与 CRD 法中临时曲中墙两端与中间最大水平距离相同时停止移动，在下一步施工中将两临时直中墙变换为曲中墙，从而实现 CRD 法施工。具体施工变化示意图见图 3.17。

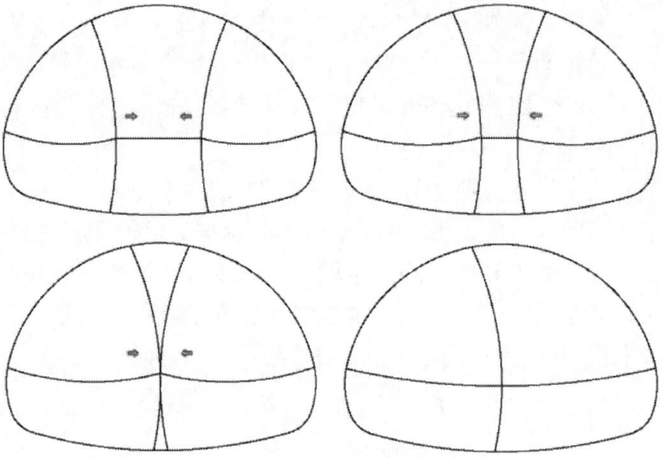

图 3.16　双墙侧移居中模式

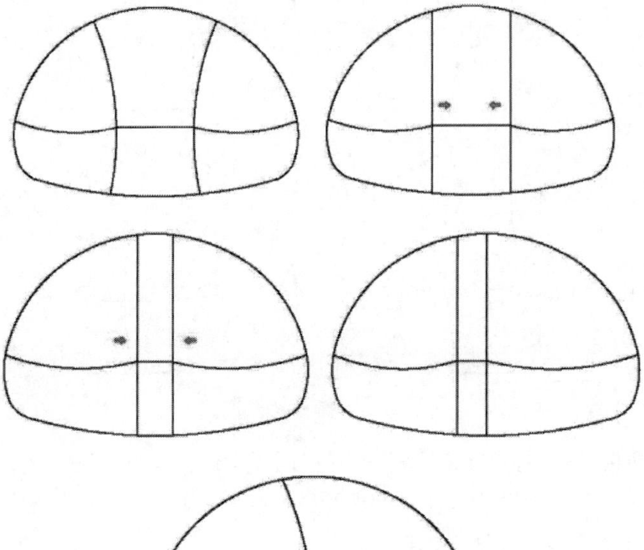

图 3.17　双曲墙转直墙侧移居中模式

双墙侧移居中模式和双曲墙转直墙侧移居中模式均适用于隧道掌子面前方围岩质量整体分布均匀，且围岩稳定性较容易控制的围岩区段。其中，双曲墙转直墙侧移居中模式的围岩条件一般稍好于双墙侧移居中模式的围岩条件。

3) 单墙侧移模式

单墙侧移模式是指在双侧壁导坑法向 CRD 法转换过程开始时，横断面上左、右两组临时中墙结构，一组向隧道的中部均匀靠拢，一组保持原有位置不变，即仅左、右两侧的一侧导坑的施工断面增加；当临时中墙中间位置移至隧道开挖跨度中间位置时不再移动，此时该临时中墙作为 CRD 法中的临时中墙，原先未做移动的临时中墙拆除，从而转换至 CRD 法。具体施工变化示意图见图 3.18。

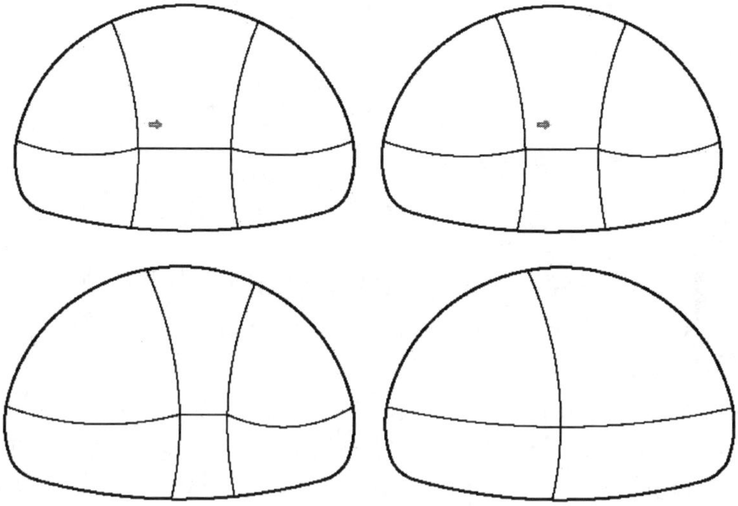

图 3.18　单墙侧移模式

该种转换模式适用于隧道掌子面围岩质量分布不均，其中一侧质量较好而另一侧围岩仍较破碎的围岩区段，如偏压地形。该方法也充分利用围岩分布情况，强调了围岩自身承载的作用。单墙侧移模式与侧移转换模式相比，图 3.18 中右侧围岩条件一般要好于图 3.15 中右侧围岩条件。

3.2.2　CRD 法向双侧壁导坑法转换

CRD 法向双侧壁导坑法转换时减小左、右导坑面积，逐步形成中间的竖向导坑，将水平导坑数目由 2 个逐步调整为 3 个，CRD 法向双侧壁导坑法转换的模式也可划分为 3 种。

1) 直接转换模式

直接转换模式是指在 CRD 法向双侧壁导坑法转换时，在隧道跨度的 1/3、2/3 位置直接施作临时中墙，在下一步施工中取消原有 CRD 法的临时中墙结构，快速转换至双侧壁导坑法。具体施工变化示意图见图 3.19。

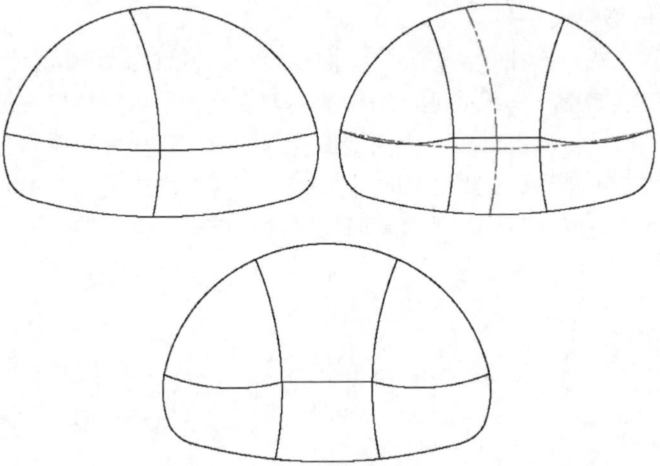

图 3.19　直接转换模式

该转换模式适用于隧道掌子面围岩质量较均匀而纵向上岩体质量发生显著变化的围岩区段。

2) 侧移+标准墙模式

侧移+标准墙模式是指在 CRD 法向双侧壁导坑法转换过程中，在隧道跨度的 1/3 或 2/3 位置(视 CRD 法临时曲中墙的圆心位置而定)施作一组新的临时中墙结构；原有 CRD 法的临时中墙结构向施作新临时中墙的反方向侧移，当移至隧道跨度的 2/3 或 1/3 位置时停止移动，从而形成双侧壁导坑法。具体施工变化示意图见图 3.20。

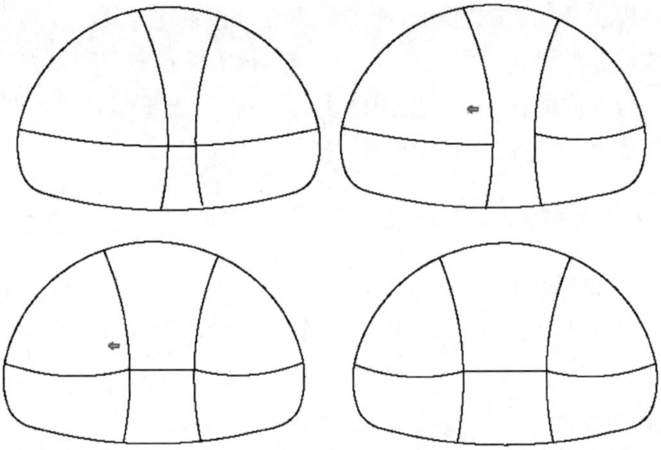

图 3.20　侧移+标准墙模式

该种转换模式适用于隧道掌子面围岩质量分布不均，其中一侧质量较好而另一侧围岩由整体性较好向较破碎转化的区段，可充分利用围岩分布情况，强化了围岩自身承载的作用。

3) 临时中墙双侧外移模式

临时中墙双侧外移模式是指在 CRD 法向双侧壁导坑法转换时，首先在现有的临时中墙外侧施作一镜像式临时中墙，使得临时中墙数目达到 2 组，并形成跨度为零的中间导坑；将 2 组临时中墙匀速向外侧推移，当移至隧道断面跨度的 1/3、2/3 位置时停止移动，从而形成双侧壁导坑法布置形式。具体施工变化示意图见图 3.21。

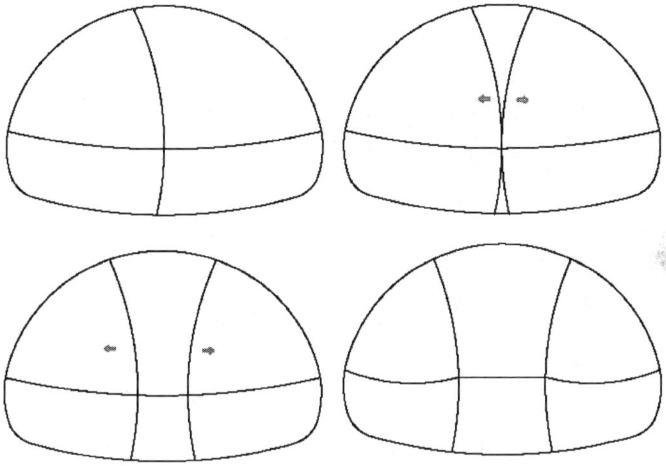

图 3.21　临时中墙双侧外移模式

该种转换模式适用于特大断面隧道掌子面前方围岩质量整体分布均匀、围岩自稳能力横断面上无显著差异区段，围岩稳定性一般。

3.2.3　隧道施工不同转换模式组合

隧道进口段双侧壁导坑法向 CRD 法转换和隧道出口段 CRD 法向双侧壁导坑法转换各有 3 种转换模式，对单向掘进的特大断面公路隧道而言，进出口段所涉及的转换模式组合形式共有 9 种，见表 3.8。

表 3.8　隧道进出口施工转换模式组合列表

序号	隧道进口段转换模式	隧道出口段转换模式
1	侧移转换模式	直接转换模式
2	侧移转换模式	侧移+标准墙模式
3	侧移转换模式	临时中墙双侧外移模式
4	双墙侧移居中模式	直接转换模式
5	双墙侧移居中模式	侧移+标准墙模式

续表

序号	隧道进口段转换模式	隧道出口段转换模式
6	双墙侧移居中模式	临时中墙双侧外移模式
7	单墙侧移模式	直接转换模式
8	单墙侧移模式	侧移+标准墙模式
9	单墙侧移模式	临时中墙双侧外移模式

3.3 工法转换控制方法

3.2 节对双侧壁导坑法与 CRD 法两种工法的转换模式进行了阐述，那么在转换过程中如何合理地进行转换，需要控制哪些技术指标以保障隧道施工的安全性、经济性？本节就工法转换控制内容进行分析与探讨。

3.3.1 控制内容与方法

为了保证科学、合理地实施工法转换，需要确定两个状态：一是施工工法转换的起始位置，二是施工工法转换的终点位置。其中，施工工法转换的起始位置需要进行识别、确认，施工工法转换的终点位置则可通过工法转换需要的渐变长度进行确定。因此，隧道施工转换控制对象为隧道施工渐变始态位置和渐变长度。

(1) 施工渐变始态位置是施工变换控制的关键，需要进行辨识才能确定，但下列条件下的特大跨度隧道不必采用辨识手段：

① 洞口段、洞口偏压段，应采用双侧壁导坑法。

② Ⅴ级围岩浅埋段，应采用双侧壁导坑法。

③ Ⅲ级围岩及Ⅱ级围岩宜采用 CRD(CD)法施工。

而特大跨度隧道在Ⅴ级围岩深埋段与Ⅳ级围岩浅埋段采用双侧壁导坑法还是采用 CRD 法则需要进行辨识判断。

(2) 渐变长度指由施工渐变始态位置至目标工法完全形成断面的最小距离。渐变长度需要满足在两种施工工法变换时隧道衬砌位移、应力状态不出现突变，其状态变化在衬砌材料强度的容许范围内，混凝土表层不出现开裂，或者说保证其应力状态小于其设计强度值。

3.3.2 施工渐变始态判断方法

对始态位置的识别与判断，其内容是对施工工法与围岩性状匹配性的评价分析，换言之，是对既定隧道工法施工扰动下隧道围岩稳定状况的分析。同时，施工扰动在不同隧道部位的力学行为各有不同，是多种力学行为相互交织、作用的结果，其中，隧道围岩与隧道支护结构的稳定状态及位移是施工扰动最为直接的表现，可以表征施工扰动下隧道工程相对应的稳定状态。为此，本节从隧道位移、围岩自承载和隧道衬砌结构三个方面构建隧道施工扰动分析方法，用于对工法渐变始态位置的识别与判断。此外，对工法渐变始态位置的识别也可借助第 2 章的方法进行初判，对第 2 章方法的应用在本章不做阐述。

1. 隧道位移评判指标

隧道施工中位移监控项目主要有地表下沉、围岩体内位移、拱顶下沉和周边位移。其中，地表下沉和围岩体内位移可看成隧道围岩向临空面变形量沿径向的变化，是隧道拱顶下沉、周边位移在地表和围岩体内的表现形式。同时，地表下沉和围岩体内位移在隧道浅埋时可反映隧道围岩稳定状态的变化，但在隧道深埋时则对围岩稳定状态的敏感性降低；而拱顶下沉和周边位移无论是浅埋还是深埋都能够直接反映隧道周边围岩变形趋势和隧道安全状态，是评价隧道围岩稳定状态的关键性指标。因此，位移评判指标选取拱顶下沉、周边位移作为对象。

为了能较全面反映隧道位移情况，在隧道施工中，拱顶下沉一般在拱顶中间位置及左、右两侧一定距离处共布设 3 个测点，隧道周边位移则一般布置 3 条测线。拱顶下沉和周边位移监测布置图见图 3.22、图 3.23。

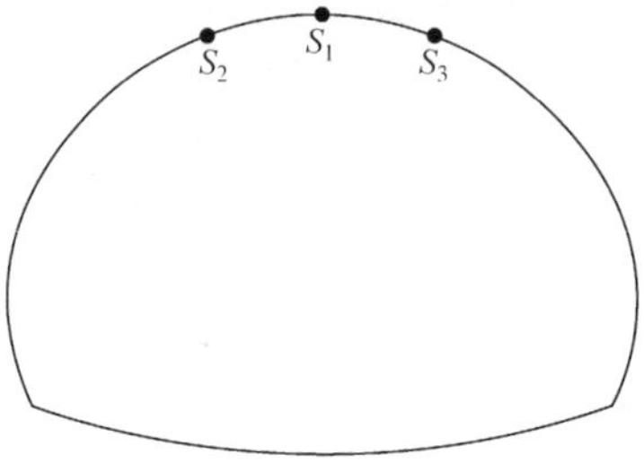

图 3.22　拱顶下沉监测布置图

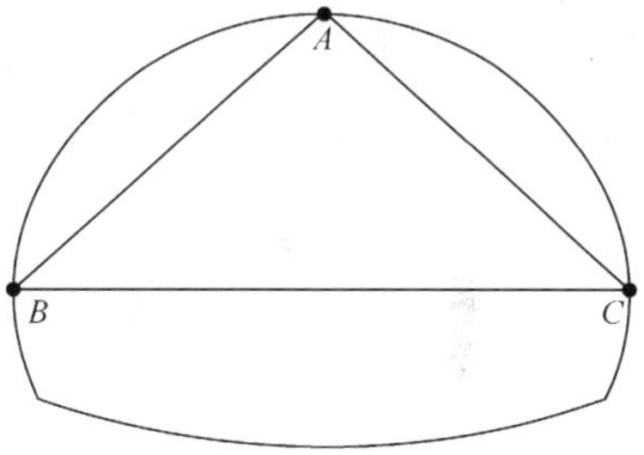

图 3.23　周边位移监测布置图

拱顶下沉和周边位移中反映隧道稳定性的指标有两个：一是绝对沉降量/周边位移值，反映施工扰动下隧道围岩整体的变形程度；二是隧道变形的不均度，反映施工扰动对围岩变形不利的影响程度，施工扰动影响应由这两个指标综合反映。同时，为避免隧道跨度影响，绝对变形值采用其与隧道跨度的比值即相对沉降量代替。

拱顶下沉采用绝对沉降量和不均度综合反映施工扰动影响的表述形式，即

$$\mathrm{SR}_1=\frac{S_1}{L}\sqrt{\left(\frac{S_1-S_2}{S}\right)^2+\left(\frac{S_1-S_3}{S}\right)^2+\left(\frac{S_3-S_2}{S}\right)^2}\tag{3-1}$$

式中，SR_1 为拱顶下沉评判指标；S_1、S_2、S_3 分别为拱顶监测点下沉值，m；S 为

拱顶平均下沉值，$S=(S_1+S_2+S_3)/3$，m；L 为隧道跨度，m。

周边位移采用绝对沉降量和不均度综合反映施工扰动影响的表述形式，即

$$SR_2 = \frac{\Delta BC}{L_{BC}}\sqrt{\left(\frac{\Delta AC}{L_{AC}}-\frac{\Delta AB}{L_{AB}}\right)^2+\left(\frac{\Delta AC}{L_{AC}}-\frac{\Delta BC}{L_{BC}}\right)^2+\left(\frac{\Delta AB}{L_{AB}}-\frac{\Delta BC}{L_{BC}}\right)^2} \tag{3-2}$$

式中，SR_2 为周边位移评判指标；ΔAC、ΔAB、ΔBC 分别为测线 AC、AB、BC 的位移收敛值，m；L_{AC}、L_{AB}、L_{BC} 分别为测线 AC、AB、BC 的初始长度，m。

SR_1、SR_2 反映了施工扰动对隧道沉降变形和收敛变形的影响程度，施工扰动位移评判综合指标则是 SR_1、SR_2 两者的综合体现，可按照式(3-3)计算得出：

$$SR = f\sqrt{SR_1 SR_2} \tag{3-3}$$

式中，SR 为隧道位移评判指标。SR 值越大，表明施工扰动越大，越不利于隧道稳定；反之，则表明施工扰动越小，越有利于隧道稳定；f 为修正系数。

根据《公路隧道设计规范》(JTG D70—2004)(本书使用 2004 版规范)和《公路隧道施工技术规范》(JTG/T 3660—2020)对各级围岩及不同埋深条件下隧道围岩变形量的规定，SR_1 、SR_2 的取值范围见表 3.9 和表 3.10。

表 3.9　SR_1 取值

围岩级别	隧道埋深		
	<50m	50～300m	>300m
Ⅲ	$0\sim4.24\times10^{-3}$	$0\sim7.07\times10^{-3}$	$0\sim1.70\times10^{-2}$
Ⅳ	$0\sim7.07\times10^{-3}$	$0\sim1.70\times10^{-2}$	$0\sim2.83\times10^{-2}$
Ⅴ	$0\sim1.13\times10^{-2}$	$0\sim2.26\times10^{-2}$	$0\sim4.24\times10^{-2}$

表 3.10　SR_2 取值

围岩级别	隧道埋深		
	<50m	50～300m	>300m
Ⅲ	$0\sim1.27\times10^{-5}$	$0\sim3.54\times10^{-5}$	$0\sim2.04\times10^{-4}$
Ⅳ	$0\sim3.54\times10^{-5}$	$0\sim2.04\times10^{-4}$	$0\sim5.66\times10^{-4}$
Ⅴ	$0\sim9.05\times10^{-5}$	$0\sim3.62\times10^{-4}$	$0\sim1.27\times10^{-3}$

由于 SR_1、SR_2 值通常是小于 1 的较小值，为使得 SR 值处于合理取值区间，修正系数 f 按照以下公式计算：

$$f = \frac{1}{\sqrt{0.5SR_{1\max}SR_{2\max}}} \tag{3-4}$$

式中，$SR_{1\max}$、$SR_{2\max}$ 分别为表 3.9、表 3.10 中各围岩级别和埋深条件下的最大值。

根据式(3-4)及表 3.9、表 3.10 可得不同围岩级别及埋深条件下的修正系数值，见表 3.11。

表 3.11　修正系数取值

围岩级别	隧道埋深		
	<50m	50～300m	>300m
Ⅲ	6094	2827	759
Ⅳ	2827	759	353
Ⅴ	1398	494	193

2. 隧道围岩自承载能力评判指标

隧道施工过程中围岩的原有状态遭到破坏，围岩结构的稳定状态发生了变化，这种变化从围岩角度来讲常用围岩自承载能力的变化来表述。目前，围岩自承载能力的研究多集中于承载结构形式、承载结构特征等，对围岩自承载能力的描述和量化表述相对较少，因此研究隧道施工对隧道围岩自承载能力影响前，需明确围岩自承载能力的定义及其量化形式。

在隧道工程中，一般认为隧道荷载由支护结构和围岩共同承担，因此围岩自承载能力往往与支护结构相关联，但并非完全取决于支护结构。例如，隧道开挖后不采取任何支护时，隧道围岩应力分布见图 3.24，距隧道较近的围岩应力虽然小于原岩应力，但仍具备一定的承载能力；隧道开挖后施加刚度无穷大的支护结构，隧道围岩应力分布见图 3.25，隧道周边围岩应力增加，且应力值超过原岩应力。此外，由图 3.24 和图 3.25 可见，隧道开挖后无论是否施加支护，围岩在距隧道壁 1 倍洞径范围内的应力变化最为明显与活跃，因此可将 1 倍洞径范围内的围岩应力作为围岩自承载能力评判区域。

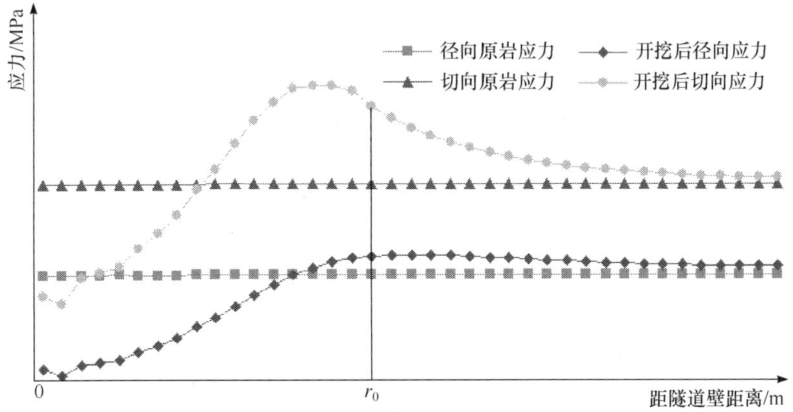

图 3.24　无支护时隧道围岩应力分布图

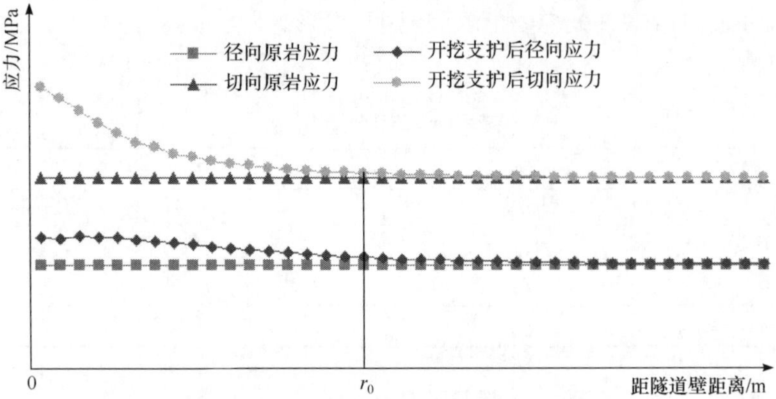

图 3.25　有支护时隧道围岩应力分布图

由以上分析，对隧道施工扰动下围岩自承载能力做如下定义：隧道施工后，在既定隧道支护条件下(包括无支护和有支护)，隧道围岩应力力学状态对原岩应力力学状态(包括应力值与安全性)的继承能力。换言之，隧道围岩自承载能力不仅要反映围岩对原岩应力力学状态的继承能力，还应反映施工后围岩的安全状态。隧道围岩中某一点 i 的自承载能力评判系数定义如下：

$$k_{\mathrm{r}i}=k_{1\mathrm{r}i}k_{2\mathrm{r}i} \tag{3-5}$$

式中，$k_{\mathrm{r}i}$ 为自承载能力评判系数；$k_{1\mathrm{r}i}$ 为 i 点对原岩应力力学状态的继承能力的系数；$k_{2\mathrm{r}i}$ 为施工后 i 点的围岩安全状态系数。其中，$k_{1\mathrm{r}i}$ 定义如下：

$$k_{1\mathrm{r}i}=\frac{k_1+k_2+k_3}{3} \tag{3-6}$$

式中，k_1、k_2、k_3 分别为点 i 第一主应力、第二主应力、第三主应力与原岩应力的接近度，取值如下：

$$k_j=\frac{f(\sigma_j)}{\sigma_{j0}} \tag{3-7}$$

式中，σ_{j0} 为原岩应力状态中第 j(j=1, 2, 3)主应力值。根据弹塑性力学理论，k_j 的最大值为 3，故 $k_{1\mathrm{r}i}$ 一般取 0～3。

施工后 i 点的围岩安全状态系数 $k_{2\mathrm{r}i}$ 定义如下：

$$k_{2\mathrm{r}i}=\frac{Q(\sigma_1,\sigma_2,\sigma_3)}{q(\sigma_1,\sigma_2,\sigma_3)} \tag{3-8}$$

式中，$q(\sigma_1,\sigma_2,\sigma_3)$为 i 点实际围岩应力状态标识量；$Q(\sigma_1,\sigma_2,\sigma_3)$为围岩屈服或破坏时应力状态标识量；若 $Q(\sigma_1,\sigma_2,\sigma_3)/q(\sigma_1,\sigma_2,\sigma_3)\leqslant 1$，则 $k_{2\mathrm{r}i}=0$，表示围岩失稳。若 $q(\sigma_1,\sigma_2,\sigma_3)$、$Q(\sigma_1,\sigma_2,\sigma_3)$可用强度响应函数表示，$Q(\sigma_1,\sigma_2,\sigma_3)/q(\sigma_1,\sigma_2,\sigma_3)$则表示围岩 i

点的最小安全系数，一般取值 0～10。

1 倍洞径范围内的围岩自承载能力评判指标定义如下：

$$k_{\mathrm{r}}=\frac{1}{n}\sum_{i=1}^{n}k_{\mathrm{r}i} \tag{3-9}$$

式中，k_{r}为围岩自承载能力评判指标，一般取值为 0～30，k_{r}值越大，说明围岩自承载能力越强，围岩越稳定，施工扰动越小；n 为 1 倍洞径范围内围岩单元数目。

3. 隧道衬砌安全度评判指标

隧道衬砌安全系数作为评价衬砌参数选取是否合理的主要依据，一直是设计单位和施工单位评判隧道是否稳定的主要指标。为了使隧道衬砌安全系数也能够反映围岩受力状况与衬砌安全的关系，对隧道衬砌安全系数做如下修正：

$$k_{\mathrm{z}}=k\frac{\sigma_{\mathrm{r}}}{\sigma_{\mathrm{r0}}} \tag{3-10}$$

式中，σ_{r}为隧道围岩与初期支护间压力，取值范围为 0～σ_{r0}，MPa；σ_{r0}为洞壁处原岩应力，MPa；k 为衬砌安全系数，考虑不同围岩级别下初期支护和二次衬砌的功能不同，衬砌安全系数采用隧道二次衬砌安全系数进行表述；k_{z} 为隧道衬砌安全度评判指标，一般取值为 0～15，k_{z}值越大，表明隧道越稳定，施工扰动越小。

4. 隧道施工始态判断综合评判指标

根据施工扰动中隧道位移评判指标 SR、隧道围岩自承载能力评判指标 k_{r}和隧道衬砌安全度评判指标 k_{z}与施工扰动的关系，可知若施工扰动越大，则 SR 值越大、k_{r}值越小、k_{z}值越小。因此，施工扰动评价可用式(3-11)进行表述：

$$K_{\mathrm{tc}}=\frac{\mathrm{SR}}{1+k_{\mathrm{r}}k_{\mathrm{z}}} \tag{3-11}$$

式中，K_{tc}为施工最小扰动综合评判系数。

实际工程中隧道位移评判指标 SR 通常在 0～0.1 分布广泛，因此 K_{tc}计算值一般小于 0.1，为便于对施工扰动程度进行分级，将式(3-11)做如下变化：

$$K_{\mathrm{tc}}=\lg\frac{\mathrm{SR}}{1+k_{\mathrm{r}}k_{\mathrm{z}}} \tag{3-12}$$

由式(3-12)可知，若 K_{tc}为负无穷，则施工扰动影响可以忽略，隧道稳定性为最理想状态；若 K_{tc}为 0，则隧道稳定性最差，即隧道处于失稳破坏，施工扰动最为严重。对于两者之间状态进行划分，见表 3.12。

表 3.12　隧道工程整体稳定性划分标准

稳定状态	极佳	良好	稳定	较稳定	不稳定
K_{tc}值	<–3	[–3, –0.7)	[–0.7, –0.3)	[–0.3, –0.15)	≥–0.15

注：该表划分受样本数据及控制标准影响，仅供参考。

3.3.3　施工渐变长度指标

施工渐变长度需满足两种工法转换前后的(位移和应力)突变值与衬砌材料强度值的安全需要，即工法转换过程中所产生的突变值需在衬砌材料的安全变化范围内。双侧壁导坑法与 CRD 法转换过程中的突变主要是工法转换始态位置与终点位置间的位移差值和相应的应力差值，其中，考虑到隧道断面导坑布设情况，其位移差值主要考虑工法转换始态位置与终点位置间的拱顶沉降位移差值，应力差值则为拱顶沉降差值所对应的应力。

为简化分析，将隧道施工渐变段简化为类似受均布荷载的矩形悬臂梁受力模型，其中，梁固定端为双侧壁导坑法，自由端为 CRD 法，在 CRD 法的端部产生沉降位移差值Δ，见图 3.26。

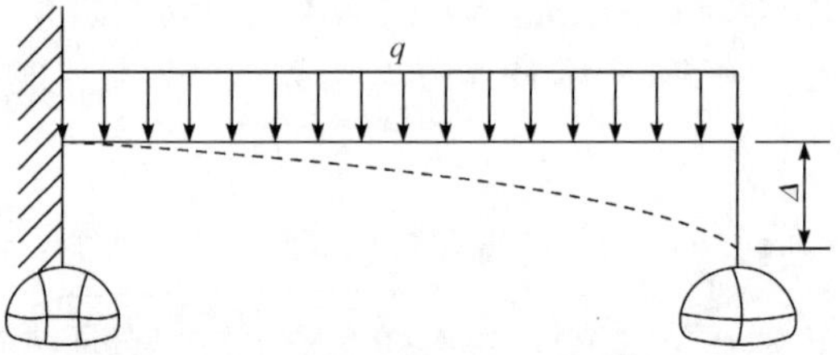

图 3.26　施工渐变长度分析模型

1) 施工渐变长度

根据结构力学理论，可知均布荷载下悬臂梁的最大弯矩M_{max}与最大挠度w_{max}计算公式为

$$M_{max}=\frac{ql^2}{2}$$

$$w_{max}=\frac{ql^4}{8EI}$$

式中，q为悬臂梁的均布荷载，MPa；E为弹性模量，GPa；I为惯性矩，$I=bh^3/12$，b为单位长度，取 1m，h为衬砌厚度，m；l为悬臂梁长，即待求的渐变长度，m；最大挠度w_{max}等于两种工法之间的沉降差Δ。

由此可推得梁的最大弯矩为

$$M_{\max}=\frac{Eh^3}{3l^2}\Delta \tag{3-13}$$

根据材料力学中梁截面上的最大拉应力与弯矩的关系，可知

$$\sigma_{\max}=\frac{M_{\max}}{bh^2/6} \tag{3-14}$$

将式(3-13)和式(3-14)联立求解，可以得到截面最大拉应力与渐变施工段长度 l 之间的关系，即

$$\sigma_{\max}=\frac{2Eh\Delta}{l^2} \tag{3-15}$$

同时，根据《公路隧道设计规范》(JTG D70—2004)规定，最大拉应力应不大于规范中抗拉强度与安全系数的比值，即

$$\sigma_{\max}\leqslant\frac{[\sigma_l]}{k} \tag{3-16}$$

式中，k 为隧道衬砌结构设计安全系数，一般取 2.0；$[\sigma_l]$ 为隧道衬砌抗拉强度设计值。

因此，根据式(3-15)和式(3-16)，可以得出施工渐变长度 l 为

$$l\geqslant\sqrt{\frac{2kEh\Delta}{[\sigma_l]}} \tag{3-17}$$

2) 两工法间沉降差

双侧壁导坑法与 CRD 法之间的最大沉降差是计算中的重要数据。根据计算分析研究(见 3.1.3 节)，一般条件下，CRD 法隧道顶部围岩位移明显比双侧壁导坑法高，在Ⅴ级围岩条件下隧道顶部竖向位移偏高 20%，Ⅳ级围岩条件下隧道顶部竖向位移偏高 12%，在Ⅴ～Ⅳ级围岩条件下两者的最大沉降差约 8.2mm。因此，可选取 8.2mm 作为施工渐变沉降控制的参考值。

需要注意的是，在具体工程应用中，也可通过工程监测数据回归分析或数值计算方式获取沉降差值。

3.4　工 程 应 用

以马林隧道洞口Ⅴ级围岩段向Ⅳ级浅埋段施工过渡为例。根据设计文件，马林隧道洞口段采用双侧壁导坑法施工，Ⅳ级围岩浅埋段采用 CRD 法施工。因此，双侧壁导坑法与 CRD 法的转换发生在Ⅳ级围岩中。

3.4.1　施工渐变始态判断

马林隧道Ⅴ级围岩与Ⅳ级围岩交界桩号为ZK119+615，隧道断面埋深约20m，属于Ⅴ级浅埋。因此，选取 ZK119+635(埋深 27m)、ZK119+645(埋深 30m)及ZK119+656(埋深 34m)三个桩号作为施工渐变时态点进行比较。

分析过程采用有限元计算分析的方法，隧道围岩物理力学参数见表 3.13，隧道支护结构参数见表 3.14。

表 3.13　隧道围岩物理力学参数

围岩级别	容重 γ/(kN/m^3)	弹性模量 E/GPa	泊松比 μ	内摩擦角 φ/(°)	黏聚力 c/MPa
Ⅳ级	24.5	2.4	0.24	38	0.7

表 3.14　隧道支护结构参数

名称	弹性模量 E/GPa	容重 γ/(kN/m^3)	截面积 A/m^2	惯性矩 I/m^4	类型
组合锚杆	210	78	0.00038	—	杆
初衬	25	23	0.26	1.465×10^{-3}	梁
二衬	29.5	25	0.55	1.3865×10^{-2}	梁
临时支护	29.5	25	0.2	6.67×10^{-4}	梁

有限元计算过程不再赘述，仅对计算结果进行分析。

1. 隧道 ZK119+635 施工渐变指标分析

1) 位移评判指标

两种施工方法计算得到的拱顶下沉量和周边位移见表 3.15。

表 3.15　有限元位移计算结果(ZK119+635 断面)

名称	拱顶下沉量/mm			周边位移/mm		
	S_2	S_1	S_3	ΔAB	ΔBC	ΔAC
双侧壁导坑法	8.16	8.006	8.032	−2.55	−2.03	−3.4
CRD 法	9.056	9.512	9.466	−3.07	−2.44	−3.73

隧道 ZK119+635 断面两种施工方法的拱顶下沉评判指标 SR_1、周边位移评判指标 SR_2 及位移评判指标 SR 见表 3.16。

表 3.16　位移评判指标计算结果(ZK119+635 断面)

名称	SR_1	SR_2	SR
双侧壁导坑法	1.09×10^{-5}	3.06×10^{-4}	0.0808
CRD 法	3.43×10^{-5}	2.75×10^{-4}	0.0959

2) 隧道围岩自承载能力评判指标

隧道围岩自承载能力评判选择水平方向和竖直方向 1 倍(单)洞径内的围岩单元作为评判对象，拱腰、拱顶部位围岩的自承载能力评判指标计算结果见表 3.17。

表 3.17　围岩自承载能力评判指标计算结果(ZK119+635 断面)

名称	左侧拱腰	拱顶	右侧拱腰	平均值
双侧壁导坑法	1.953	1.039	1.869	1.620
CRD 法	0.178	0.749	1.761	0.896

由表 3.17 可见，隧道围岩自承载能力在隧道不同部位差异性较大，以哪一个部位的值为准需要结合具体的问题确定，隧道衬砌安全度评判指标也存在此类问题。本节主要分析不同工法扰动的差异性，分析更侧重于隧道整体性状，故按照所选部位的平均值作为分析标准。

3) 隧道衬砌安全度评判指标

隧道衬砌安全度评判选择左、右洞的拱顶和拱腰等特征点作为评判对象，计算结果见表 3.18。

表 3.18　衬砌安全度评判指标计算结果(ZK119+635 断面)

名称	左侧拱腰	拱顶	右侧拱腰	平均值
双侧壁导坑法	5.4	1.5	1.2	2.7
CRD 法	5.4	0.19	0.185	1.93

4) 隧道施工始态判断综合评判指标

两种施工方法计算的隧道施工始态判断综合评判指标见表 3.19。

表 3.19　隧道施工始态判断综合评判指标计算结果(ZK119+635 断面)

名称	SR	k_r	k_z	K_{tc}
双侧壁导坑法	0.0808	2.7	5.17	−2.26
CRD 法	0.0959	0.89	1.6	−1.40

由表 3.19 可见，在马林隧道 ZK119+635 断面，双侧壁导坑法综合评判指标为–2.26，隧道围岩稳定状态为良好；CRD 法综合评判指标为–1.40，隧道围岩稳定状态为较稳定，在这种围岩状态下实施工法转换存在较高的安全隐患。因此，在马林隧道 ZK119+635 断面处不适于施工方法转换。

2. 隧道 ZK119+645 施工渐变指标分析

1) 位移评判指标

两种施工方法计算得到的拱顶下沉量和周边位移见表 3.20。

表 3.20　有限元位移计算结果(ZK119+645 断面)

名称	拱顶下沉量/mm			周边位移/mm		
	S_2	S_1	S_3	ΔAB	ΔBC	ΔAC
双侧壁导坑法	7.6216	7.608	7.406	–2.04	1.46	–1.084
CRD 法	8.794	7.87	7.722	–2.99	2.80	–2.045

两种施工方法的拱顶下沉评判指标 SR_1、周边位移评判指标 SR_2 及位移评判指标 SR 见表 3.21。

表 3.21　位移评判指标计算结果(ZK119+645 断面)

名称	SR_1	SR_2	SR
双侧壁导坑法	1.85×10^{-5}	4.35×10^{-4}	0.125
CRD 法	2.32×10^{-5}	4.67×10^{-4}	0.146

2) 隧道围岩自承载能力评判指标

隧道围岩自承载能力评判选择水平方向和竖直方向 1 倍(单)洞径内的围岩单元作为评判对象，拱腰、拱顶部位围岩的自承载能力评判指标计算结果见表 3.22。

表 3.22　围岩自承载能力评判指标计算结果(ZK119+645 断面)

名称	左侧拱腰	拱顶	右侧拱腰	平均值
双侧壁导坑法	0.350	1.935	1.746	1.344
CRD 法	0.402	1.910	1.730	1.347

3) 隧道衬砌安全度评判指标

隧道衬砌安全度评判选择拱顶、拱腰等特征点作为评判对象，计算结果见表 3.23。

表 3.23　衬砌安全度评判指标计算结果(ZK119+645 断面)

名称	左侧拱腰	拱顶	右侧拱腰	平均值
双侧壁导坑法	6.5	7.7	60.8	25.0
CRD 法	15.3	6.4	7.8	9.8

4) 隧道施工始态判断综合评判指标

两种施工方法计算的隧道施工始态判断综合评判指标见表 3.24。

表 3.24　隧道施工始态判断综合评判指标计算结果(ZK119+645 断面)

名称	SR	k_r	k_z	K_{tc}
双侧壁导坑法	0.125	25.00	1.344	−2.44
CRD 法	0.146	5.90	1.347	−1.78

由表 3.24 可见，在马林隧道 ZK119+645 断面，双侧壁导坑法综合评判指标为−2.44，隧道围岩稳定状态为良好，指标数值好于 ZK119+635 断面；CRD 法综合评判指标为−1.78，隧道围岩稳定状态为稳定，在这种围岩状态下实施工法转换能够基本保障围岩的稳定。因此，在马林隧道 ZK119+645 断面处可以实施施工方法转换。

3. 隧道 ZK119+656 施工渐变指标分析

1) 位移评判指标

两种施工方法计算得到的拱顶下沉量和周边位移见表 3.25。

表 3.25　有限元位移计算结果(ZK119+656 断面)

名称	拱顶下沉量/mm			周边位移/mm		
	S_1	S_2	S_3	ΔAB	ΔAC	ΔBC
CRD 法	8.506	7.592	7.932	3.428	3.887	2.044
双侧壁导坑法	6.835	6.823	6.498	3.229	3.707	2.123

隧道 ZK119+656 断面两种施工方法的拱顶下沉评判指标 SR_1、周边位移评判指标 SR_2 及位移评判指标 SR 见表 3.26。

表 3.26　位移评判指标计算结果(ZK119+656 断面)

名称	SR_1	SR_2	SR
CRD 法	6.36×10^{-5}	3.05×10^{-8}	1.946×10^{-3}
双侧壁导坑法	9.3×10^{-5}	2.84×10^{-8}	2.274×10^{-3}

2) 隧道围岩自承载能力评判指标

隧道围岩自承载能力评判选择水平方向和竖直方向 1 倍洞径内的围岩单元作为评判对象，拱腰、拱顶部位围岩的自承载能力评判指标计算结果见表 3.27。

表 3.27 围岩自承载能力评判指标计算结果(ZK119+656 断面)

名称	拱顶	拱腰	平均值
CRD 法	3.312	1.931	2.622
双侧壁导坑法	3.015	2.796	2.906

3) 隧道衬砌安全度评判指标

隧道衬砌安全度评判选择隧道拱顶和拱腰等特征点作为评判对象，计算结果见表 3.28。

表 3.28 衬砌安全度评判指标计算结果(ZK119+656 断面)

名称	左拱腰	拱顶	右拱腰	平均值
CRD 法	1.03	1.64	1.29	1.32
双侧壁导坑法	3.41	4.95	4.87	4.41

4) 隧道施工始态判断综合评判指标

两种施工方法计算的隧道施工始态判断综合评判指标见表 3.29。

表 3.29 隧道施工始态判断综合评判指标计算结果(ZK119+656 断面)

名称	SR	k_r	k_z	K_{tc}
CRD 法	1.95×10^{-3}	2.621	1.32	−3.36
双侧壁导坑法	2.27×10^{-3}	2.906	4.41	−3.78

由表 3.29 可见，在马林隧道 ZK119+656 断面，双侧壁导坑法和 CRD 法的隧道施工始态判断综合评判指标均小于−2.0，围岩稳定状态处于良好级别，说明两种施工方法下的隧道都是安全可靠的，并且两者的数值相差较小，表明两种施工方法下的隧道安全程度亦相差不大。因此，隧道若施工至 ZK119+656 处再实施施工方法转换，虽然能够保障隧道施工安全，但施工方法转换过于保守，不是最佳的转换位置。

4. 施工方法转换最佳断面

根据三个施工断面的施工渐变始态数据分析，可知马林隧道如果在 ZK119+

635 处实施施工方法转换，会存在一定的安全风险，不适于工法转换；如果在 ZK119+656 处实施施工方法转换，两种隧道施工安全级别已经很高，说明此断面转换施工方法过于保守，因此不是最佳位置；如果在 ZK119+645 处实施施工方法转换，能够保障施工变换后的围岩稳定，且围岩稳定的安全状态适宜。因此，马林隧道双侧壁导坑法与 CRD 法施工转换的最佳断面为 ZK119+645 断面。

3.4.2　施工渐变长度计算

1) 计算参数

(1) 衬砌材料参数。初衬采用 C25 喷射混凝土，初衬厚度 h 为 26cm，抗拉强度 $[\sigma_l]$ 为 1.3MPa，弹性模量 E 为 25GPa。

(2) 衬砌安全系数 k。马林隧道衬砌结构安全系数取 2.0。

(3) 两种工法间的沉降差 Δ。两种工法的沉降差选取 3 个断面间最大的拱顶沉降差，即 0.03m。

2) 渐变长度

将以上选取的参数代入式(3-17)可得

$$l \geqslant \sqrt{\frac{2kEh\Delta}{[\sigma_l]}} = \sqrt{\frac{2\times2\times25\times1000\times0.26\times0.03}{1.3}} = 24.49(\mathrm{m})$$

因此，马林隧道双侧壁导坑法向 CRD 法进行工法转换时渐变长度计算值为 24.49m，建议渐变长度取整为 25m，即马林隧道宜在 ZK119+645 断面开始实施双侧壁导坑法向 CRD 法转换，至 ZK119+670 断面完成转换。

施工中双侧壁导坑法向 CRD 法转换及渐变段施工照片见图 3.27。马林隧道采用双侧壁导坑法与 CRD 法渐变转换施工，保证了施工过程中双侧壁导坑法施工的衬砌结构力学体系向 CRD 法施工的衬砌结构力学体系顺利过渡，保障了隧道围岩稳定与施工安全。

(a) 渐变段施工照片(ZK119+660)

(b) 转换至CRD法施工照片

图 3.27　现场施工渐变图

第 4 章　特大跨度隧道分步施工松散荷载计算方法

隧道围岩荷载的确定是工程措施制定的基石，对隧道衬砌结构荷载正确认识与准确计算是隧道科学设计、安全施工的前提。由于工程地质条件的复杂性和工程结构的差异性，隧道衬砌支护结构荷载计算方法的适用性受到了诸多限制，因此对隧道衬砌结构荷载计算方法的研究探索始终是人们研究和关注的重点，而特大跨度隧道受其断面几何尺寸、施工特征的影响，其荷载形成过程与条件已与传统两车道隧道截然不同。

本节在对现有隧道衬砌结构荷载计算方法适用性阐述的基础上，介绍一种可适用于特大跨度隧道松散荷载的计算方法，即隧道分步施工松散荷载计算方法，该方法能够反映隧道分步施工及临时支护措施对隧道松散荷载的影响。

4.1　现行松散荷载计算方法与评价分析

4.1.1　现行计算方法

目前，关于隧道荷载的计算方法有数十种，这些方法多建立在经验和统计基础上，具有一定的应用范围和应用对象。按照时间先后，隧道荷载计算方法主要有以下几种。

1) 国外计算方法

1907 年，俄国学者普罗托奇雅阔诺夫(Протодъяконов)提出围岩分类，给出了松散地层和破碎岩体的松动压力公式(即普氏理论)。普氏理论考虑了毛洞跨度、内摩擦角和毛洞高度，被广泛应用于欧美等国家的隧道设计中。

1946 年，泰沙基(Terzaghi)基于应力传递法提出了松散岩体的围岩压力计算公式(即泰沙基压力公式)。泰沙基压力公式考虑了松散材料的内部黏聚力，但侧部摩擦系数均取为松散材料内摩擦角的正切值，按照此法计算出的围岩压力值过于保守，适用于计算浅埋隧道围岩的压力。

1964 年，美国学者迪尔(Deere)依据岩石质量指标体系分类，给出了围岩压力的计算公式。

进入 20 世纪 70 年代后，工程围岩分类由定性向定量、由单因素向多因素综合评价方向发展，并由此得到了能够反映多因素的围岩压力估算公式。具有代表性的有挪威巴顿(Barton)的 Q 系统分类、南非波兰籍学者 Bienia-Wsky 的岩石质量等级(rock mass rating，RMR)分类中的预测围岩压力的计算公式。

1992 年，Singh 基于 Q 分级体系，针对埋深超过 320m 的隧道，提出了与隧道埋深、填充、时间三个因素有关的围岩压力估算公式。

1996 年，Bhasin 和 Rimstad 对破碎岩体的研究表明，围岩压力与隧道跨度成正比，并提出了基于 Q 分级体系的计算公式。

1991 年，Goel 和 Jethwa 提出了基于 RMR 体系的围岩压力估算公式。

1994 年，Goel 提出了围岩压力与岩石条件等级(rock condition rating，RCR)体系的关系式。

1995 年，Goel 对泰沙基公式的适用范围进行了修改，得到挤压条件与非挤压条件下围岩压力与岩体系数 N 的关系。

上述各国学者研究获得的各种围岩压力的经验公式对于各国地层更为实用。另外，这些公式多数对矿井和巷道工程等深埋隧道更为适用。

2) 国内计算方法

《铁路隧道设计规范》(TB 10003—2016)基于 1025 个塌方资料，建议了在概率极限状态法下，视松散体考虑的围岩压力计算公式。

《公路隧道设计规范》(JTG D70—2004)建议，Ⅳ～Ⅵ级围岩中的深埋隧道，围岩压力为松散塌落荷载，其大小为隧道塌落拱内松散岩体的重力，计算方法考虑了隧道围岩级别和开挖跨度，同样，该方法来源于塌方数据统计。

此外，我国各行业根据自身的工程环境特点，给出了适用于自身隧道工程的荷载计算方法，见表 4.1。

表 4.1　深埋条件下各种计算方法比较

项目		适用条件	考虑的影响因素指标	公式特征	缺点
规范法及普氏理论	《公路隧道设计规范》	跨度 12m 以下 高跨比小于 1.7	跨度、围岩级别	统计经验	未考虑 洞高影响
	《铁路隧道设计规范》	高跨比小于 1.7	围岩级别	统计经验	参数考虑过少
	《水工隧洞设计规范》	跨度 12m 以下 高跨比小于 1.7	垂直压力：跨度 水平压力：洞高	统计经验	参数考虑过少
	普氏理论	松散体，小跨度	跨度、洞高、内摩擦角、坚固系数	推导经验	坚固系数 需经验确定
国外公式	Barton 分类	适用于各种地层	节理、地下水等多因素	统计经验	未考虑几何尺寸
	RMR 体系	适用于各种地层	跨度、节理、地下水等多因素	统计经验	未考虑洞高影响
	Goel 公式	适用于深埋巷道	跨度、节理、地下水等多因素	统计经验	未考虑洞高影响
	Singh 公式	所有条件	估算值，考虑多因素影响	统计经验	未考虑几何尺寸

综上所述，国内外荷载计算方法的差异性见表 4.2。由表可见，众多的计算方法总体上分为两种类型。

第一种类型是基于普氏理论、泰沙基理论和我国规范的塌落拱法。这些方法的差异仅在于计算或选用的塌落拱高度确定方法的不同。该类型考虑的影响因素单一、使用方便，但计算结果与实际情况相差很大。

第二种类型是基于 Q 或 RMR 分级体系的指数类型公式。这种类型公式考虑了多种因素的影响，但考虑的指标较多，且指标选取存在很大的主观性，因此该类计算方法的计算结果很多情况下因人而异，不利于工程技术人员的应用。

表 4.2　浅埋条件下各种计算方法比较

项目	适用条件	考虑的影响因素指标	公式特征
《公路隧道设计规范》	跨度 12m 以下，松散体	跨度、洞高、内摩擦角、埋深	统计获得
泰沙基理论	松散体，小跨度	跨度、洞高、内摩擦角、黏聚力、埋深	推导假设

4.1.2　现行计算方法的适用性

1) 普氏理论

根据我国对普氏理论多年来的使用经验，当 $f=3$ 时，围岩压力比较接近实际值；当 $f>4$ 时(硬土地层)，围岩压力偏大；当 $f<2$ 时(软土地层)，围岩压力偏小。一般在松散、破碎围岩稳定性较差的深埋地段推荐采用普氏理论，对于不能形成压力拱的松软地层或离地表太浅的岩层中修建的地下结构，不能采用普氏理论计算隧道荷载。

2) 《公路隧道设计规范》建议公式

《公路隧道设计规范》建议公式为分段计算公式，将隧道荷载的计算分成浅埋、深埋两种不同情况。其中，对深埋隧道，隧道设计建议公式为对铁路隧道工程塌方的统计经验公式，对目前隧道设计而言，主要存在以下几点不足之处：

(1) 统计样本数量仍然相对较少。由于我国幅员辽阔，地层特征千差万别，仅当前 1025 个样本是远远不够的。

(2) 滞后于隧道修建的技术水平。由于这些样本多来自以往修建事例，当时的修建技术远没有目前的水平发达，隧道塌方的频率和规模要比目前大，这导致将由此得出的经验公式应用于目前情况，显得相对保守。

(3) 统计隧道的跨度较小。统计样本的 91.6%数据都是在 5～10m 宽度的隧道内取得的，对于两车道连拱及以上跨度的公路隧道，显得无能为力。

(4) 统计隧道的断面形式过于单一。统计对象多为单心圆断面形式，断面扁平率较高，而特大跨度隧道断面扁平率较低，断面形式多采用四心圆等复杂断面形式。

(5) 规范建议深埋隧道荷载计算公式与隧道跨度成正比，却不存在极值状态(图 4.1)，与工程实际不符。

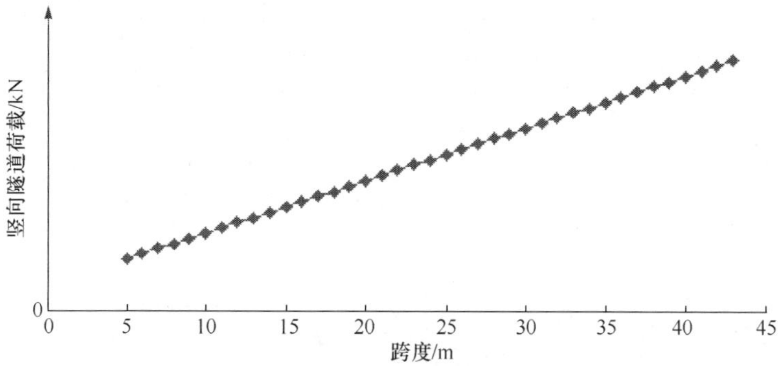

图 4.1　深埋隧道荷载与隧道跨度关系

(6) 传统的荷载计算思路不适用于大断面公路隧道的荷载计算。大断面大跨度公路隧道跨度大幅增加、扁平率显著降低，施工方法及步骤复杂；而传统的单洞双车道公路隧道基本采用上下台阶法、预留核心土等方法开挖，二者在本质上有明显的不同。传统的小跨度隧道可以简化为一次性开挖，而大断面大跨度隧道为分步开挖。且传统荷载计算方法认为荷载是洞室一次开挖的结果，它符合小跨度隧道的荷载计算思路，却无法反映大断面大跨度隧道施工过程的分步特性。因此，传统的荷载计算思路用于大断面公路隧道不能体现出科学性及合理性。

4.2　特大跨度隧道分步施工松散荷载特征

借助数值模拟方法对隧道分步施工与一次性开挖的荷载进行对比性分析，以阐述两者的差异性，说明特大跨度隧道分步施工松散荷载特征。为建立可靠有效的数值模型，采用如下步骤与方法：首先，通过模拟岩石试块单轴压缩试验的力学行为，建立与验证能够反映岩体变形、破坏的本构关系；其次，建立小尺寸深埋隧道计算模型模拟隧道开挖后的围岩塌落拱，并与规范法计算结果进行匹配对比，证明隧道数值模拟计算模型的可行性与有效性；最后，模拟计算特大跨度隧道分步开挖，得出特大跨度隧道分步施工松散荷载特征。

4.2.1　岩石破坏过程模拟

1. 计算模型

采用有限元差分软件建立模型，在试件的顶部和底部节点施加速率为 2.5×10^{-5}m/s 的位移直至破坏，模型的软化参数见表 4.3，模型网格见图 4.2。

表 4.3　计算参数

抗拉强度/MPa	膨胀角/(°)	内摩擦角 φ/(°)	黏聚力 c / MPa	残余内摩擦角 φ_r /(°)	残余黏聚力 c_r / MPa	弹性模量/GPa	泊松比
1.0	10	45	2.0	40	0.5	1.3	0.4

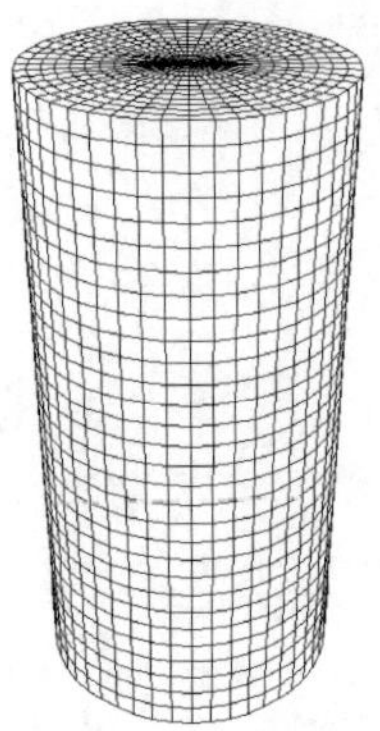

图 4.2　试件模型网格

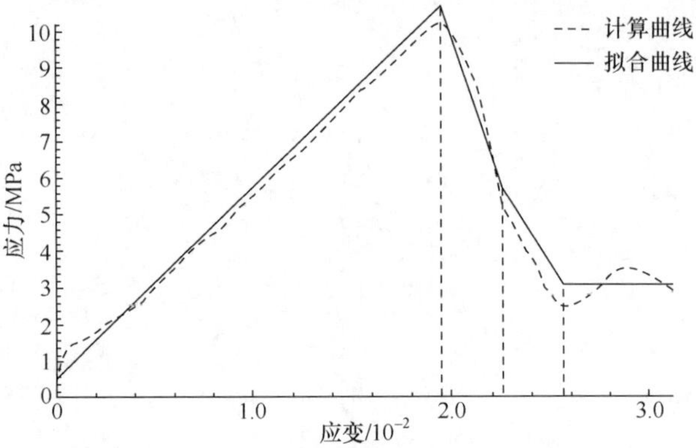

图 4.3　岩石试块单轴试验应力-应变曲线

2. 数值试验结果

数值压缩试验软化反应如图 4.3 应力-应变曲线所示。由图可以看出：

(1) 应力-应变曲线可划分为三个阶段：①达到峰值强度前，以弹性变形为主，呈现正比例关系；②达到峰值强度后，以塑性变形为主，呈现两阶段的负比例关系；③达到残余强度后，发生塑性流动，应力不变，应变持续增大。

(2) 岩石试块在受压方向线应变约 0.0186 时达到抗压强度峰值，压应力值为 10.6MPa；在线应变约 0.0257 时达到残余强度，压应力值为 2.4MPa，残余抗压强度约为抗压强度峰值的 22.6%。

塑性切应变分布见图 4.4。塑性剪切区呈放射螺旋形状，最大切应变值约为

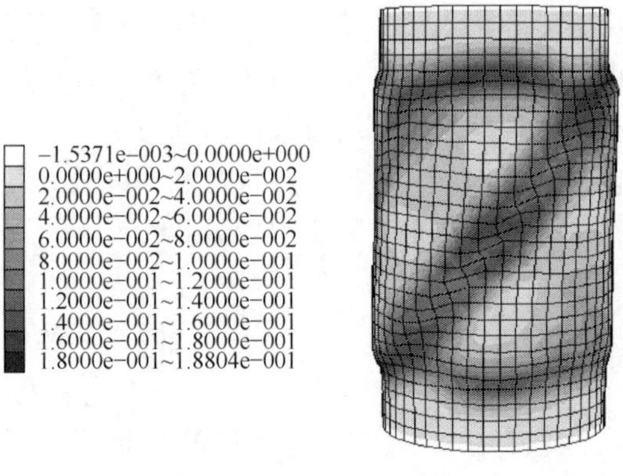

图 4.4　塑性切应变分布

0.188。塑性切应变以 0.1 为剪切破坏阈值，即应变大于 0.1 时材料剪切滑裂，剪切破坏区域见图 4.5。

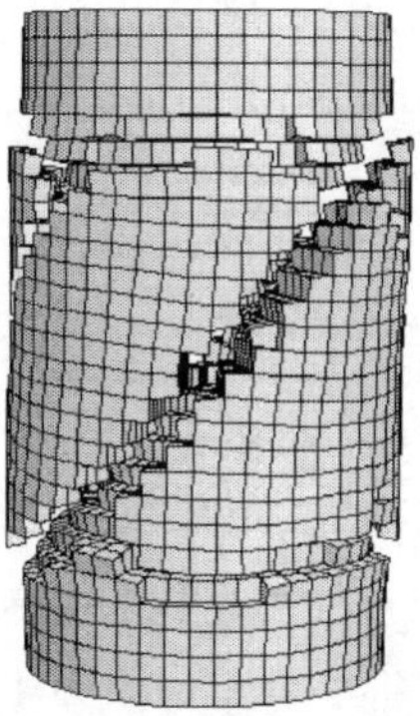

图 4.5　剪切破坏区域示意图

由图 4.5 可知，试件沿裂隙面产生滑移，形成明显的宏观裂隙带，表明采用应变软化模型与岩石试件破坏形式基本相符。

4.2.2　一般断面隧道松散荷载模拟

一般断面隧道计算模型及边界约束条件见图 4.6。隧道采用直径 8.6m 的圆形隧道，隧道埋深取 50m；左右边界距隧道中线的距离约为 4.5 倍洞径，底部边界距隧道底部的距离约 5 倍隧道高度；隧道围岩按Ⅴ级围岩考虑，其物理力学参数见表 4.4。

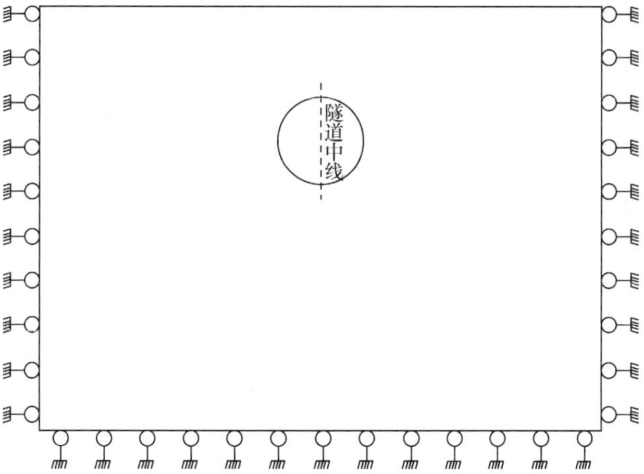

图 4.6　计算模型图示

表 4.4　围岩物理力学参数

材料名称	容重 γ/(kN/m^3)	弹性模量 E/GPa	泊松比 μ	内摩擦角 φ/(°)	黏聚力 c/MPa
V 级围岩	20.0	1.5	0.38	23	0.15

计算模型的塑性屈服(破坏)准则采用莫尔-库仑准则，以塑性剪切应变 0.1、塑性拉应变 0.15 为破坏阈值，模型网格剖分及隧道局部网格放大图见图 4.7 和图 4.8。

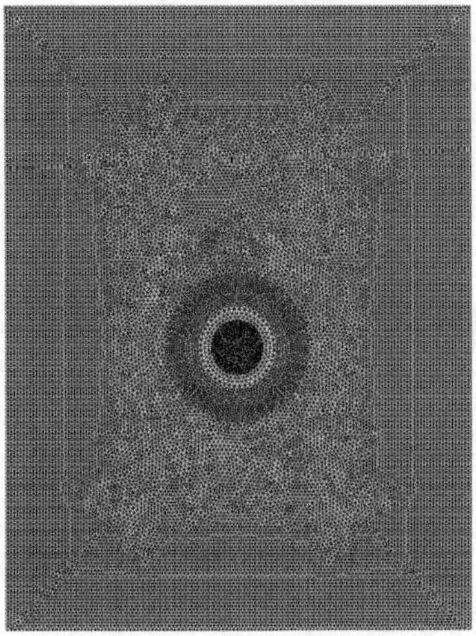

图 4.7　圆形隧道网格剖分图

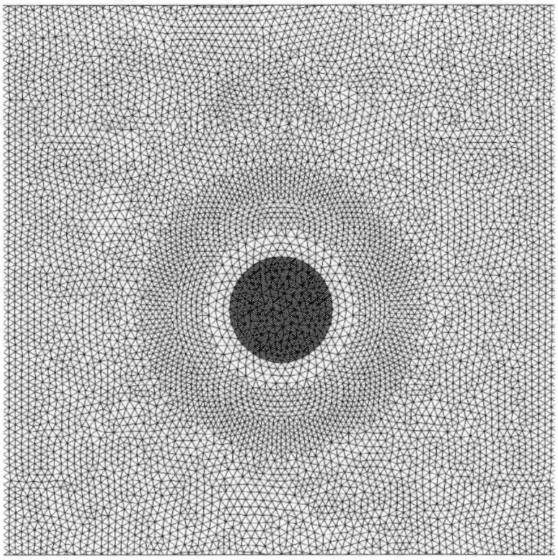

图 4.8　圆形隧道局部网格放大图

1. 数值法塌落拱高度

数值法计算得到塌落拱轮廓见图 4.9(a)。围岩由隧道最大跨度处为起点出现剪切滑裂面，并分别向两侧扩展，在到达拱顶标高处两侧滑裂面向中点扩展，并逐渐发展成塌落拱，最终塌落拱高度为 10.4m。

2. 规范法塌落拱高度

《公路隧道设计规范》塌落拱高度计算公式为(称为规范法)

$$\omega_j = 1 + i_j(B_j - 5) \tag{4-1}$$

$$h_j = 0.45 \times 2^{S_j - 1}\omega_j \tag{4-2}$$

式中，ω_j 为宽度影响系数；B_j 为隧道跨度，$B_j = 8.6\text{m}$；S_j 为围岩等级，$S_j = 5$；i_j 为围岩压力增减率，以 B_j=5m 的围岩垂直均布压力为准，当 $B_j < 5\text{m}$ 时，取 0.2；否则取 0.1；h_j 为隧道的塌落拱高度，m。

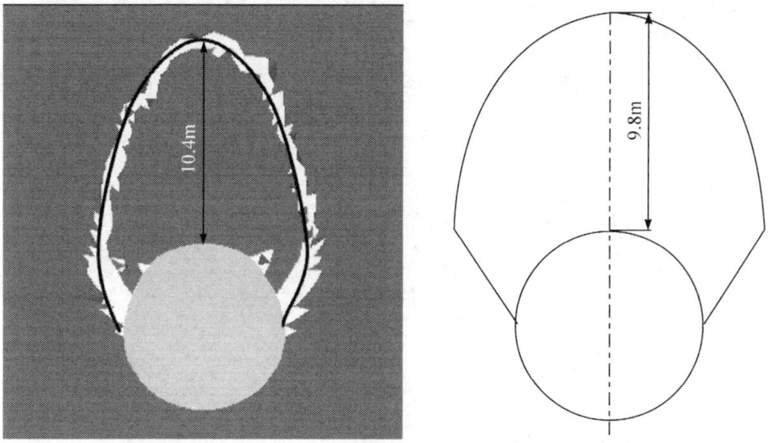

(a) 数值法　(b) 规范法

图 4.9　塌落拱轮廓图

利用规范法计算得到隧道的塌落拱高度为 9.8m(图 4.9(b))，与数值计算结果相比，相差约 6.1%。由此表明，该数值模型及计算参数模拟隧道开挖中塌落拱形成过程具备可行性，计算可靠。

4.2.3　特大跨度隧道分步施工松散荷载模拟

特大跨度隧道分步施工松散荷载计算模型尺寸为 86m×140m，隧道埋深为 90m；隧道几何尺寸为跨度 19.5m、高 12.7m；施工工法采用全断面法和 CD 法两种；其他参数与 4.2.2 节相同。模型网格剖分及隧道局部网格放大图见图 4.10 和图 4.11。

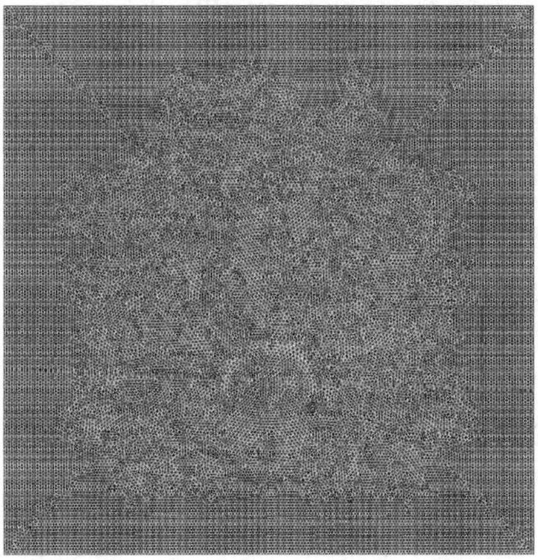

图 4.10　特大跨度隧道网格剖分图

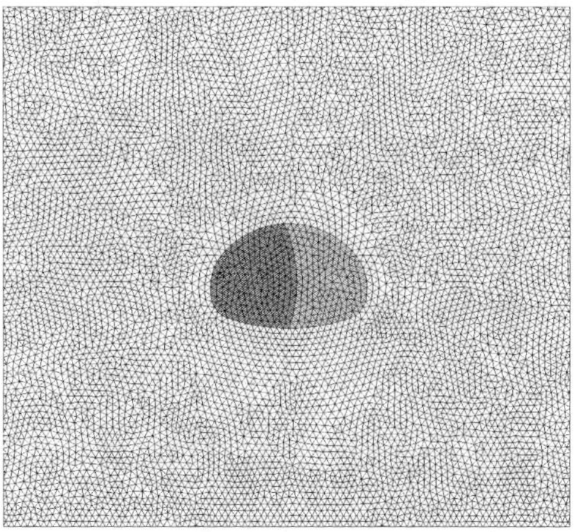

图 4.11　特大跨度隧道局部网格放大图

1. 全断面法开挖工况

隧道全断面施工法围岩塌落拱轮廓见图 4.12。隧道全断面开挖后，围岩由最大跨度处为起点出现剪切滑裂面，在拱顶以上形成拱形破裂面，塌落拱高度为 19.1m。

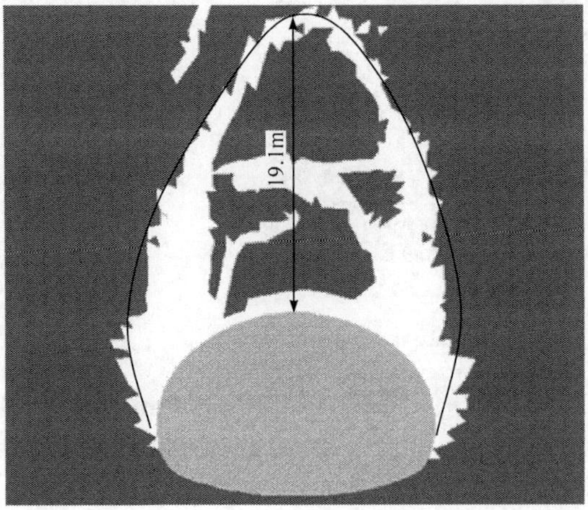

图 4.12　全断面开挖塌落拱轮廓

2. CD 法开挖工况

左、右导坑开挖后隧道塌落拱轮廓见图 4.13 和图 4.14。隧道左导坑开挖后，隧道塌落拱高度为 9.5m；右导坑开挖后，左侧破裂面轮廓未受到明显影响，右侧破裂面从右导坑最大跨度处开始发展，在拱顶以上形成弧形破裂面并与左侧弧形破裂面相交，形成隧道全断面的塌落拱轮廓，塌落拱高度为 10.2m，比左导坑开挖时增大约 7.4%。

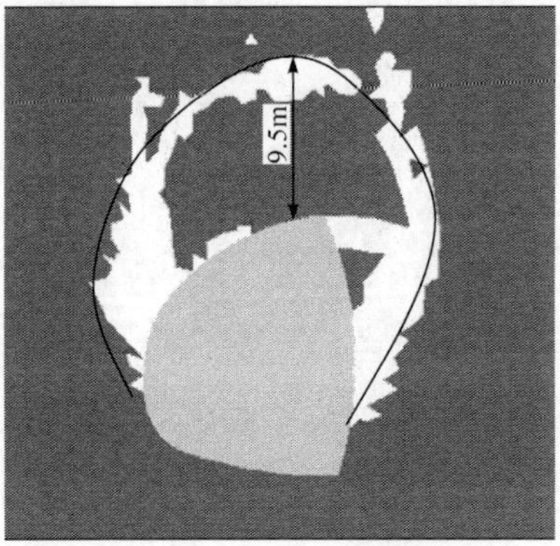

图 4.13　左导坑开挖塌落拱轮廓

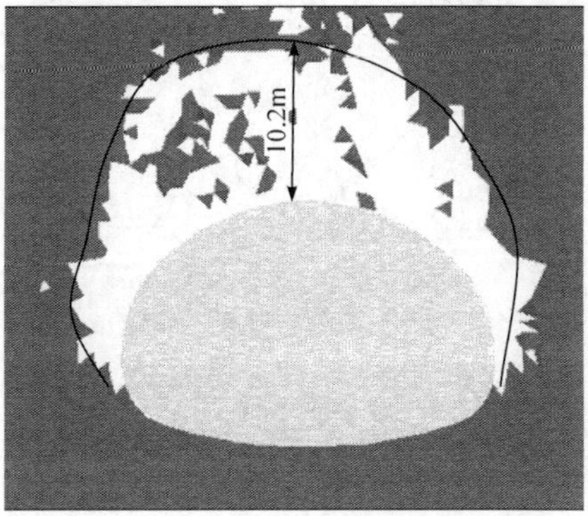

图 4.14　右导坑开挖塌落拱轮廓

3. 规范法塌落拱高度

按照规范法计算得到的隧道塌落拱高度为 17.6m。

4. 三种计算结果比较分析

三种隧道松散荷载计算结果对比情况见表 4.5。

表 4.5　数值法与规范法计算结果对比

名称	最终塌落拱高度/m	比值		
		一次性开挖	分步开挖	规范法
全断面开挖法	19.1	1	0.53	0.92
CD 法	10.2	1.87	1	1.73
规范法	17.6	1.09	0.58	1

由表 4.5 可得到以下结论：

(1) 分步开挖法(CD 法)与全断面开挖法的塌落拱高度分别为 10.2m 和 19.1m。分步开挖法仅为全断面开挖法的 53%，表明特大跨度隧道采用分步开挖法可明显减小塌落拱高度。

(2) 分步开挖法与规范法的塌落拱高度分别为 10.2m、17.6m。分步开挖法仅为规范法的 58%，表明规范法不能体现特大跨度隧道分步开挖的作用，不适用于特大跨度隧道施工过程中松散荷载的计算。

(3) 就 CD 法分步施工过程而言，隧道右导坑开挖完后隧道塌落拱高度仅比左导坑开挖时增大 7.4%，表明特大跨度隧道松动区是通过不同开挖工序逐步积累并最终形成的。

4.3　深埋条件下隧道分步施工松散荷载计算方法

4.3.1　基本思路与理论前提

1. 基本思路

《公路隧道设计规范》(JTG D20—2004)中建议的松散荷载计算公式是通过大量工程实践建立起来的统计经验公式，适用于跨度小于 12m 的深埋隧道。而特大跨度隧道单洞开挖跨度一般在 18m 以上，直接采用规范中建议的松散荷载计算方法已不再适合。

特大跨度隧道设计、施工中通常采用分步施工法：首先，将隧道的横断面分成若干个导坑；然后，按一定顺序开挖导坑和施作衬砌，导坑间通过临时支护控制围岩变形。因此，特大跨度隧道分步施工法的关键在于分步施工中采取临时支护措施，通过临时支护在施工过程中承担的荷载和提供的刚度阻止了临时支护两侧导坑松散区域的合并和扩大，从而降低了作用在初期衬砌上的松散压力。因此，特大跨度隧道施工松散荷载的计算应该充分考虑隧道在设计、施工中分步施工的特征，计算过程应能够体现临时支护的影响。

综上所述，特大跨度隧道松散荷载计算思想是：特大跨度隧道分步开挖、临时支护，使其整个隧道由多个平行单洞(导坑)施工组成，其整体隧道松散荷载大小由所有平行单洞(导坑)的松散荷载组合(组合方式非线性叠加)而成；此外，由于分步施工中的各个平行单洞(导坑)的跨度一般小于 12m，各导坑松散荷载在理想状态下可按规范法进行计算。

2. 基本假定

特大跨度隧道分步施工松散荷载计算模型适用范围和基本假定包括以下几个：

(1) 隧道为Ⅳ～Ⅵ级围岩中的深埋隧道。

(2) 隧道施工是由横断面水平方向上多个导坑和临时支护组合而成的，水平方向上导坑施工的先后顺序对最终的松散塌落范围存在影响。

(3) 导坑(跨度小于 12m)全断面开挖施工所形成的松散区域可按规范计算隧道松散荷载，其中计算跨度取导坑有效最大宽度，并规定最大值为导坑均布荷载值。

(4) 两个导坑间的临时支护能够及时支护，并能够提供足够大的支护力度和刚度。

4.3.2 主体内容

根据 4.3.1 节的基本假定，特大跨度隧道分步施工荷载计算中隧道松散荷载是由各导坑的松散荷载共同组成的，一般情况下可由式(4-3)表示：

$$Q=\sum_{i=1}^{n}q_iB_i \tag{4-3}$$

式中，Q 为隧道的总松散荷载，kN；q_i 为导坑 i 的均布荷载，kN/m；B_i 为导坑 i 的最大开挖跨度，m；n 为隧道横断面水平向导坑数目。

在现场施工中，由于 $\sum_{i=1}^{n}B_i$ 通常大于隧道跨度 B，按照式(4-3)计算的松散荷载存在重叠区域，使得计算结果大于实际松散荷载大小。因此，需对式(4-3)进行变化以避免松散荷载的重叠分布，且能够反映各导坑荷载的影响，引入导坑荷载权重系数ξ。

首先，对各导坑净跨度和相邻导坑公共跨度进行分离，见图 4.15。

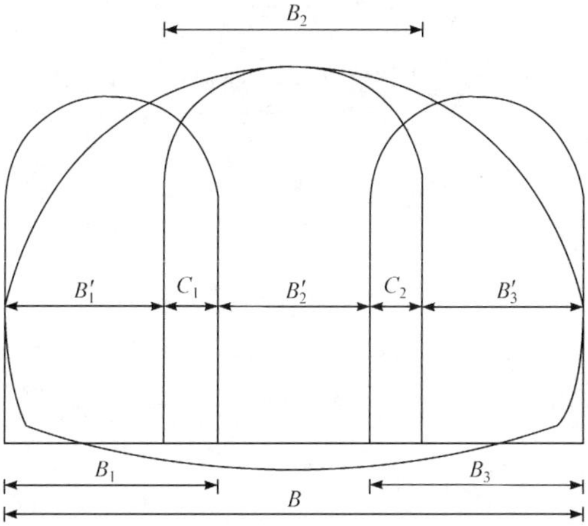

图 4.15　导坑跨度示意图

每个导坑跨度B_i分解成净跨度B_i'及相邻导坑公共跨度C_{i-1}和C_i，即

$$B_i = B_i' + C_i + C_{i-1} \tag{4-4}$$

其中，图 4.15 中左边界导坑仅分解成净跨度B_i'和相邻导坑公共跨度C_i；右边界导坑仅分解为净跨度B_i'和相邻导坑公共跨度C_{i-1}。由此，整个隧道跨度B组成为

$$B = \sum_{i=1}^{n} B_i' + \sum_{j=1}^{n-1} C_j \tag{4-5}$$

在导坑松散荷载计算中，净跨度B_i'对应的松散荷载计算值q_i具有唯一性，其值取决于导坑跨度B_i及临时支护条件；相邻导坑公共跨度C_i的松散荷载值计算中存在双重性，即有q_i和q_{i+1}两个计算值，因此计算中对该部分松散荷载做唯一性处理，处理方式如下：

$$q_{ci} = \frac{q_i + q_{i+1}}{2} \tag{4-6}$$

由式(4-6)可知，相邻导坑公共跨度上部的荷载也受导坑跨度大小的影响，因此对净跨度、相邻导坑公共跨度的松散荷载的权重系数按照其跨度值进行分配，公式如下：

$$\xi_{bi} = \frac{B_i'^2}{\sum B_i'^2 + \sum C_j'^2}, \quad \xi_{cj} = \frac{C_j^2}{\sum B_i^2 + \sum C_j^2} \tag{4-7}$$

隧道松散荷载则由式(4-8)确定：

$$q=\sum_{i=1}^{n}\xi_{bi}q_i+\sum_{j=1}^{n-1}\xi_{cj}q_{cj} \tag{4-8}$$

隧道围岩侧向均布压力按照表 4.6 取值。

表 4.6　隧道围岩侧向均布压力

围岩级别	Ⅰ、Ⅱ	Ⅲ	Ⅳ	Ⅴ	Ⅵ
侧向均布压力 e	0	$<0.15q$	$(0.15\sim0.3)q$	$(0.3\sim0.5)q$	$(0.5\sim1.0)q$

根据 4.3.1 节，特大跨度隧道分步施工松散荷载计算中，导坑的松散荷载受隧道施工次序影响，导坑荷载计算有两种情况：第一种是无临时支护影响的导坑松散荷载计算方法；第二种是有临时支护影响的导坑松散荷载计算方法。

1. 无临时支护影响的导坑松散荷载计算

以特大跨度隧道双侧壁导坑施工方法(图 4.16)为例对导坑松散荷载计算方法进行阐述。首先，将各导坑开挖轮廓和边界进行简化，简化后再确定各自导坑高度和导坑计算跨度，其中，导坑计算跨度由导坑横向上的最大宽度确定，如图 4.16 可以简化为图 4.15。

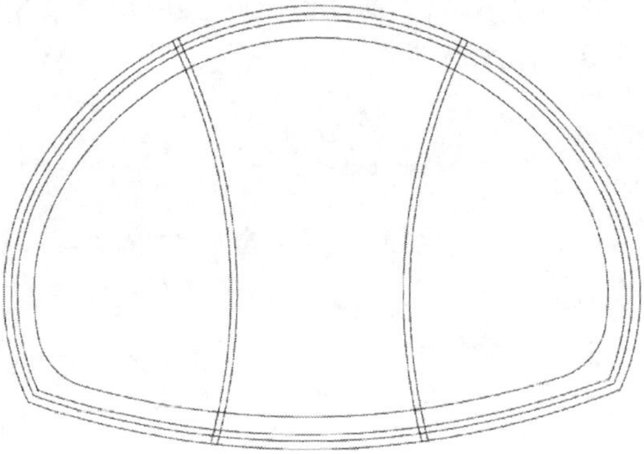

图 4.16　隧道双侧壁导坑法施工示意图

若无临时支护作用，则导坑松散荷载按照现行的计算理论计算：

$$q_i=f\left(B_i,\gamma,\varphi,\cdots\right) \tag{4-9}$$

式中，q_i 为导坑 i 的松散荷载计算值，kN/m^2；B_i 为无临时支护时导坑顶部塌落跨度，m；γ 为围岩容重，kN/m^3；φ 围岩内摩擦角，(°)；$f\left(B_i,\gamma,\varphi,\cdots\right)$ 为计算中所选择的现行松散荷载计算公式(如规范法、普氏法)。

各导坑的计算方法选取需要考虑计算导坑左、右两侧导坑施工状态，即考虑导坑间施工次序问题，若两侧导坑尚未施工或计算导坑在已施工导坑影响范围外，则按无临时支护作用工况计算。

对每个导坑按照选定的荷载计算方法进行计算。以规范法为例，其过程如下。

导坑的塌落拱高度 h_j 计算公式见式(4-2)，各导坑松散荷载 q_j 按式(4-10)计算：

$$q_j = \gamma h_j \tag{4-10}$$

式中，γ 为围岩容重，kN/m^3。

假如各导坑间不考虑临时支护影响，则隧道在分步施工下的松散塌落轮廓线见图 4.17，取其中距隧道开挖上边界最大的塌落高度作为分步施工形成的塌落轮廓线的最大高度 h_{max}。

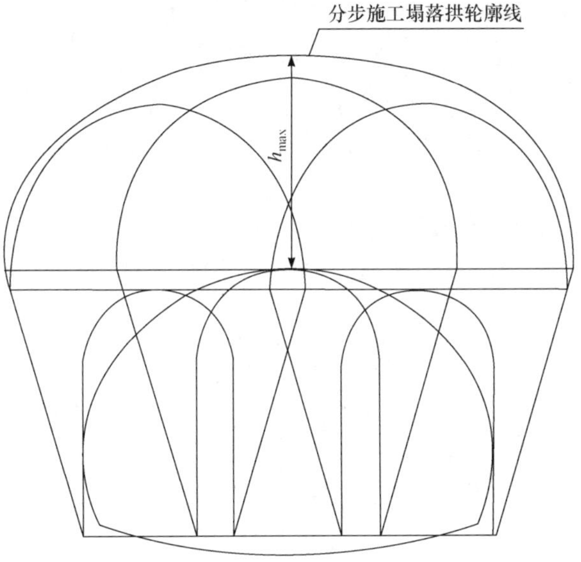

图 4.17 分步施工法塌落高度计算示意图

2. 临时支护影响的导坑松散荷载计算

临时支护结构抑制了潜在滑移面的出现，控制了导坑顶部松散塌落区的跨度，从而影响松散荷载大小(图 4.18)。可以认为有临时支护的导坑松散荷载与无临时支护的导坑松散荷载的关系为

$$\frac{H_1\gamma}{H_2\gamma} = \frac{B_1}{B_2} \tag{4-11}$$

式中，H_1 为无临时支护时的塌落高度；H_2 为有临时支护时的塌落高度；γ 为围岩容重；B_1 为无临时支护时导坑顶部塌落跨度；B_2 为有临时支护时导坑顶部塌落跨度。

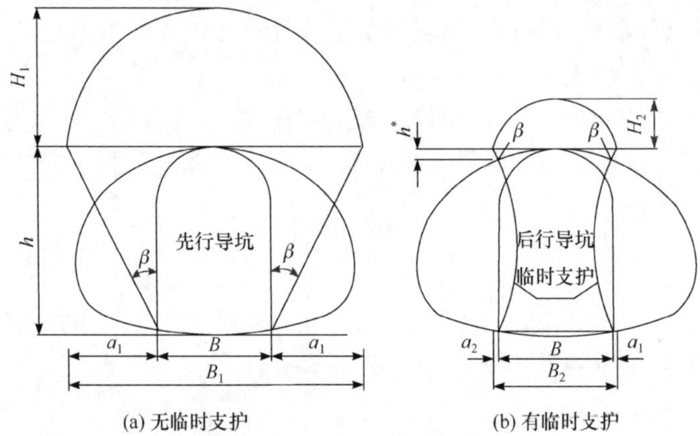

图 4.18　导坑松散荷载计算示意图

考虑临时支护影响时，计算导坑分两种情况：第一种是计算导坑两侧临时支护均已施工完成，即计算导坑与两侧导坑相比，施工顺序上均是后行导坑；第二种是计算导坑仅有一侧导坑临时支护完成，而另一侧导坑尚未施工，即计算导坑施工次序居中。

1) 开挖导坑受双侧临时支护结构作用时

当双侧都有临时支护时，B_1、B_2计算公式为

$$B_1 = B + 2h\cot\beta \tag{4-12}$$

$$B_2 = \omega(B + 2h^*\cot\beta) \tag{4-13}$$

式中，h^*为施工导坑与邻侧导坑的高度差；h为施工导坑高度；β为无临时支护时导坑塌落滑移面水平夹角；ω为临时支护刚度影响因子。

ω取值与临时支护形式有关，如果临时支护形式为向内的封闭式(导坑最大跨度发生在中部或下部)(图 4.19)，则ω取值为 1.1～1.2，Ⅳ级围岩取 1.1，Ⅴ级、Ⅵ级围岩取 1.2；如果临时支护形式为向外的开放式(导坑最大跨度发生在顶部)(图 4.20)或单侧支护，则ω取值为 1.0～1.46。

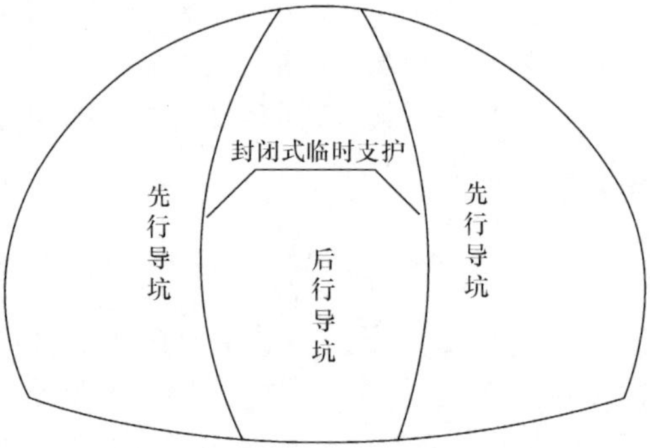

图 4.19　封闭式临时支护示意图

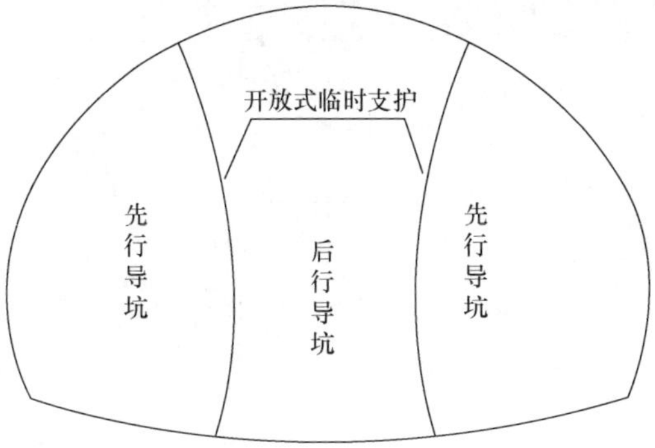

图 4.20　开放式临时支护示意图

因此，松散荷载为

$$q = H_2\gamma = \frac{(\omega_1 + \omega_2)\left(0.5B + h^*\cot\beta\right)}{B + 2h\cot\beta} H_1\gamma \tag{4-14}$$

若施工导坑与两侧先施工导坑高度不同，则式(4-14)变为

$$q = \frac{\omega_1\left(0.5B + h_1^*\cot\beta\right) + \omega_2\left(0.5B + h_2^*\cot\beta\right)}{B + 2h\cot\beta} H_1\gamma \tag{4-15}$$

2) 开挖导坑受单侧临时支护结构作用时

若单侧有临时支护的导坑，临时支护影响范围仅限于 0.5 倍导坑跨度，则 B_1、B_2 计算式为

$$B_1 = B + 2h\cot\beta \tag{4-16}$$

$$B_2 = \omega\left(0.5B + h^*\cot\beta\right) + 0.5B + h\cot\beta \tag{4-17}$$

因此，松散荷载为

$$q = H_2\gamma = \frac{\omega\left(0.5B + h^*\cot\beta\right) + 0.5B + h\cot\beta}{B + 2h\cot\beta} H_1\gamma \tag{4-18}$$

4.3.3　双侧壁导坑法分步荷载计算

1. 双侧壁导坑法松散荷载计算模型

双侧壁导坑法施工中，隧道横断面自左至右分为 3 个导坑(图 4.21)、2 条临时中墙。

双侧壁导坑法中各导坑可能出现的临时支护情况为：1 号导坑(3 号导坑)只可能有 1 条临时支护边界；2 号导坑可能有 1 条或 2 条临时支护边界。因此，施工工序按照临时支护结构影响划分为 3 种。

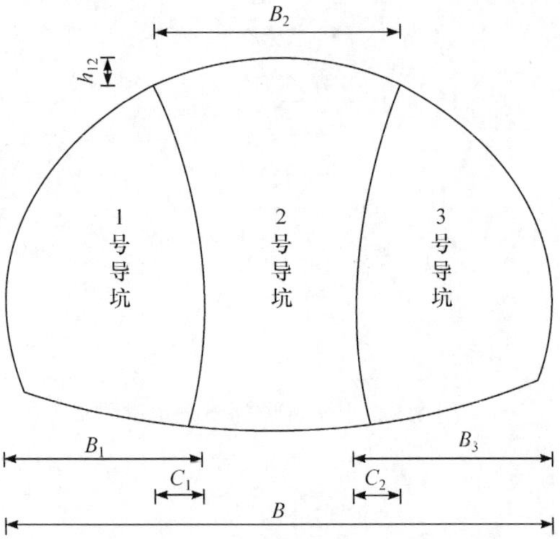

图 4.21　导坑示意图(双侧壁导坑法)

第 1 种：1→2→3，1 号导坑没有临时支护边界，2 号导坑、3 号导坑均有 1 条临时支护边界。

第 2 种：2→3(1)→1(3)，2 号导坑没有临时支护边界，1 号导坑、3 号导坑均有 1 条临时支护边界。

第 3 种：3(1)→1(3)→2，1 号导坑、3 号导坑没有临时支护边界，2 号导坑有 2 条临时支护边界。

这 3 种情况对于单洞的各导坑荷载计算条件各有不同，根据式(4-3)、式(4-9)、式(4-10)、式(4-14)不同边界条件下的松散荷载计算方法，各导坑对应的计算结果见表 4.7。

表 4.7　各导坑松散荷载计算式(双侧壁导坑法)

导坑	第 1 种	第 2 种	第 3 种
1	q_1	$\dfrac{\omega_{51}(0.5B_5+h_{45}\cot\beta)+0.5B_5+h_5\cot\beta}{B_5+2h_5\cot\beta}q_5$	q_1
2	$\dfrac{\omega_{51}(0.5B_5+h_{45}\cot\beta)+0.5B_5+h_5\cot\beta}{B_5+2h_5\cot\beta}q_5$	q_1	$\dfrac{\omega_{51}(0.5B_5+h_{45}\cot\beta)+\omega_{52}(0.5B_5+h_{56}\cot\beta)}{B_5+2h_5\cot\beta}q_5$
3	$\dfrac{\omega_{31}(0.5B_3+h_{34}\cot\beta)+0.5B_3+h_3\cot\beta}{B_3+2h_3\cot\beta}q_3$	$\dfrac{\omega_{32}(0.5B_3+h_{34}\cot\beta)+0.5B_3+h_3\cot\beta}{B_3+2h_3\cot\beta}q_3$	q_1

注：q_i 为导坑 i 无支护条件下，按照现行松散荷载计算方法所得。

2. 隧道施工工序荷载计算

对隧道松散荷载的计算而言，共有 3 种不同的施工工序(表 4.8)，这 3 种施工工序对应着 3 种隧道荷载计算结果，见表 4.9。

表 4.8　荷载与施工工序(双侧壁导坑法)

工序序号	工序类别
1	第 1 种
2	第 2 种
3	第 3 种

表 4.9　3 种松散荷载计算结果(双侧壁导坑法)

荷载序号	各导坑荷载计算结果		
	1	2	3
1	q_{11}	q_{21}	q_{31}
2	q_{12}	q_{22}	q_{32}
3	q_{13}	q_{23}	q_{33}

注：q_{ij} 表示导坑 $i(i=1, 2, 3)$的第 $j(j=1, 2, 3)$种计算结果，计算值见表 4.7。

3. 隧道松散荷载计算

首先，对各导坑的净跨度和公共跨度进行分离，净跨度计算公式如下：

$$B_i' = B_i - C_i - C_{i+1} \tag{4-19}$$

式中，B_i' 为跨度 B_i 的导坑 i 的净跨度；C_i 、C_{i+1} 分别为导坑左侧、右侧由临时支护水平投影决定的公共跨度。

然后，根据式(4-7)对各跨度所占权重进行计算，隧道导坑净跨度及相应权重系数见表 4.10。

表 4.10　各跨度与权重系数(双侧壁导坑法)

名称	净跨度 1	公共跨度 1	净跨度 2	公共跨度 2	净跨度 3
跨度	$B_1 - C_1$	C_1	$B_2 - C_1 - C_2$	C_2	$B_3 - C_2$
权重系数	ξ_1	ξ_2	ξ_3	ξ_4	ξ_5

最后，根据式(4-8)计算各工序下的隧道均布松散荷载值，计算结果见表 4.11。

表 4.11　隧道各跨度对应的均布松散荷载(双侧壁导坑法)

序号	净跨度 1	公共跨度 1	净跨度 2	公共跨度 2	净跨度 3
1	q_{11}	$0.5(q_{11} + q_{21})$	q_{21}	$0.5(q_{21} + q_{31})$	q_{31}
2	q_{12}	$0.5(q_{12} + q_{22})$	q_{22}	$0.5(q_{22} + q_{32})$	q_{32}
3	q_{13}	$0.5(q_{13} + q_{23})$	q_{23}	$0.5(q_{23} + q_{33})$	q_{33}

4.3.4 CD 法分步荷载计算

1. CD 法松散荷载计算模型

CD法施工中,隧道横断面自左至右一般分为2个导坑、1条临时中墙(图4.22)。

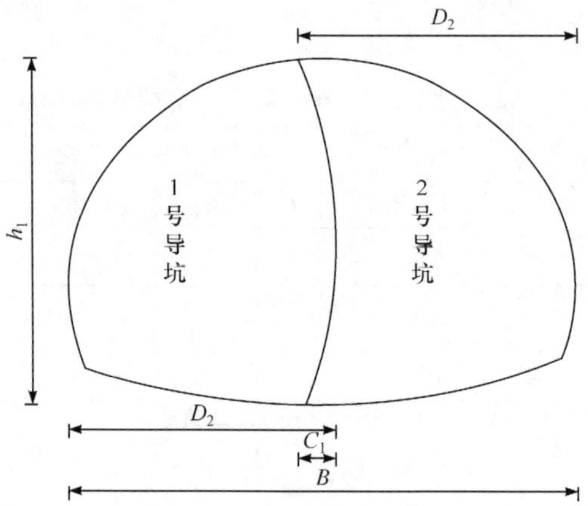

图 4.22 导坑示意图(CD 法)

导坑的临时支护边界为：1 号导坑(2 号导坑)只可能有 1 条临时支护边界。按照各导坑边界临时支护结构影响情况，施工工序按照临时支护结构影响划分为两种。

第 1 种：1→2，1 号导坑没有临时支护边界，2 号导坑有 1 条临时支护边界。

第 2 种：2→1，2 号导坑没有临时支护边界，1 号导坑有 1 条临时支护边界。

根据式(4-9)、式(4-14)、式(4-15)、式(4-18)不同边界条件下的松散荷载计算方法，各导坑对应的计算结果见表 4.12。

表 4.12 各导坑松散荷载计算式(CD 法)

导坑	第 1 种	第 2 种
1	q_1	$\dfrac{\omega_1\left(0.5D_1+h_{12}\cot\beta\right)+0.5D_1+h_1\cot\beta}{D_1+2h_1\cot\beta}q_1$
2	$\dfrac{\omega_1\left(0.5D_1+h_{12}\cot\beta\right)+0.5D_1+h_1\cot\beta}{D_1+2h_1\cot\beta}q_1$	q_2

注：q_i为导坑 i 无支护条件下，按照现行松散荷载计算方法所得。

2. 隧道施工工序荷载计算

对整个隧道松散荷载的计算而言，有 2 种不同的施工工序(表 4.13)，这 2 种施工工序对应着 2 种隧道荷载计算结果，见表 4.14。

表 4.13　荷载与施工工序(CD 法)

工序序号	施工工序
1	第 1 种
2	第 2 种

表 4.14　2 种松散荷载计算结果(CD 法)

荷载序号	各导坑荷载计算结果	
	1	2
1	q_{11}	q_{21}
2	q_{12}	q_{22}

注：q_{ij} 表示导坑 $i(i=1,2)$的第 $j(j=1,2)$种计算结果，计算值见表 4.12。

3. 隧道松散荷载计算

首先，对各导坑的净跨度和公共跨度进行分离，净跨度计算公式如下：

$$D_i' = D_i - C_1 \tag{4-20}$$

式中，D_i' 为跨度 D_i 的导坑 i 的净跨度；C_1 为导坑左侧、右侧由临时支护水平投影决定的公共跨度。

然后，再根据式(4-7)对各跨度所占权重进行计算，隧道导坑净跨度及相应权重见表 4.15。

表 4.15　各跨度与权重系数(CD 法)

名称	净跨度 1	公共跨度 1	净跨度 2
跨度	$D_1 - c_1$	c_1	$D_2 - c_1$
权重系数	ξ_1	ξ_2	ξ_3

最后，根据式(4-8)计算各工序下的隧道均布松散荷载值，计算结果见表 4.16。

表 4.16　隧道各跨度对应的均布松散荷载(CD 法)

工序序号	净跨度 1	公共跨度 1	净跨度 2
1	q_{11}	$0.5(q_{11}+q_{21})$	q_{21}
2	q_{12}	$0.5(q_{12}+q_{22})$	q_{22}

4.4　浅埋条件下隧道分步施工松散荷载计算方法

4.4.1　隧道深浅埋临界值界定

1. 隧道深浅埋临界值界定标准

隧道浅埋和深埋的划定是按照荷载等效高度值，结合地质条件、施工方法等因素综合判定，按设计规范规定的荷载等效高度判定公式为

$$H_p = (2\sim 2.5)h_q \tag{4-21}$$

式中，H_p浅埋隧道分界深度，m；γ为围岩容重，kN/m^3；h_q为荷载等效高度，m，按$h_q = q/\gamma$计算，q为深埋隧道垂直均布压力，kN/m^2，按照式(4-8)计算取值。

2. 超浅埋隧道松散荷载计算

当隧道埋深(H)小于或等于荷载等效高度h_q时，荷载视为垂直均布压力：

$$q = \gamma H \tag{4-22}$$

式中，q为垂直均布压力，kN/m^2；γ为围岩容重，kN/m^3；H为浅埋隧道埋深，指隧道拱顶至地面的距离，m。

侧向压力按照均布考虑，其值为

$$e = \gamma\left(H + \frac{1}{2H_t}\right)\tan^2\left(45 - \frac{\varphi_c}{2}\right) \tag{4-23}$$

式中，e为侧向均布压力，kN/m^2；H_t为隧道高度，m；φ_c为围岩计算内摩擦角，(°)。

4.4.2　浅埋隧道松散荷载计算

在现行浅埋隧道荷载计算方法(谢家杰理论计算法)的基础上，首先对导坑间的开挖影响给出明确的表述，再分析开挖顺序影响下的隧道浅埋荷载计算方法。

1. 分步施工中开挖导坑相互间影响的基本假定

(1) 假设地面为水平、无偏压存在，岩(土)体为连续单一介质，各导坑水平向平行布置。

(2) 导坑开挖后在两侧都会产生与水平面成一固定不变角度的滑移面，滑移面视为导坑开挖影响边界线；若相邻导坑开挖影响边界线相交，则两导坑相互影

响，若相邻导坑开挖影响边界线不相交，则两导坑相互独立、互不影响。

(3) 若后行导坑与先行导坑的影响边界线相交，则共同部分以通过交点的竖向滑移面进行分割；且若后行导坑一侧的影响边界线与多个先行导坑的影响边界线相交，假定后行导坑仅与最近的导坑相互作用，与其他导坑不存在影响。

(4) 导坑间的相互影响规律相同，相互间影响仅与施工工序先后有关，与其他因素无关，因此多导坑间的影响认为是两两导坑间影响的叠加。

2. 两导坑间开挖导坑相互影响基本规律

两个导坑间相互影响的隧道围岩压力计算模式见图 4.23。

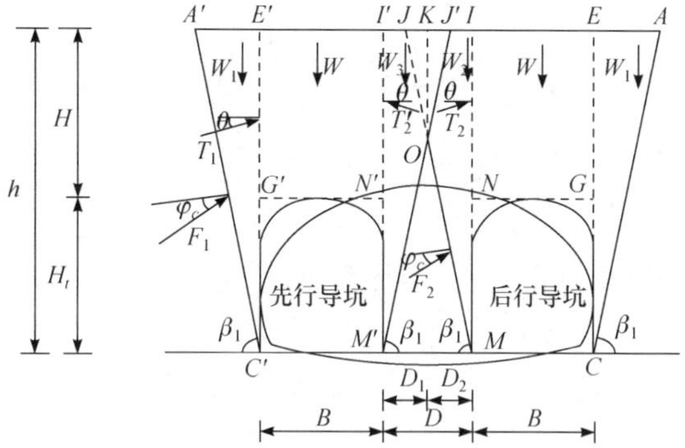

图 4.23　浅埋隧道假定滑动模式及计算荷载简图

图 4.23 中，W_1、W_2、W_3分别为岩(土)体 $A'C'E'$（ACE / $I'J'M'$ / IJM）、$IKOM$ 和 $I'KOM'$ 的重量，T_1、T_2 为隧道两侧土体对拱顶下沉土柱施加的摩擦阻力，φ_c 为计算内摩擦角。

先行导坑开挖时，导坑两侧岩(土)体中形成的破裂面为斜直面 $A'C'$ 和 $M'J'$，与水平面均成 β_1 角，由于不存在相交的影响边界线，围岩压力计算方式与单洞隧道无异，导坑内外侧压力对称分布。

后行导坑开挖时，导坑两侧的滑移面为 AC、JM。其中，影响边界线 JM 与先行导坑影响边界线 $M'J'$ 相交于 O；三角形滑动体 OJJ' 被竖向法向作用力为零的张裂面 OK 分割，因此 KOM' 和 KOM 为先行洞和后行洞的滑移面。

针对先行导坑开挖和后行导坑开挖，以谢家杰理论计算方法为基础对分步施工隧道围岩压力进行计算分析。

1) 先行导坑开挖

先行导坑开挖时与单洞开挖无异，隧道内外侧围岩压力对称分布，其侧压力计算简图及围岩压力分布模式见图 4.24。

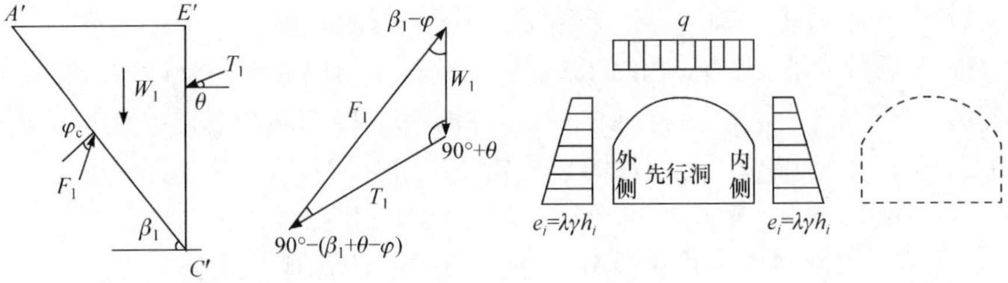

图 4.24　浅埋隧道先行导坑开挖时内外侧围岩压力计算简图及压力分布模式

(1) 隧道侧向水平压力。

内外侧侧压力系数 λ 为

$$\lambda=\frac{\tan\beta_1-\tan\varphi_c}{\tan\beta_1[1+\tan\beta_1(\tan\varphi_c-\tan\theta)+\tan\varphi_c\tan\theta]} \tag{4-24}$$

$$\tan\beta_1=\tan\varphi_c+\sqrt{\frac{(\tan^2\varphi_c+1)\tan\varphi_c}{\tan\varphi_c-\tan\theta}} \tag{4-25}$$

式中，β_1 为产生最大推力 T_1 时的破裂角。

内外侧侧向水平压力的计算表达式如下：

$$e_i=\lambda\gamma h_i \tag{4-26}$$

式中，h_i 为计算点埋深，即计算点至地面的距离，m。

(2) 隧道拱顶垂直压力。

$$q=\frac{Q}{B}=gH\left(1-\frac{H}{B}l\tan q\right) \tag{4-27}$$

式中，q 为作用在隧道支护结构上的均布荷载，kN/m^2。

2) 后行导坑开挖

(1) 后行导坑侧向水平压力。

后行导坑开挖时，其隧道外侧侧向水平压力计算同式(4-22)和式(4-23)；隧道内侧围岩压力计算简图及压力分布模式见图 4.25。按照力的平衡条件，可得出 T_2 的计算表达式如下：

$$T_2=\frac{D_2\gamma(2h-D_2\tan\beta_1)\sin(\beta_1-\varphi_c)}{2\sin[90^\circ-(\beta_1-\varphi_c+\theta)]}$$

计算中取 $D_2=D/2$，可得

$$T_2=\frac{D\gamma(4h-D\tan\beta_1)\sin(\beta_1-\varphi_c)}{8\sin[90^\circ-(\beta_1-\varphi_c+\theta)]}$$

经整理，变换成如下形式：

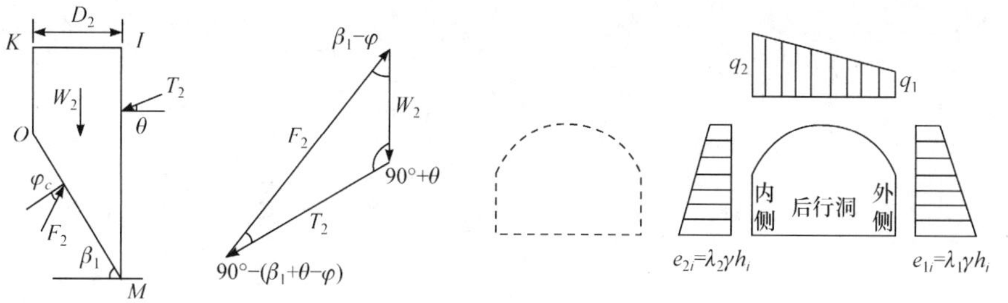

图 4.25　浅埋隧道后行导坑开挖时内侧围岩压力计算简图及压力分布模式

$$T_2=\frac{1}{2}\gamma h^2\frac{\lambda_2}{\cos\theta}$$

式中，

$$\lambda_2=\frac{D\left(1-\dfrac{D}{4h}\tan\beta_1\right)(\tan\beta_1-\tan\varphi_c)/h}{1+\tan\beta_1(\tan\varphi_c-\tan\theta)+\tan\varphi_c\tan\theta}\tag{4-28}$$

λ_2 即为后行导坑内侧侧压力系数。

后行导坑内侧侧向水平压力 e_2 的计算表达式如下：

$$e_{2i}=\lambda_2\gamma h_i\tag{4-29}$$

式中，h_i 为计算点埋深，即计算点至地面的距离，m。

(2) 后行导坑拱顶垂直压力。

后行导坑隧道上覆岩体 $EGNI$ 的重力为 W，两侧受到侧阻力 T_1 和 T_2，则可得到作用于 NG 面上的垂直压力总值为

$$Q=W-(T_1+T_2)\sin\theta=\gamma H\left[B-\frac{1}{2}(\lambda_1+\lambda_2)H\tan\theta\right]$$

换算为分布荷载 q，记外侧为 q_1，内侧为 q_2，且假设内外侧之间按线性变化(图 4.26)，则 q_1 和 q_2 可采用如下表达式：

$$\begin{cases}q_1=\gamma H\left(1-\dfrac{H}{B}\lambda_1\tan\theta\right)\\ q_2=\gamma H\left(1-\dfrac{H}{B}\lambda_2\tan\theta\right)\end{cases}\tag{4-30}$$

(3) 先行导坑侧向水平压力。

后行导坑开挖后，先行导坑外侧围岩压力认为保持不变，其侧向水平压力计算仍同式(4-22)和式(4-23)。

先行导坑内侧围岩压力计算简图及压力分布模式见图 4.26。

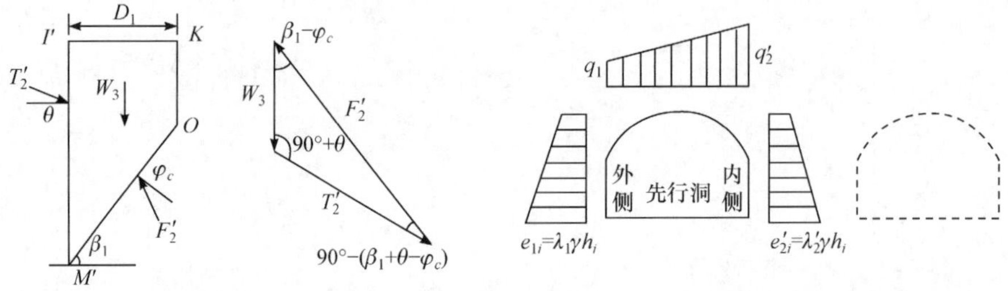

图 4.26　浅埋隧道后行导坑开挖时先行导坑内侧围岩压力计算简图及压力分布模式

由图 4.26 可见，后行导坑开挖后，先行导坑内侧围岩压力分布形式及大小均发生变化，其在岩土体中的滑动破裂面在下部仍与水平面成 β_1 角保持不变，在上部则为一竖直面。按照力的平衡条件，可得出先行导坑拱顶岩(土)柱体内侧摩阻力 T_2' 的计算表达式为

$$T_2' = \frac{D_1\gamma(2h - D_1\tan\beta_1)\sin(\beta_1 - \varphi_c)}{2\sin[90^\circ - (\beta_1 - \varphi_c + \theta)]}$$

计算中取 $D_1 = D/2$，可得

$$T_2' = \frac{D\gamma(4h - D\tan\beta_1)\sin(\beta_1 - \varphi_c)}{8\sin[90^\circ - (\beta_1 - \varphi_c + \theta)]}$$

经整理，变换成如下形式：

$$T_2' = \frac{1}{2}\gamma h^2 \frac{\lambda_2'}{\cos\theta}$$

式中，

$$\lambda_2' = \frac{\dfrac{D}{h}\left(1 - \dfrac{D}{4h}\tan\beta_1\right)(\tan\beta_1 - \tan\varphi_c)}{1 + \tan\beta_1(\tan\varphi_c - \tan\theta) + \tan\varphi_c\tan\theta} \tag{4-31}$$

λ_2' 即为后行导坑开挖后先行导坑内侧侧压力系数。

(4) 先行导坑拱顶垂直压力。

先行导坑隧道上覆岩体 $E'G'N'I'$ 的重力为 W，两侧受到侧阻力 T_1 和 T_2'，则可得到作用于 $N'G'$ 面上的垂直压力总值为

$$Q = W - (T_1 + T_2')\sin\theta = \gamma H\left[B - \frac{1}{2}(\lambda_1 + \lambda_2')H\tan\theta\right]$$

换算为分布荷载 q，记外侧为 q_1，内侧为 q_2'，且假设内外侧之间按线性变化(图 4.25)，则 q_1 和 q_2' 可采用如下表达式：

$$\begin{cases} q_1 = \gamma H\left(1-\dfrac{H}{B}\lambda_1 \tan\theta\right) \\ q_2' = \gamma H\left(1-\dfrac{H}{B}\lambda_2' \tan\theta\right) \end{cases} \tag{4-32}$$

式中，q 即为作用在隧道支护结构上的均布荷载，kN/m^2。

3. 隧道分步施工荷载计算

浅埋隧道分步施工中导坑荷载大小受施工影响，这种影响主要表现在各导坑影响边界线出现的次序及其相交交点位置上。因此，首先确定各影响边界线可能出现的交点数，然后才能根据各导坑两条影响边界线可能出现的交点数目确定各导坑可出现的荷载大小。

1) 影响边界线的交点确定

假定隧道横断面有 n 个导坑，最外侧导坑及相邻的导坑各有一条影响边界线完全独立，即有 n–2 条影响边界线可能存在交点。其中，从边界数起第 3 条影响边界线(或第 1 条内侧影响边界线)交点数目最多，最多可有 n–2 个，具体的数目与隧道埋深 h 、影响边界线与水平面夹角 β_1 及相交影响边界线起点间的距离 D 有关。若 $2h/\tan\beta_1$ 为两条相交影响边界线起点的最大距离，则交点数目 m 为小于该距离的潜在相交影响边界线(即(左)右侧影响边界线的潜在相交影响边界线是指该线(左)右侧的(右)左侧影响边界线)的个数，如隧道双侧壁导坑法，该断面共有 3 个导坑，有 1 个影响边界线存在交点，见图 4.27。

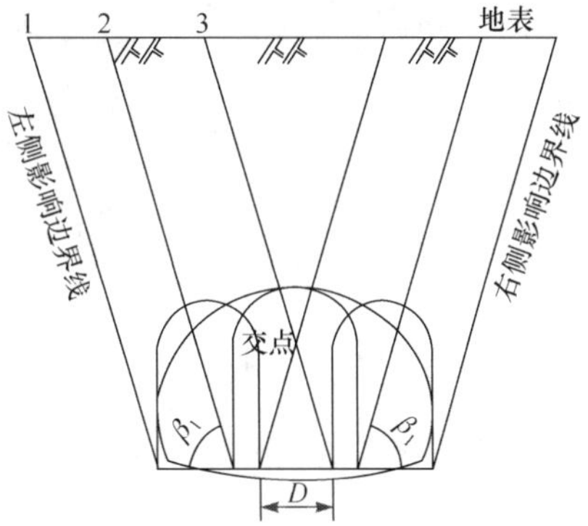

图 4.27　双侧壁导坑法影响边界线交点

2) 导坑荷载计算

对于某一导坑，如果左(右)侧影响边界线有 $m_1(m_2)$ 个交点，该侧的计算边界条件就有 $m_1(m_2)$ 种，隧道施工中各导坑的荷载只需根据既定的施工顺序按照导坑间两两相互的影响关系计算即可。

以隧道施工中水平导坑数目较多的双侧壁导坑法(施工顺序见图 4.28，导坑尺寸与开挖序号见图 4.22)为例，阐述分步施工中导坑荷载的计算过程。

表 4.17 给出了双侧壁导坑法施工过程中各导坑侧压力系数的计算公式，各导坑上方的松散荷载公式为

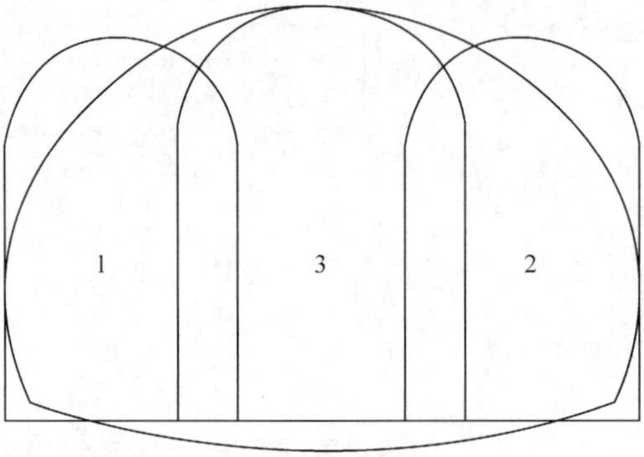

图 4.28　双侧壁导坑法施工顺序

$$\begin{cases} q_1 = \gamma H_i\left(1-\dfrac{H_i}{B_i}\lambda_1\tan\theta\right) \\ q_2 = \gamma H_i\left(1-\dfrac{H_i}{B_i}\lambda_2\tan\theta\right) \end{cases} \tag{4-33}$$

式中，H_i 为导坑 i 的埋深，m；B_i 为导坑 i 的跨度，m。

表 4.17　双侧壁导坑法导坑荷载计算图表

施工序号	荷载计算示意图	导坑序号	侧压力系数	侧压力系数计算公式
1	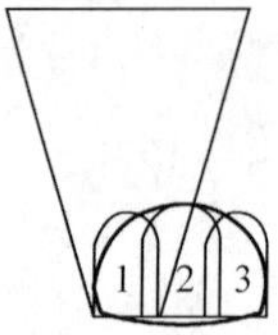	1	λ_1	$\dfrac{\tan\beta_1-\tan\varphi_c}{\tan\beta_1\left[1+\tan\beta_1(\tan\varphi_c-\tan\theta)+\tan\varphi_c\tan\theta\right]}$
			λ_2	$\dfrac{\tan\beta_1-\tan\varphi_c}{\tan\beta_1\left[1+\tan\beta_1(\tan\varphi_c-\tan\theta)+\tan\varphi_c\tan\theta\right]}$
2	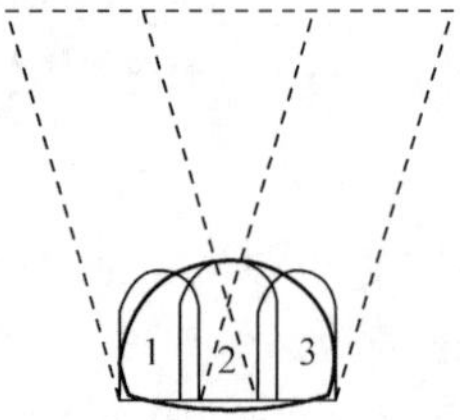	1	λ_1	$\dfrac{\tan\beta_1-\tan\varphi_c}{\tan\beta_1\left[1+\tan\beta_1(\tan\varphi_c-\tan\theta)+\tan\varphi_c\tan\theta\right]}$
			λ_2	$\dfrac{\dfrac{B_2+B_3-C_1-C_2}{h}\left(1-\dfrac{B_2+B_3-C_1-C_2}{4h}\tan\beta_1\right)(\tan\beta_1-\tan\varphi_c)}{1+\tan\beta_1(\tan\varphi_c-\tan\theta)+\tan\varphi_c\tan\theta}$
		3	λ_1	$\dfrac{\dfrac{B_2+B_3-C_1-C_2}{h}\left(1-\dfrac{B_2+B_3-C_1-C_2}{4h}\tan\beta_1\right)(\tan\beta_1-\tan\varphi_c)}{1+\tan\beta_1(\tan\varphi_c-\tan\theta)+\tan\varphi_c\tan\theta}$
			λ_2	$\dfrac{\tan\beta_1-\tan\varphi_c}{\tan\beta_1\left[1+\tan\beta_1(\tan\varphi_c-\tan\theta)+\tan\varphi_c\tan\theta\right]}$

续表

施工序号	荷载计算示意图	导坑序号	侧压力系数	侧压力系数计算公式
3	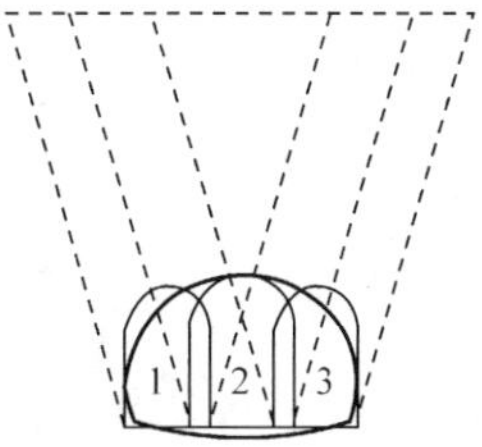	1	λ_1	$\dfrac{\tan\beta_1-\tan\varphi_c}{\tan\beta_1\left[1+\tan\beta_1(\tan\varphi_c-\tan\theta)+\tan\varphi_c\tan\theta\right]}$
			λ_2	$\dfrac{\dfrac{B_2+B_3-C_1-C_2}{h}\left(1-\dfrac{B_2+B_3-C_1-C_2}{4h}\tan\beta_1\right)(\tan\beta_1-\tan\varphi_c)}{1+\tan\beta_1(\tan\varphi_c-\tan\theta)+\tan\varphi_c\tan\theta}$
		2	λ_1	$\dfrac{\tan\beta_1-\tan\varphi_c}{\tan\beta_1\left[1+\tan\beta_1(\tan\varphi_c-\tan\theta)+\tan\varphi_c\tan\theta\right]}$
			λ_2	$\dfrac{\tan\beta_1-\tan\varphi_c}{\tan\beta_1\left[1+\tan\beta_1(\tan\varphi_c-\tan\theta)+\tan\varphi_c\tan\theta\right]}$
		3	λ_1	$\dfrac{\dfrac{B_2+B_3-C_1-C_2}{h}\left(1-\dfrac{B_2+B_3-C_1-C_2}{4h}\tan\beta_1\right)(\tan\beta_1-\tan\varphi_c)}{1+\tan\beta_1(\tan\varphi_c-\tan\theta)+\tan\varphi_c\tan\theta}$
			λ_2	$\dfrac{\tan\beta_1-\tan\varphi_c}{\tan\beta_1\left[1+\tan\beta_1(\tan\varphi_c-\tan\theta)+\tan\varphi_c\tan\theta\right]}$

4.5　工 程 示 例

4.5.1　工程示例一

以马林隧道双向六车道隧道为例，Ⅴ级围岩区段采用双侧壁导坑法施工，Ⅳ级围岩区段采用中隔壁导坑法施工。隧道内轮廓图见图 2.10。

1. 隧道双侧壁导坑法分步施工荷载计算

如图 4.22 所示，隧道各个导坑的尺寸见表 4.18，隧道受不同工序影响可能产生 3 种不同的隧道松散荷载，这 3 种荷载对应的导洞施工工序类别见表 4.19。

表 4.18　双侧壁导坑法导坑尺寸(工程示例一)　　(单位：m)

名称	B_1/B_3	h_{12}	C_1/C_2	B_2	B
数值	7.0	1.2	1.9	9.7	19.9

表 4.19　荷载与施工工序(双侧壁导坑法工程应用)

荷载序号	工序类别
1	第 1 种：1→2→3
2	第 2 种：2→3(1)→1(3)
3	第 3 种：3(1)→1(3)→2

在Ⅴ级围岩(见表 4.20)条件下，分别计算考虑临时支护作用的 3 种不同施工工序分步施工荷载计算方法和不考虑临时支护即过程荷载计算法的隧道松散荷载，计算结果见表 4.21。

表 4.20　围岩力学参数(双侧壁导坑法)

材料名称	容重 γ/(kN/m³)	弹性模量 E/GPa	泊松比 μ	内摩擦角 φ/(°)	黏聚力 c/MPa
Ⅴ级围岩	20	1.5	0.38	23	0.15

表 4.21　双侧壁导坑法计算结果(工程示例一)

荷载计算序号	松散荷载 /(kN/m²)	相对序号 4 荷载变化/%	塌落拱高 /m
1	189.29	–16.5	9.46
2	207.17	–8.6	10.36
3	162.32	–28.4	8.12
4	226.73	0	11.34

由表 4.21 可知，深埋双向六车道隧道采用双侧壁导坑法施工时，考虑临时支护作用的分步施工荷载计算方法得到的计算结果比不考虑临时支护作用的过程荷载计算法得到的荷载小 8.6%～28.4%。

由图 4.29 可以看出，双侧壁导坑法不同工序下隧道最终松散荷载大小不相同，考虑临时支护和工序影响的 3 种工序中，导坑按照 3(1)→1(3)→2(第 3 种工序)顺序进行施工，即 1 号导坑、3 号导坑没有临时支护边界，2 号导坑有 2 条临时支护边界，计算得到的隧道松散荷载最小，其他施工方法与第 3 种施工工序相比有不同幅度的增加。由此可见，隧道施工工序对隧道围岩的松散荷载的影响十分显著。

2. 隧道 CD 法分步施工荷载计算

如图 4.23 所示，隧道各个导坑的尺寸见表 4.22，隧道受不同工序影响可能产生 2 种不同的隧道松散荷载，这 2 种荷载对应导洞施工工序类别见表 4.23。

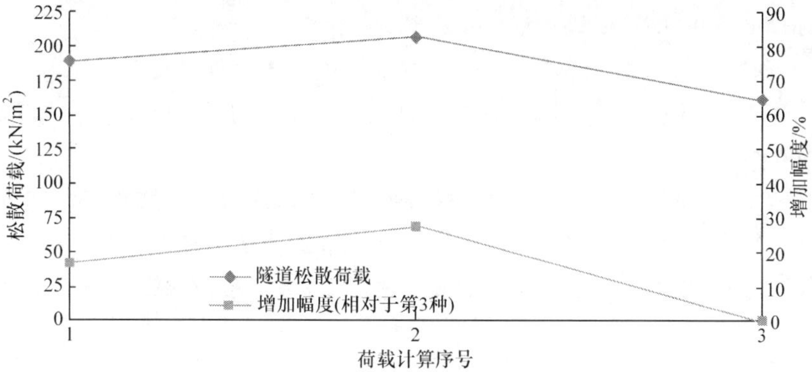

图 4.29　不同荷载工况下松散荷载对比

表 4.22　CD 法导坑尺寸　(单位：m)

名称	D_1	h_{12}	C_1	D_2	B
数值	10.7	0.2	3.0	11.9	19.6

表 4.23　荷载与施工工序(CD 法工程应用)

荷载序号	工序类别
1	第 1 种：1→2
2	第 2 种：2→1

在Ⅳ级围岩(表 4.24)条件下，分别计算考虑临时支护作用的 2 种不同施工工序分步施工荷载计算方法和不考虑临时支护作用的过程荷载计算法的隧道松散荷载，计算结果见表 4.25。

表 4.24　围岩力学参数(CD 法)

材料名称	容重 γ/(kN/m³)	弹性模量 E/GPa	泊松比 μ	内摩擦角 φ/(°)	黏聚力 c/MPa
Ⅳ级围岩	22	2.4	0.33	30	0.3

表 4.25　CD 法计算结果

荷载计算序号	松散荷载/(kN/m²)	相对序号 3 荷载变化/%	塌落拱高/m
1	137.68	−6.8	6.88
2	137.65	−6.8	6.88
3	147.66	0	7.38

由表 4.25 可知：

(1) 深埋双向六车道隧道采用 CD 法施工时，考虑临时支护作用的分步施工荷载计算方法得到的计算结果比不考虑临时支护作用的过程荷载计算法得到的荷载小约 6.8%。

(2) CD 法不同工序下隧道最终的松散荷载大小不相同，考虑临时支护和工序影响的 2 种工序中，导坑按照 1→2(第 1 种工序)顺序进行施工，即 1 号导坑没有临时支护边界，2 号导坑有 1 条临时支护边界，计算得到的隧道松散荷载最小。

4.5.2 工程示例二

福州机场二期高速公路工程中罗汉山隧道设计为双向八车道特大断面连拱形式，全长 248m(图 4.30)，隧道单洞净跨度为 18.198m，单洞标准断面内轮廓面积(含仰拱)为 171.06m^2，两洞最大整体开挖跨度达 41.898m，隧道围岩以Ⅳ级和Ⅴ级为主，最大埋深 50m。施工方法采用双侧壁导坑法，左洞导坑设计参数与右洞对应的导坑设计参数相同，见表 4.26。

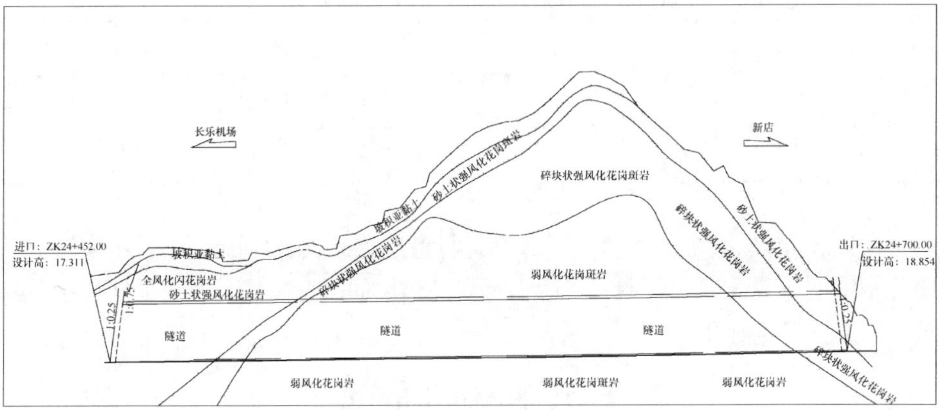

图 4.30　罗汉山隧道地质纵断面示意图(右洞)

表 4.26　双侧壁导坑法导坑尺寸(工程示例二)　　(单位：m)

名称	B_1/B_7	B_2/B_6	B_3/B_5	h_{12}/h_{67}	h_{45}/h_{34}	C_1/C_6	C_2/C_3	C_3/C_4	B_4	B
数值	6.8	8.8	6.4	1.5	4.3	1.3	1.2	2.5	8.4	42

1. 不同施工工序间松散荷载比较

按照双侧壁导坑法分析，连拱隧道可能产生 10 种不同的隧道松散荷载，这 10 种荷载对应的左洞、右洞施工工序类别见表 4.27。

表 4.27　荷载与施工工序(工程示例二)

荷载序号	工序类别	
	左洞	右洞
1	第 1 种	第 1 种
2	第 1 种	第 2 种
3	第 1 种	第 3 种
4	第 1 种	第 4 种
5	第 2 种	第 2 种
6	第 2 种	第 3 种
7	第 2 种	第 4 种
8	第 3 种	第 3 种
9	第 3 种	第 4 种
10	第 4 种	第 4 种

在Ⅴ级围岩(围岩参数见表 4.28)条件下，分别计算 10 种不同施工工序及不考虑临时支护仅考虑分步开挖的过程荷载计算法的隧道松散荷载，计算结果见表 4.29。

表 4.28　模型材料力学参数

材料名称	容重 γ/(kN/m^3)	弹性模量 E/GPa	泊松比 μ	内摩擦角 φ/(°)	45–0.5φ	黏聚力 c/MPa
Ⅴ级围岩	20.0	1.5	0.38	23	33.5	0.15

表 4.29　双侧壁导坑法计算结果(工程示例二)

荷载计算序号	松散荷载 /(kN/m^2)	相对无支护荷载变化/%	塌落拱高 /m
1	142.73	–22.3	7.14
2	137.63	–25.1	6.88
3	148.32	–19.3	7.42
4	150.19	–18.2	7.51
5	132.53	–27.9	6.63
6	143.22	–22.0	7.16
7	145.08	–21.0	7.25
8	153.91	–16.2	7.70
9	155.77	–15.2	7.79
10	157.64	–14.2	7.88
11	183.70	0	9.19

由表 4.29 可知，深埋双向八车道连拱隧道采用双侧壁导坑法施工时，临时支护可使隧道松散荷载普遍减小 14.2%～27.9%。

双侧壁导坑法不同工序下，隧道最终的松散荷载大小不相同，考虑临时支护和工序影响的 10 种工序中，左、右洞按照 4→1(7)→3(5)→2(6)(第 5 种工序)顺序进行施工，即 7 号(1 号)没有临时支护边界，3 号(5 号)导坑有 1 条临时支护边界，2 号(6 号)导坑有 2 条临时支护边界，计算得到的隧道松散荷载最小，其他施工方法与第 5 种施工工序相比均有不同幅度的增加(图 4.31)。由此可见，隧道施工工序对隧道围岩松散荷载的影响十分显著。

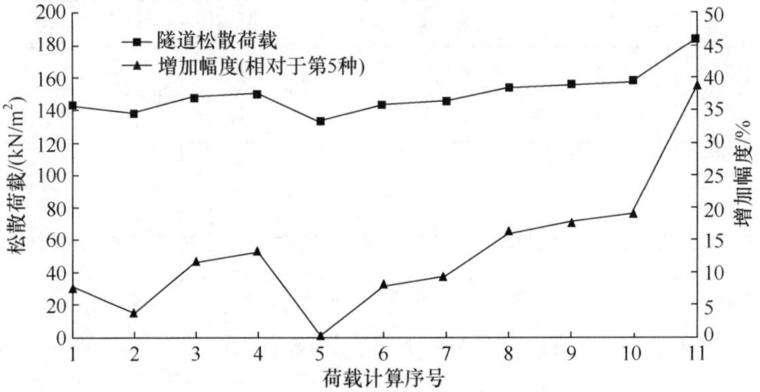

图 4.31　双侧壁导坑法各工序松散荷载比较

2. 计算结果与现场监测比较

罗汉山隧道采用第 5 种工序进行施工，施工中 K24+660 断面(Ⅴ级围岩)左右洞拱顶围岩压应力监测曲线见图 4.32，左洞拱顶最大压应力为 0.147MPa，比计算值(0.132MPa)高 11.4%；右洞拱顶最大压应力为 0.127MPa，比计算值偏小 3.8%。表明考虑分步施工的荷载计算结果与工程实际十分接近。

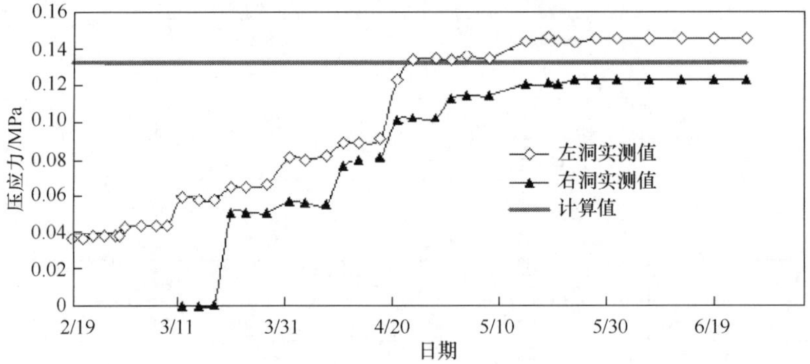

图 4.32　罗汉山隧道围岩与初衬间压应力监测曲线(K24+660 断面)

第 5 章　连拱隧道中墙偏压机理与施工影响

在连拱隧道设计与施工中，中墙作为连拱隧道最主要的承载、传载结构，其受力状态十分复杂，是连拱隧道关注的重点内容之一。中墙不仅承受其正上方传递下来的荷载，还要承担从两侧传递来的部分围岩荷载，这些荷载的大小不但与隧道埋深有关，而且与围岩级别、施工方法密切相关。此外，从连拱隧道动态施工过程看，因连拱隧道结构和施工的特殊性，中墙所承担的两侧荷载大小不一致、荷载传递时间也不尽相同，受正洞施工顺序、施工爆破的影响十分显著，容易造成中墙偏压，使其内部出现压、拉、弯、扭、剪等状态。

同时，对连拱隧道施工支护而言，结构支护的重点就是谨防和控制正洞开挖过程中对中墙的偏压影响。因此，合理组织施工、优化中墙支护、控制中墙偏压，对连拱隧道的施工安全和结构整体的稳定性及工程造价与隧道衬砌长期安全性具有十分重要的意义。

5.1　中墙偏压的力学机理

连拱隧道结构断面示意图见图 5.1。由图可知，中墙作为连拱隧道的主要承载结构，主要受力部位有中墙顶部、中墙基底、中墙底部的两个侧面。在 4 个受力部位中，中墙基底受力为地基的反作用力，不会对中墙产生偏压；中墙顶部受力面受到上方围岩的压力，当该部位的压力分布不均时，可导致中墙顶部偏压；中

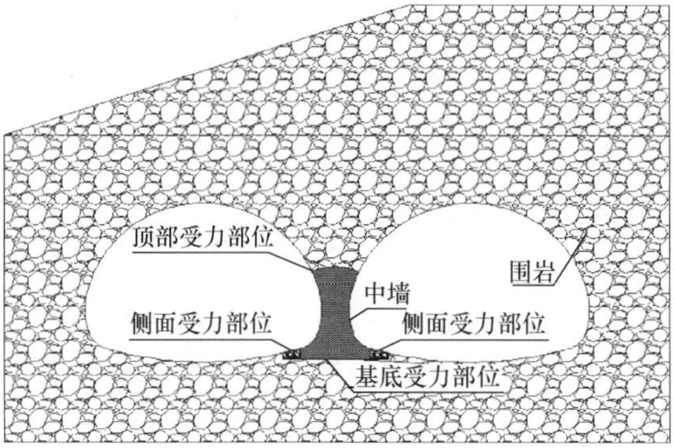

图 5.1　连拱隧道结构断面示意图

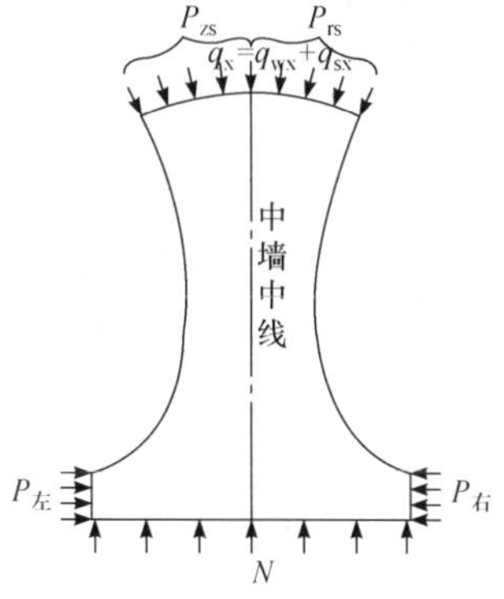

图 5.2　中墙受力示意图

墙底部两个侧面受力状态不一致时，可以导致中墙底部出现偏压现象。因此，在连拱隧道施工和运营阶段，连拱隧道中墙偏压产生的力学条件主要有两种可能：一是中墙顶部围岩压力分布不均导致偏压；二是中墙底部两侧水平压力分布不对称导致偏压。

5.1.1 中墙顶部偏压的力学机理

1. 中墙顶部受力分析

连拱隧道结构中，中墙作为人工支护结构，主要承担上方围岩传递下来的围岩自重荷载和施工产生的扰动荷载。中墙顶部荷载间的关系如下：

$$P_s = P_{zs} + P_{rs} \tag{5-1}$$

$$P_{zs} = \sum q_{zx} \tag{5-2}$$

$$P_{rs} = \sum q_{rx} \tag{5-3}$$

$$q_x = q_{wx} + q_{sx} \tag{5-4}$$

式中，P_s为中墙顶部总压力(图 5.2)；P_{zs}、P_{rs}分别为中墙中线左侧、右侧总压力；$q_x(q_{zx}$、$q_{rx})$为作用在中墙顶部单位上(左侧、右侧)的压力；q_{wx}、q_{sx}为作用在中墙顶部单位上的自重压力、扰动压力。

将式(5-4)代入式(5-2)和式(5-3)，可得中墙顶部左、右两侧压力为

$$P_{zs} = \sum q_{zx} = \sum q_{zwx} + \sum q_{zsx} \tag{5-5}$$

$$P_{rs} = \sum q_{rx} = \sum q_{rwx} + \sum q_{rsx} \tag{5-6}$$

2. 中墙顶部偏压判据

若中墙顶部左、右侧压力相等，即$P_{zs} = P_{rs}$，则中墙顶部不会发生偏压现象。

若中墙顶部左、右侧压力不相等，即$P_{zs} \neq P_{rs}$，则中墙顶部将产生偏压现象，其中，如果$P_{zs} > P_{rs}$，中墙产生(变形)向右的偏压；如果$P_{zs} < P_{rs}$，中墙产生(变形)向左的偏压。

同时，由式(5-5)和式(5-6)可知，中墙因顶部压力分布不均而导致偏压的因素有两种：一是隧道结构上覆围岩厚度不均(称为地层偏压)；二是中墙两侧正洞施工顺序不对称(称为施工偏压)。

1) 地层偏压下中墙顶部偏压判据

假如中墙顶部压力不考虑因不对称施工产生的扰动荷载，则中墙顶部左、右侧压力为

$$P_{zs} = \sum q_{zx} = \sum q_{zwx} \tag{5-7}$$

$$P_{rs}=\sum q_{rx}=\sum q_{rwx} \tag{5-8}$$

若连拱隧道上覆厚度均匀，作用在中墙顶部的围岩自重荷载分布也均匀，因此$\sum q_{zwx}=\sum q_{rwx}$，此种条件下，中墙顶部不会产生偏压现象。若隧道工程的地表起伏、隧道结构上覆围岩厚度不均，则作用在中墙顶部的围岩自重荷载分布也将不均匀，$\sum q_{zwx}\neq\sum q_{rwx}$，连拱隧道中墙顶部便产生偏压现象：若$\sum q_{zwx}>\sum q_{rwx}$，则中墙产生向右的偏压；若$\sum q_{zwx}<\sum q_{rwx}$，则中墙产生向左的偏压。

2) 施工偏压下中墙顶部偏压判据

在连拱隧道上覆围岩厚度分布均匀的条件下，虽然作用在中墙顶部左右侧的自重压力相等，即

$$\sum q_{zwx}=\sum q_{rwx} \tag{5-9}$$

如果中墙两侧正洞施工过程中施工顺序不对称，则作用在中墙顶部的扰动压力分布也会出现不对称现象，即

$$\sum q_{zsx}\neq\sum q_{rsx} \tag{5-10}$$

将式(5-9)、式(5-10)代入式(5-5)、式(5-6)，可知$P_{zs}\neq P_{rs}$，此时连拱隧道中墙顶部也会产生偏压现象，且由式(5-5)、式(5-6)、式(5-9)可知，若$\sum q_{zsx}>\sum q_{rsx}$，中墙产生(变形)向右的偏压；若$\sum q_{zsx}<\sum q_{rsx}$，则中墙产生(变形)向左的偏压。

5.1.2　中墙下部偏压的力学机理

1. 中墙下部受力分析

中墙下部两侧压力大小同样受到地层偏压和施工偏压影响，因此中墙下部两侧所受压力可由图 5.3 来说明。

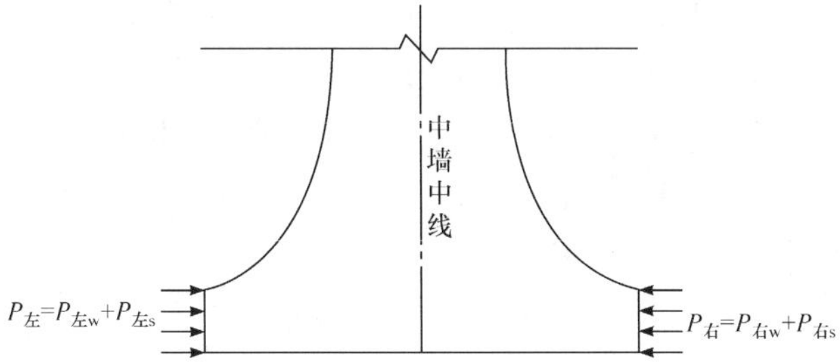

图 5.3　中墙下部侧面受力示意图

由图 5.3 可知

$$P_{左}=P_{左w}+P_{左s} \tag{5-11a}$$

$$P_{右}=P_{右w}+P_{右s} \tag{5-11b}$$

$$P_{\mathrm{s}} = \sum q_{\mathrm{sy}} \tag{5-12}$$

$$P_{\mathrm{w}} = \sum q_{\mathrm{wy}} \tag{5-13}$$

式中，$P_{左}$、$P_{右}$为中墙下部左侧、右侧的总压力；$P_{左\mathrm{w}}(P_{右\mathrm{w}})$、$P_{左\mathrm{s}}(P_{右\mathrm{s}})$为中墙左(右)侧因地层偏压、施工偏压引起的水平压力；q_{wy}、q_{sy}为作用在中墙侧向单位上因地层偏压、施工偏压引起的压力。

将式(5-12)、式(5-13)代入式(5-11)，可得中墙下部左、右两侧压力为

$$P_{左} = \sum q_{左\mathrm{wy}} + \sum q_{左\mathrm{sy}} \tag{5-14}$$

$$P_{右} = \sum q_{右\mathrm{wy}} + \sum q_{右\mathrm{sy}} \tag{5-15}$$

2. 中墙下部偏压判据

由图 5.3 可知，若中墙下部左、右两侧压力相等，即$P_{左} = P_{右}$，则中墙下部不会发生偏压现象。

若中墙下部左、右侧压力不相等，即$P_{左} \neq P_{右}$，则中墙下部产生偏压现象。如果$P_{左} > P_{右}$，中墙产生向右的偏压；如果$P_{左} < P_{右}$，中墙产生向左的偏压。由式(5-14)和式(5-15)可知，中墙下部两侧压力不相等而导致偏压的因素同样有两种：一是隧道结构上覆围岩厚度不均(地层偏压)；二是中墙两侧正洞施工顺序不对称(施工偏压)。

1) 地层偏压下中墙下部偏压判据

假如中墙下部压力不考虑施工偏压影响，则中墙下部左、右侧压力为

$$P_{左} = \sum q_{左\mathrm{wy}} \tag{5-16}$$

$$P_{右} = \sum q_{右\mathrm{wy}} \tag{5-17}$$

若连拱隧道上覆厚度均匀，则作用在中墙下部两侧的压力也对称相等，即$P_{左} = P_{右}$，因此中墙下部不会产生偏压现象。若中墙两侧正洞上覆围岩厚度不均，则$P_{左} \neq P_{右}$，中墙下部便产生偏压现象：若$P_{左} > P_{右}$，则中墙产生向右的偏压；若$P_{左} < P_{右}$，则中墙产生向左的偏压。

2) 施工偏压下中墙下部偏压判据

在中墙两侧正洞上覆围岩厚度相等、地表无起伏时，作用在中墙下部左右侧的地层偏压影响的压力相等，即

$$\sum q_{左\mathrm{wy}} = \sum q_{右\mathrm{wy}} = \sum q_{\mathrm{wy}} \tag{5-18}$$

将式(5-18)代入式(5-14)和式(5-15)得

$$P_{左} = \sum q_{\mathrm{wy}} + \sum q_{左\mathrm{sy}} \tag{5-19}$$

$$P_{右} = \sum q_{wy} + \sum q_{右sy} \tag{5-20}$$

由式(5-19)和式(5-20)可见，若施工过程中，施工对两侧正洞的扰动程度不对称，则由施工偏压控制的压力 P_s 大小不同，即 $\sum q_{左sy} \neq \sum q_{右sy}$。因此，$P_{左} \neq P_{右}$，中墙下部将产生偏压现象。若 $\sum q_{左sy} > \sum q_{右sy}$，则中墙产生向右的偏压；若 $\sum q_{左sy} < \sum q_{右sy}$，则中墙产生向左的偏压。

5.2 中墙偏压分类与分步施工时中墙偏压分析

5.2.1 中墙偏压分类

1) 按照中墙偏压部位分类

按照中墙偏压的发生部位，中墙偏压可分为中墙顶部偏压和中墙下部偏压。

2) 按照中墙偏压产生因素分类

按照中墙产生偏压的因素，中墙偏压可分为地层偏压影响下的中墙偏压和施工偏压影响下的中墙偏压。

在施工过程中，地层偏压影响下的中墙偏压和施工偏压影响下的中墙偏压一般会同时发生，相互交织在一起。但是，两种偏压产生的原因不同，对中墙的影响也各不相同，为能够合理地组织施工、科学地设计隧道支护形式和优化支护结构参数，对地层偏压和施工偏压影响下中墙偏压的发展过程和特征进行进一步研究十分有必要。

5.2.2 特大跨度连拱隧道分步施工时中墙偏压分析

由第 4 章特大跨度隧道分步施工荷载计算方法可知，隧道施工的松散荷载受施工顺序影响，因此中墙顶部的压力也必然会受到施工顺序影响，本节根据特大跨度隧道分步施工松散荷载计算方法对连拱隧道中墙偏压的发展过程进行简要说明。

以下的分析均以Ⅴ级围岩为例进行说明，施工工序(施工步)和导坑划分见图 5.4。

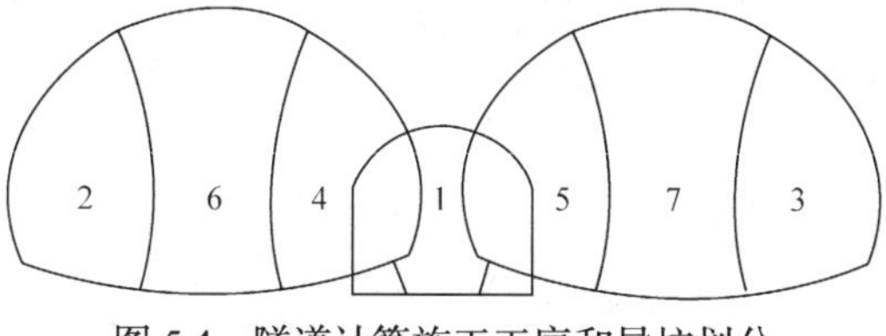

图 5.4　隧道计算施工工序和导坑划分

1) 深埋条件下中墙偏压

不同隧道施工步下中墙顶部压力计算结果见表 5.1。

表 5.1　深埋隧道中墙顶部压力

施工步	围岩压力分布示意图	中墙荷载分布
1：中导洞开挖，中墙浇筑		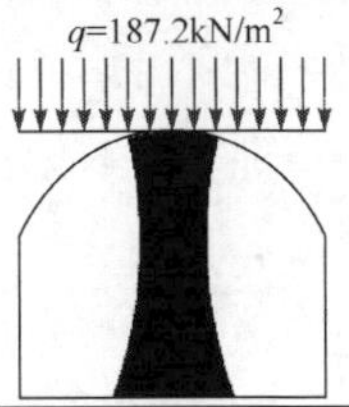
2：左、右洞外侧导坑施工	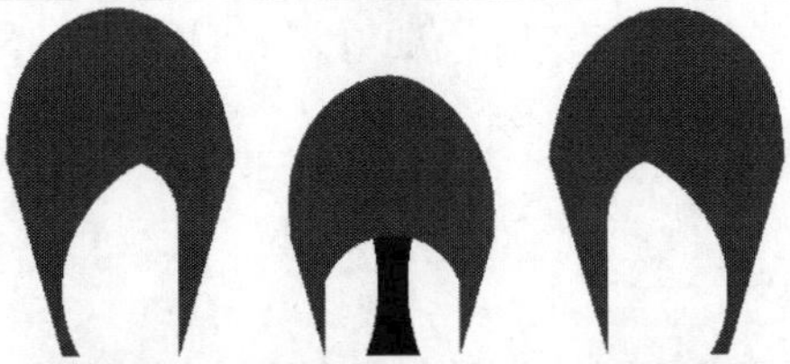	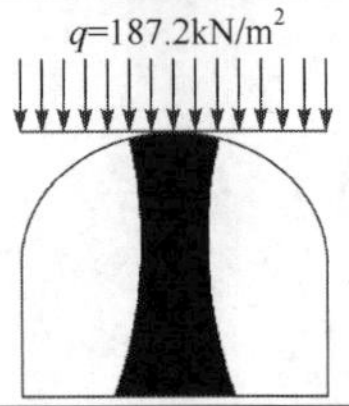
3：左洞内侧导坑施工		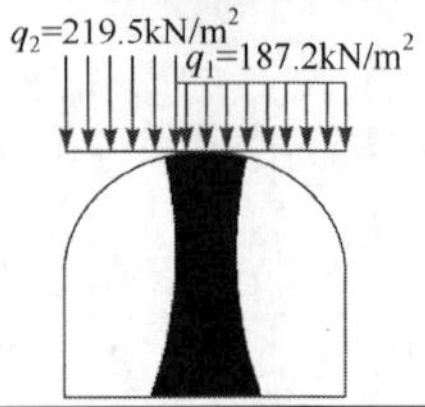
4：右洞内侧导坑施工	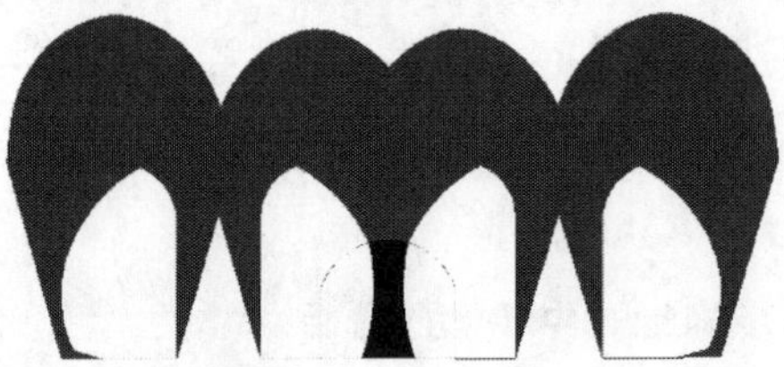	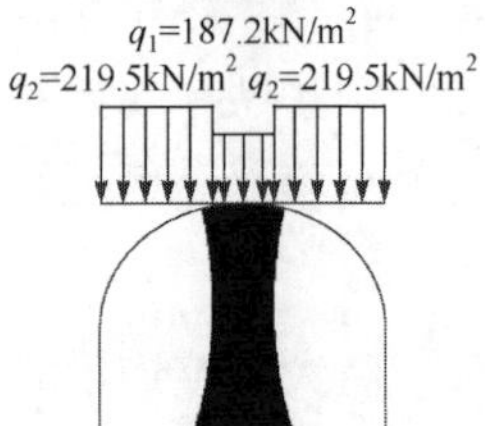
5：左洞中间导坑施工	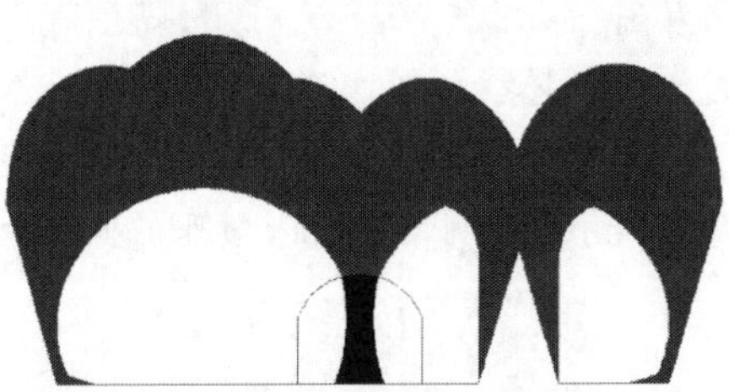	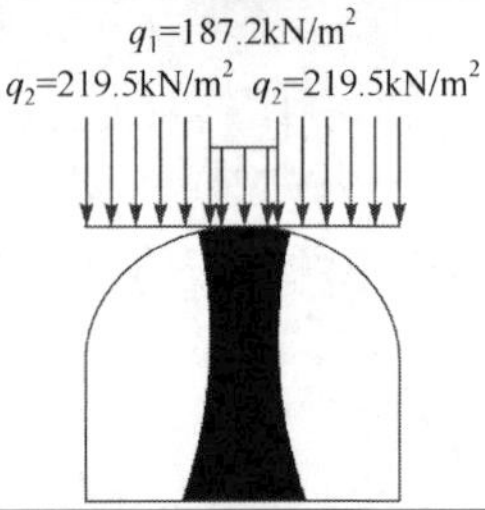
6：右洞中间导坑施工	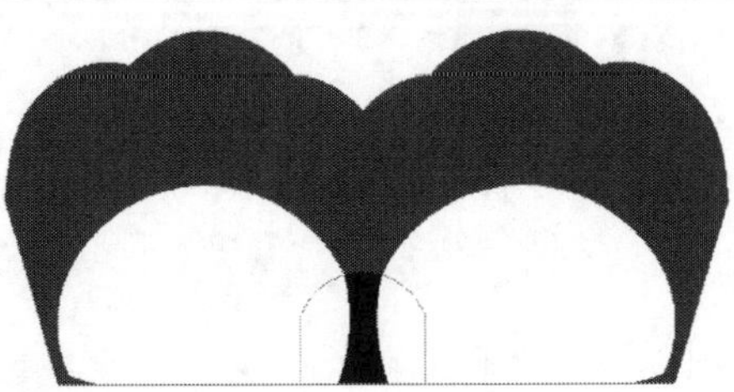	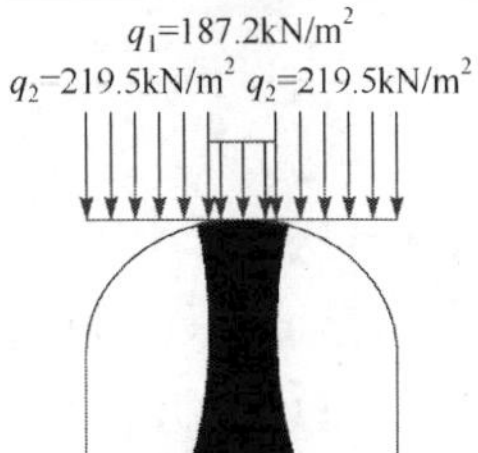

2) 浅埋条件下中墙偏压

隧道选取埋深为 15m 的浅埋隧道，中墙顶部压力计算结果见表 5.2。

表 5.2　浅埋隧道中墙顶部压力

施工步	中墙荷载分布	施工步	中墙荷载分布
1：中导洞开挖，中墙浇筑	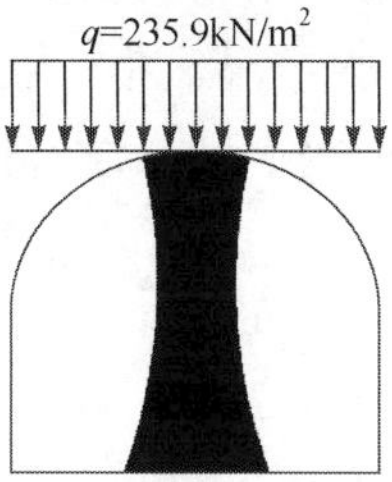	5：右洞内侧导坑施工	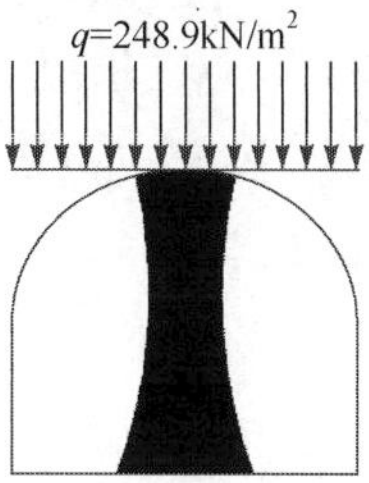
2：左洞外侧导坑施工	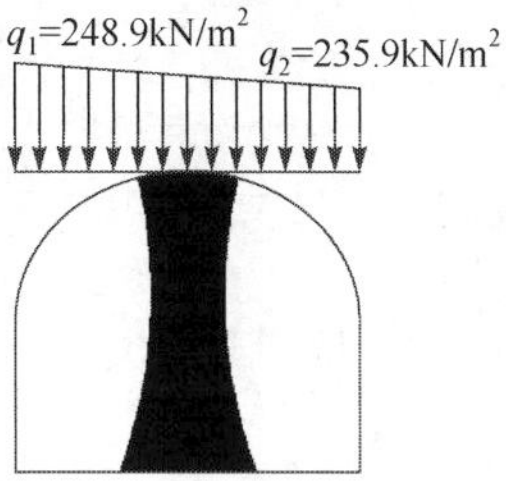	6：左洞中间导坑施工	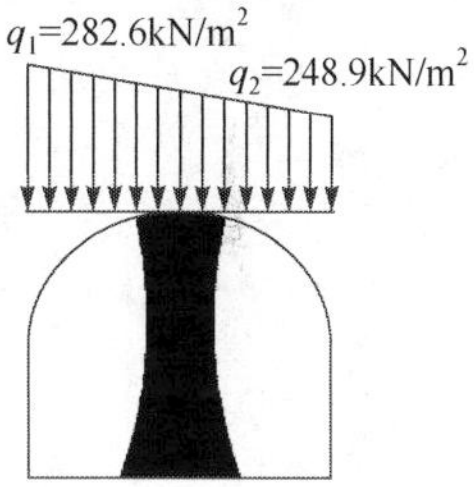
3：右洞外侧导坑施工	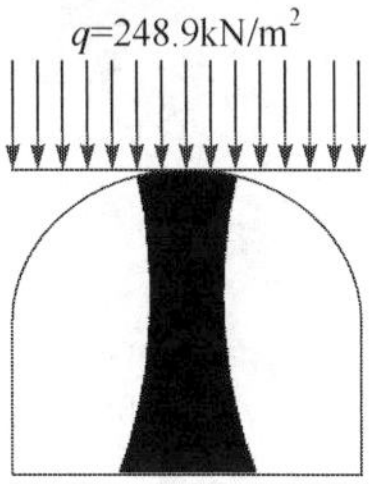	7：右洞中间导坑施工	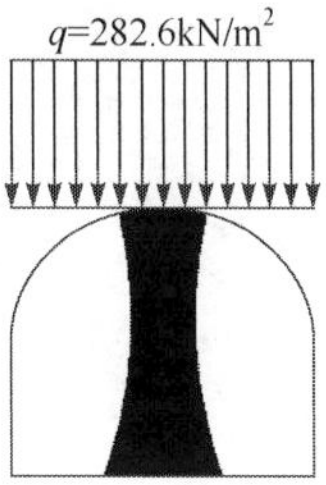
4：左洞内侧导坑施工	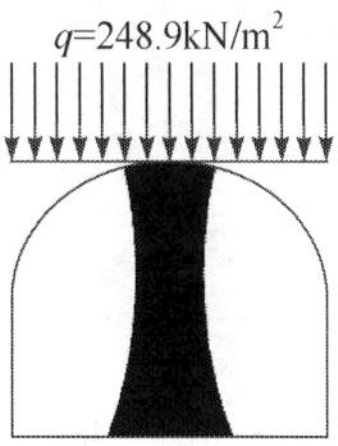		

5.3　地层偏压下隧道施工顺序优化

地层偏压是指因隧道上覆厚度不均而造成隧道结构受到非均布或非对称压力

作用的现象，一般具有固定方向。

在连拱隧道施工中，地层偏压对中墙的影响通过正洞的开挖而不断作用于中墙上，如图 5.5 所示，在中墙浇筑完成后、正洞开挖前，地层偏压对中墙偏压的影响与之后对中墙的影响相比很小。此外，地层偏压对中墙的影响程度还受施工顺序制约(左右洞对称施工，不考虑施工偏压)，如图 5.6 所示，如果左右洞同时全断面开挖、支护(方案 1)，那么地层偏压的影响结果最小；采用分步开挖时，地层偏压对中墙的影响增大，且内侧首先开挖(方案 3)的影响程度大于外侧首先开挖(方案 2)。

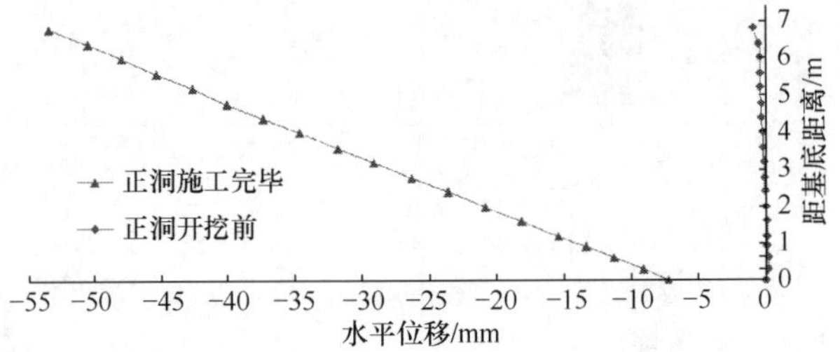

图 5.5　不同工况中墙水平位移比较

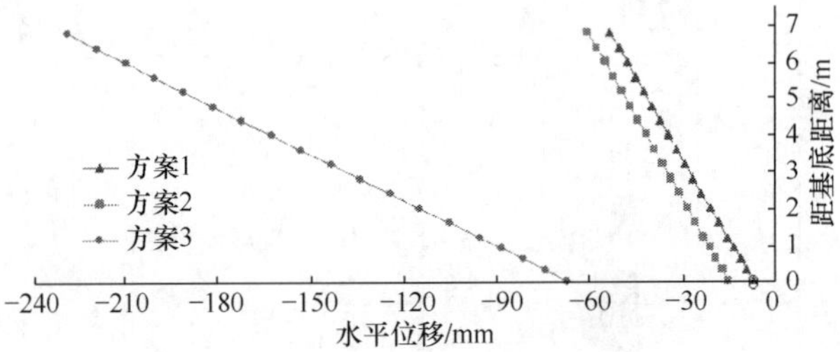

图 5.6　不同施工法中墙水平位移比较

5.3.1　施工顺序和分析

以双侧壁导坑法为例，对特大跨度连拱隧道施工顺序进行分析。

1. 施工顺序

在连拱隧道施工过程中，为分析地层偏压对中墙的影响，需要尽量避免不对称施工产生的影响，分析中仅采用完全对称的施工顺序；同时，考虑在导坑由内及外开挖、由外及内开挖和上下台阶开挖的顺序中地层偏压对中墙的影响，双侧壁导坑法对称式施工顺序分为 4 种(表 5.3)，模型为 240m×96m，最大埋深 40m。

表 5.3　施工顺序(地层偏压下)

顺序号	类别	名称	顺序号	类别	名称
1	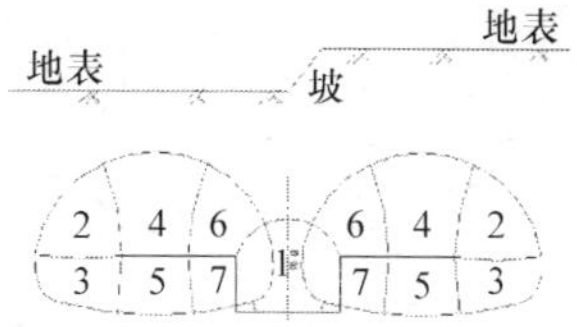	由外侧向内侧施工	3	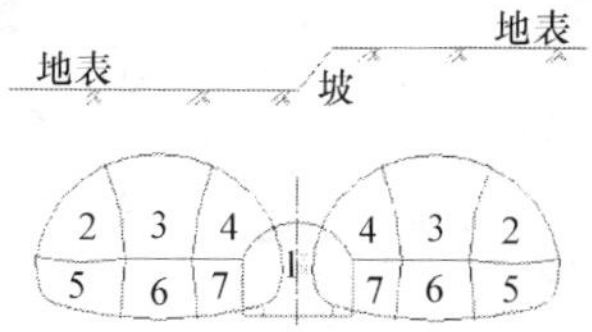	上下台阶由外侧向内侧施工
2	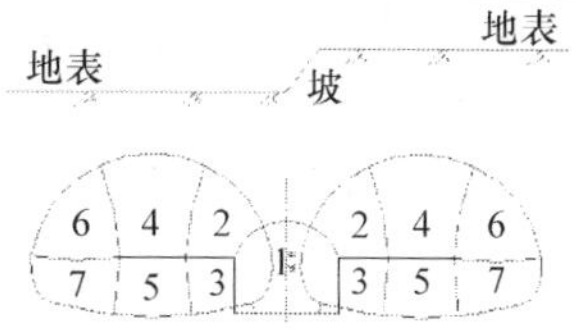	由内侧向外侧施工	4	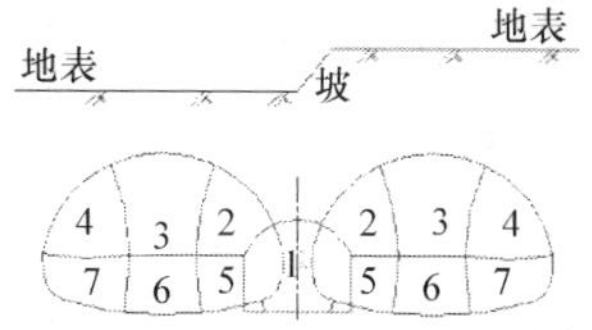	上下台阶由内侧向外侧施工

在 4 种施工顺序中，顺序 1 和顺序 2 用于分析横断面内外施工顺序中地层偏压对中墙的影响；顺序 1 和顺序 3、顺序 2 和顺序 4 用于分析上下台阶施工中地层偏压对中墙的影响。

2. 分析数据

数值计算模型中，中墙监测部位和内容见图 5.7。中墙顶部和下部两侧仅计算垂直于中墙表面的压力，其他应力、剪切应力不做考虑。同时，在中墙顶部压应力分析中，可将中墙顶部尺寸分为 7 份(单元)，中间一份为整个弧形尺寸的 1/4，其余均为中墙顶部弧形尺寸的 1/8；在中墙偏压分析时，除中间单元上的压力外，中线左侧三个单元尺寸上的总压力作为左侧压力，右侧三个单元尺寸上的总压力作为右侧压力；用左、右两侧径向压力差值表示中墙顶部偏压值。

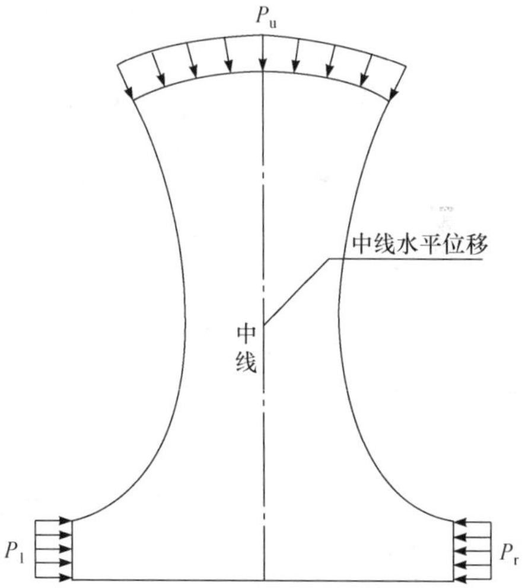

图 5.7　数值计算监测项目

5.3.2　不同施工顺序比较

1. 水平方向施工顺序

地层偏压下连拱隧道先施工内侧导坑与先施工外侧导坑的计算结果相比，中墙顶部压力的变化规律、压力大小截然相反(图 5.8)。两种顺序在中墙浇筑完成后、正洞开挖前，中墙顶部压力分布和大小相同，但在其后的施工步中，两种顺序的差异性开始显现。

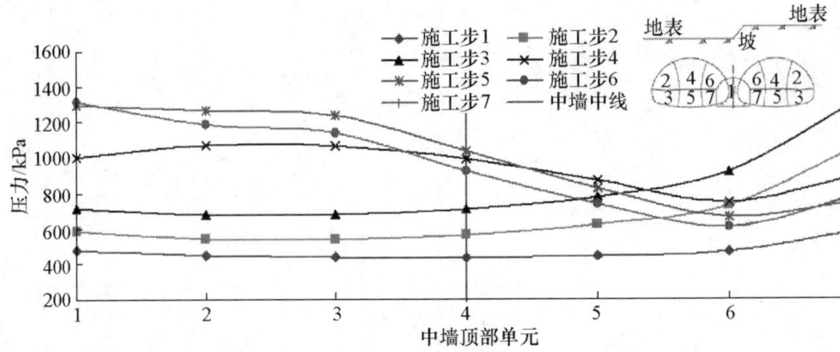

(a) 顺序1

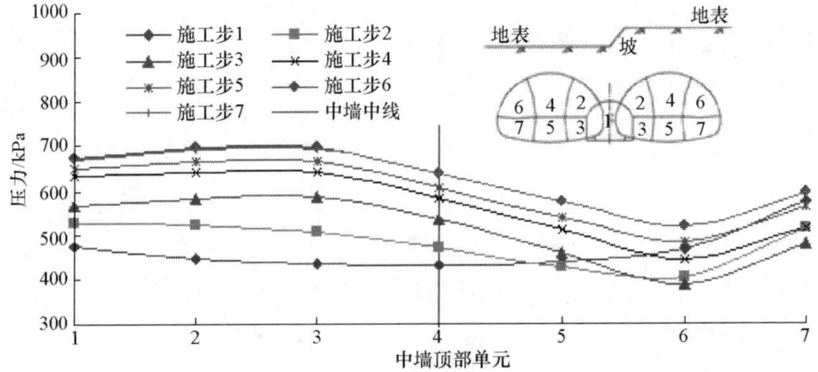

(b) 顺序2

图 5.8　顺序 1 和顺序 2 中墙顶部压力变化曲线

从图 5.8(a)可以看出，在施工步 2、3 完成时，中墙顶部右侧单元与左侧单元相比，压力急剧增加：右侧总压力增加了 1.03 倍，达到 3004.8kPa；左侧总压力仅增加 0.52 倍，达到 2067.1kPa。因此，中墙顶部右侧总压力比左侧总压力高出 937.7kPa，中墙出现明显偏压现象，中墙水平位移向左大幅度增加(图 5.9(a))。在随后的施工步 4、5 中，随施工导坑接近中墙位置，中墙中线两侧的顶部压力变化出现显著差异，中墙顶部左侧各单元压力开始大幅度增加，左侧总压力增加了 84%，而右侧总压力出现减小现象，减小幅度达 26%，且越靠近右端的单元，压力减小幅度越大。随着中墙顶部左、右侧压力大小的变更，中墙水平位移也开始随着向右偏移。施工步 6、7 中，中墙顶部左、右侧压力仅出现了小幅度的波动，中墙水平位移变化甚微，施工步 6、7 可以认为是仅对中墙偏压状态的调整。

从图 5.8(b)可以看出，顺序 2 中，施工步 1 到施工步 2 的过程中，中墙左侧各单元压力增大，而右侧各单元压力减小，左侧总压力比右侧总压力高出

211.1kPa；在施工步 3 以后的各步施工过程中，中墙顶部压力的分布规律和各单元压力大小变化规律基本一致，左侧总压力平均比右侧总压力高 400kPa 左右。中墙位移在整个施工过程中均表现为上部向左偏移、底端向右偏移。

中墙水平位移变化曲线见图 5.9。由图可知，地层偏压下连拱隧道施工中，中墙中线顶点位移表现最为活跃，受地层偏压影响也最为严重。因此，可用中墙顶部左、右侧压力差表示中墙偏压值与中墙两端水平位移的关系，用以分析中墙偏压与中墙位移的关系。

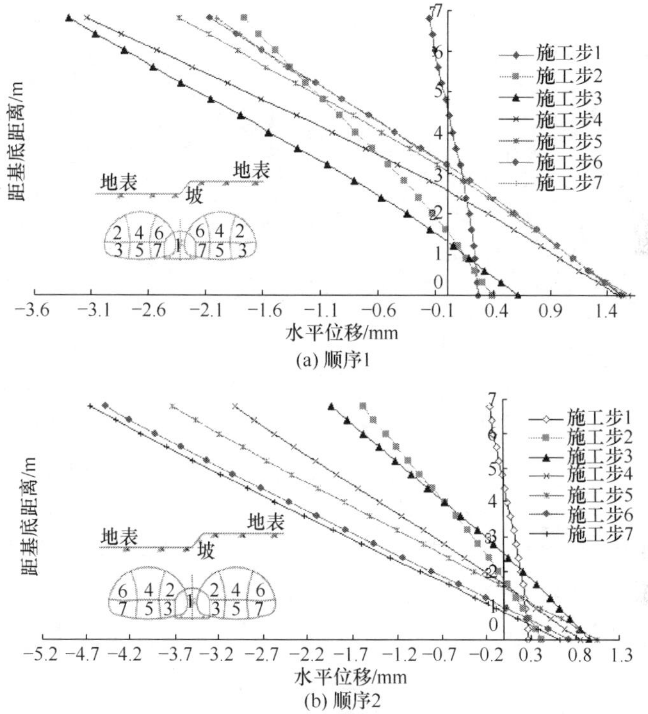

图 5.9　顺序 1 和顺序 2 中墙水平位移变化曲线

顺序 1、顺序 2 中墙偏压与两端水平位移的关系曲线如图 5.10。由图 5.10(a)可知，顺序 1 中，中墙顶端位移变化方向与中墙顶部偏压变化方向一致，均为开始阶段向左变化，施工步 3 后开始向右变化；中墙下部偏压变化与中墙顶部偏压变化方向相反；而中墙底端位移则在中墙顶部偏压向右变化时，开始明显向右变化。

由图 5.10(b)可知，顺序 2 中，中墙底端位移的变化方向与中墙顶部偏压方向变化一致，而中墙顶部位移变化趋势与中墙顶部偏压方向相反。

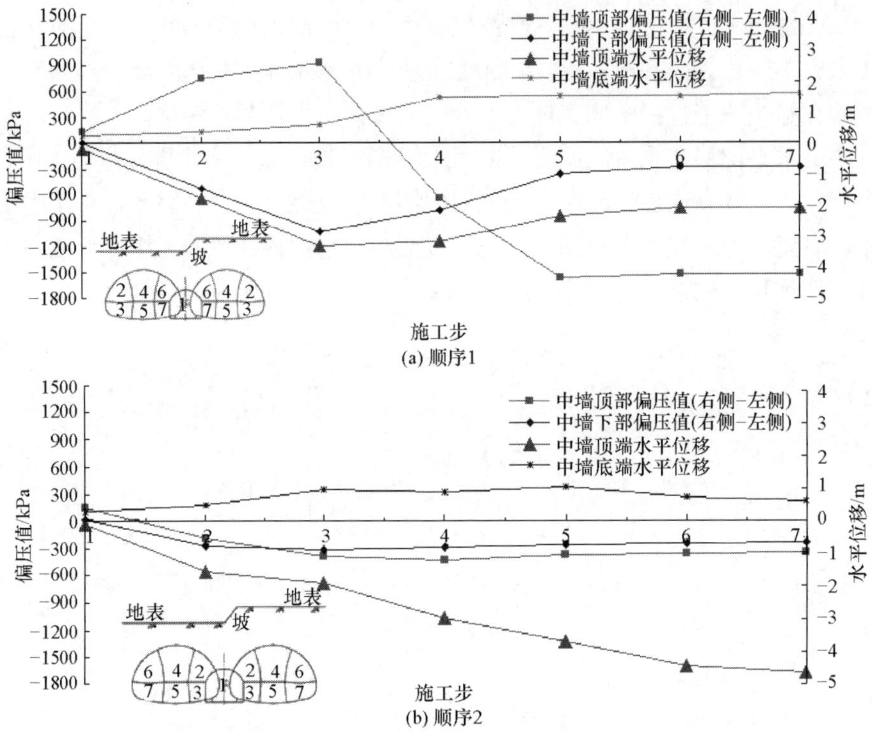

图 5.10　顺序 1 和顺序 2 中墙偏压与两端水平位移的关系曲线

2. 上下台阶施工顺序

(1) 双侧壁导坑法顺序 3、顺序 4 中墙顶部压力随施工步的变化曲线见图 5.11。由图可知，正洞上部台阶开挖时，两种顺序的中墙顶部各单元压力的变化规律分别与顺序 1、顺序 2 的规律相同，压力的变化受水平开挖次序控制。两种顺序在下部台阶开挖过程中，无论是由外侧向内侧开挖还是由内侧向外侧开挖，下台阶施工对中墙顶部压力变化的影响均甚微。

由此可见，中墙顶部压力的变化只受横截面上水平方向隧道施工跨度的影响，而上下台阶基本不产生影响。

(2) 顺序 3 和顺序 4 中墙中线水平位移随施工步的变化曲线见图 5.12。由图 5.12(a)可知，顺序 3 中，中墙中线水平位移仅受正洞上部台阶施工影响，且上部台阶中外侧导坑、中部导坑、内侧导坑施工对水平位移的影响依次降低；下部台阶的施工对中墙中线的水平位移仅有微弱影响，与上部导坑施工影响相比可以忽略。由图 5.12(b)可知，顺序 4 的中墙中线水平位移与施工的关系与顺序 3 基本相同，即上部台阶的施工对中墙中线水平位移影响明显，下部台阶的施工对中墙中线水平位移影响微弱。两种顺序不同之处为：顺序 4 下部台阶施工影响比顺序 3 稍大，且施工影响是使中墙中线水平位移增大，而顺序 3 是使中墙中线水平位移减小。

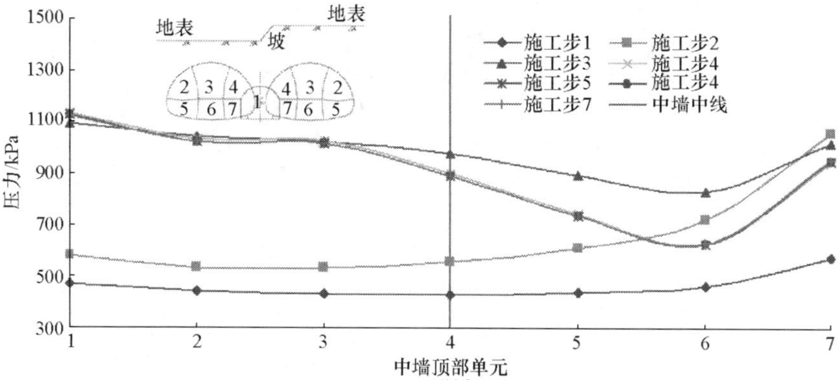

(a) 顺序3

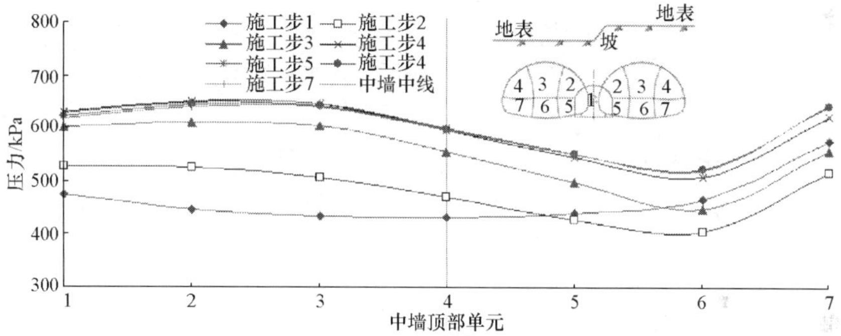

(b) 顺序4

图 5.11　顺序 3 和顺序 4 中墙顶部压力变化曲线

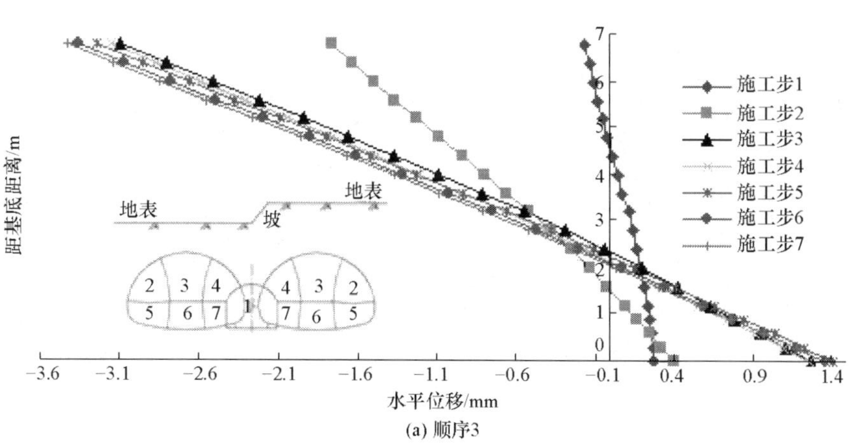

(a) 顺序3

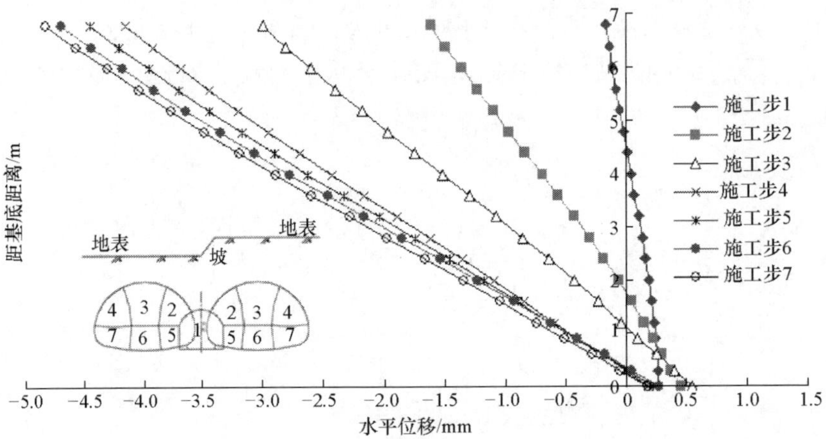

(b) 顺序4

图 5.12　顺序 3 和顺序 4 中墙水平位移变化曲线

(3) 顺序 3、顺序 4 中墙偏压变化与两端水平位移的关系曲线见图 5.13。由图 5.13(a)可知，顺序 3 中，中墙顶端位移变化方向与中墙顶部偏压变化方向基本一致，中墙下部偏压变化方向与中墙顶部偏压变化方向相反；由图 5.13(b)可知，顺序 4 中，中墙底端位移的变化方向、下部偏压变化趋势与中墙顶部偏压方向变化基本一致，中墙顶端位移变化趋势亦与中墙顶部偏压方向相反。

3. 综合分析

(1) 四种不同施工顺序最终状态下的中墙水平位移曲线见图 5.14。该图表明存在地层偏压的隧道横断面施工顺序中，与上下台阶施工相比，水平方向施工更有利于控制水平位移，上下台阶施工较差；且水平方向施工顺序中，由外侧导坑

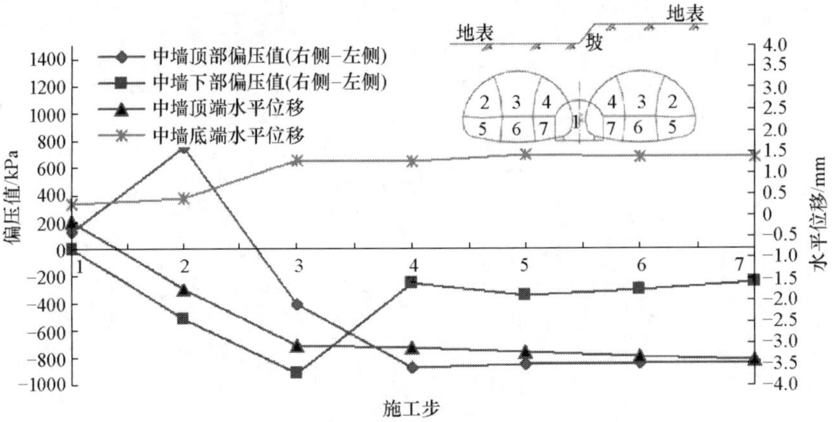

(a) 顺序3

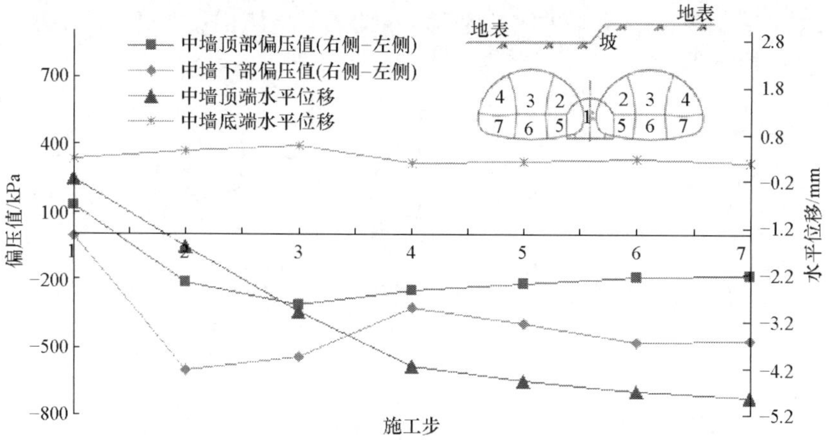

(b) 顺序4

图 5.13　顺序 3 和顺序 4 中墙偏压与两端水平位移的关系曲线

向内侧导坑施工最有利于控制中墙水平位移，而由内侧导坑向外侧导坑施工对中墙水平位移的控制最为不利；四种施工顺序中，中墙水平位移沿竖直方向均呈线性分布，上部偏移方向与地层偏压方向相同，下部偏移方向与地层偏压方向相反，且上部水平偏移量大于下部水平偏移量。

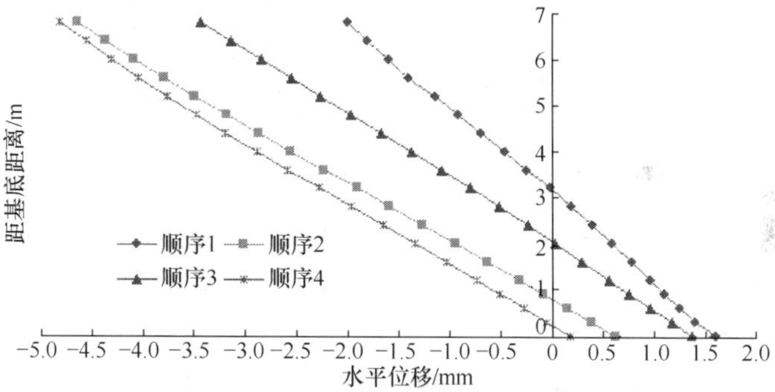

图 5.14　地层偏压下各顺序最终水平位移曲线

(2) 四种施工顺序的顶部压力曲线和顶部偏压、下部偏压值见图 5.15。对中墙顶部压力分布而言，四种施工顺序中，上下台阶施工优于水平方向施工，由内侧导坑向外侧导坑施工优于由外侧导坑向内侧导坑施工。对中墙顶部偏压亦是如此，上下台阶施工优于水平方向施工，由内侧导坑向外侧导坑施工优于由外侧导坑向内侧导坑施工。对中墙下部偏压而言，导坑水平方向间的施工顺序影响效果基本相同；四种顺序中下部偏压值较大的是顺序 4，说明中墙下部偏压受隧道下台阶的水平施工顺序影响较大。从中墙顶部压力分布、顶部偏压值及中墙下部偏压的整体控制效果看，水平方向由内侧导坑向外导坑施工顺序对中墙偏压的控制优于其他施工顺序。

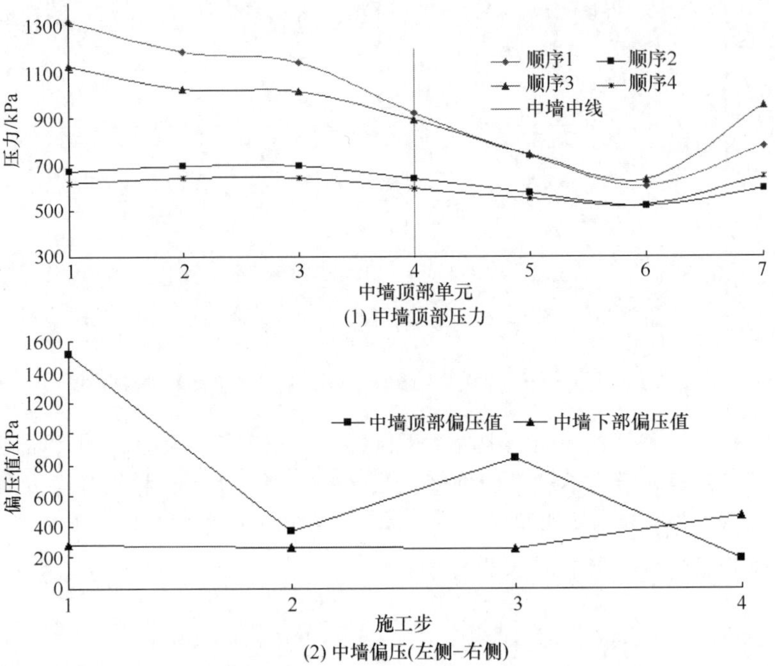

图 5.15　地层偏压下各顺序顶部压力及中墙偏压曲线

5.3.3　地层偏压下施工优化方案建议

隧道横断面水平方向施工顺序与上下台阶施工顺序对中墙偏压、中墙水平位移的影响规律有着明显的差异性，因此实际中应根据隧道实际状况采用综合的施工顺序，不宜采取单一施工顺序(如顺序 1～顺序 4)。根据四种基本施工顺序对中墙偏压和水平位移的施工影响，最佳的施工顺序(图 5.16)为：先施工连拱隧道外侧导坑的上下台阶，控制中墙水平位移；再施工内侧导坑上下台阶，控制中墙偏压；最后施工中间导坑上下台阶。

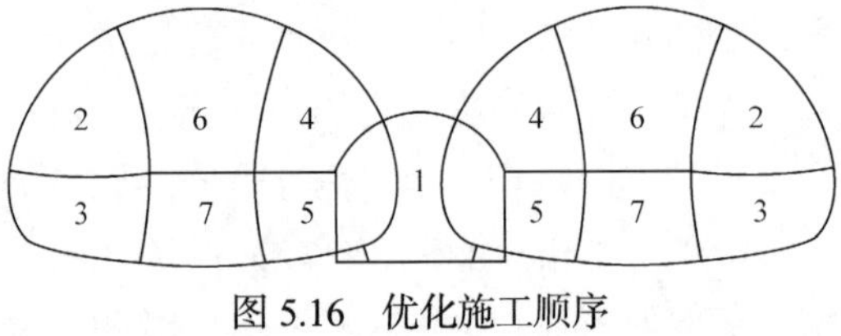

图 5.16　优化施工顺序

同一计算模型各施工顺序的计算结果表明，优化施工顺序的顶部偏压值为 632.5kPa，小于顺序 1 和顺序 3；下部偏压值为 306.4kPa，小于顺序 4；中墙顶部压力小于顺序 1、顺序 3，与顺序 2 和顺序 4 相接近(图 5.17)；中墙水平位移控制优于顺序 2、顺序 4，与顺序 3 相仿(图 5.18)。

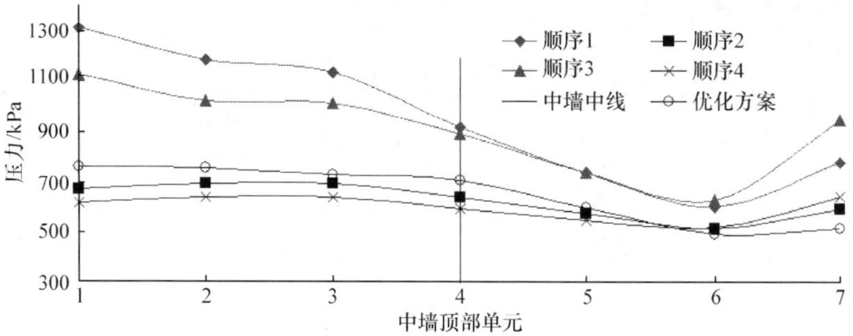

图 5.17　优化施工顺序与其他施工顺序顶部压力比较

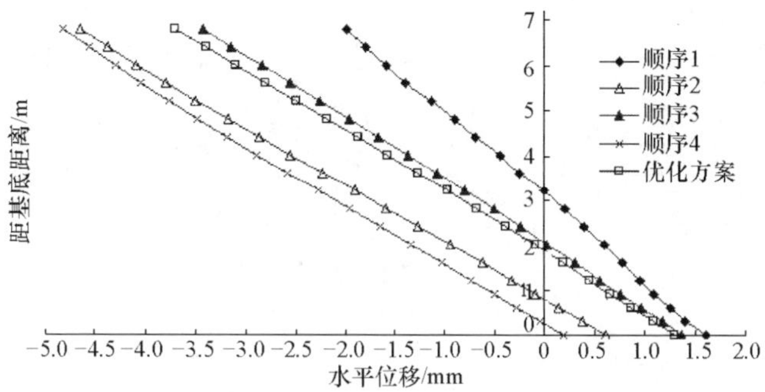

图 5.18　优化施工顺序与其他施工顺序水平位移比较

5.4　施工偏压下隧道施工顺序优化

施工偏压对中墙偏压的影响是一种与隧道地形无关、施工中又无法避免的影响，这种影响主要源于施工过程中两正洞中对称导坑不同步开挖、支护及其衬砌结构支护参数(如施作时机、施作预应力等)不相同等因素。其中，中墙两侧导坑的不对称施工(顺序)是产生施工偏压的根本原因。因此，在施工偏压对中墙偏压影响的分析中，着重研究分析不同施工顺序下施工偏压对中墙偏压和中墙水平位移的影响规律。

5.4.1　施工顺序和分析

1. 施工顺序

由于只分析施工偏压对中墙的影响，不考虑地层偏压对中墙偏压的影响，在模型分析中地表为无起伏状的水平地表，隧道上覆围岩厚度相同。隧道施工方法仍仅以双侧壁导坑法为例，同时，在隧道施工过程中，主要考虑在导坑由内向外开挖、由外向内开挖和上下台阶开挖的顺序中施工偏压对中墙的影响，施工顺序划分为五种(表 5.4)。

表 5.4　施工顺序(施工偏压下)

<table>
<tr><th>顺序号</th><th>类别</th><th>名称</th><th>顺序号</th><th>类别</th><th>名称</th></tr>
<tr><td>1</td><td>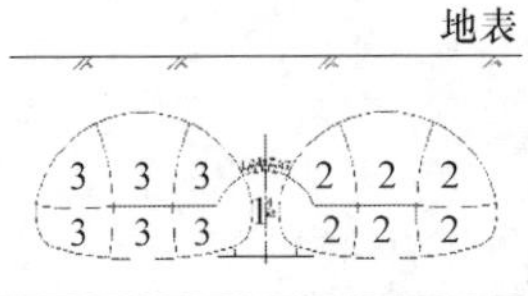
</td><td>全断面开挖
右洞先行</td><td>4</td><td>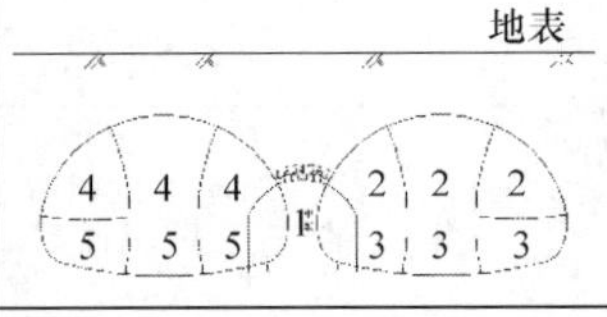
</td><td>上下台阶 1
(右洞上下台阶施工完毕，再开挖左洞上下台阶)</td></tr>
<tr><td>2</td><td>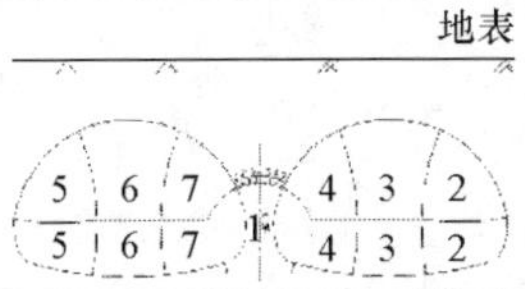
</td><td>由外侧向内侧施工</td><td rowspan="2">5</td><td rowspan="2">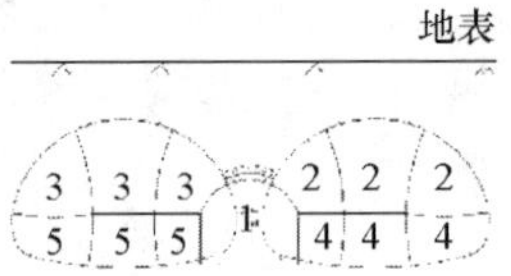
</td><td rowspan="2">上下台阶 2
(左、右洞上台阶施工完毕，再开挖左、右洞下台阶)</td></tr>
<tr><td>3</td><td>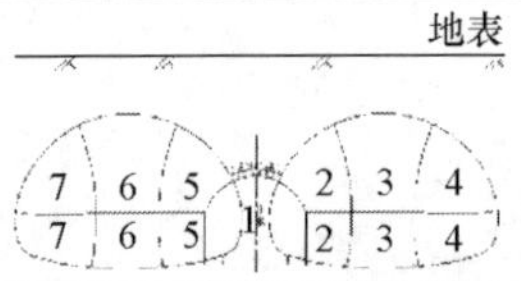
</td><td>由内侧向外侧施工</td></tr>
</table>

在五种施工顺序中，顺序 2、顺序 3 用于分析横断面内外施工顺序中施工偏压对中墙的影响；顺序 4、顺序 5 用于分析上下台阶施工中施工偏压对中墙的影响；顺序 1 和顺序 2、顺序 3、顺序 4、顺序 5 的比较用于说明分步施工过程中不同施工顺序中施工偏压对中墙影响的变化规律。

2. 分析数据

在施工偏压对中墙偏压的影响研究分析中，所采用的分析对象、数据及采集方法与地层偏压对中墙偏压影响分析相同，在此不做赘述。

5.4.2　不同施工顺序比较

1. 水平方向施工顺序

连拱隧道在横断面上水平方向基本施工顺序主要有：由外侧导坑向内侧导坑施工(顺序 2)、由内侧导坑向外侧导坑施工(顺序 3)两种形式，连拱隧道横断面上其他形式的施工顺序均可看成这两种施工顺序的不同组合。

(1) 对于顺序 2，中墙水平位移、中墙顶部压力及偏压、中墙下部压力及偏压随施工步的变化曲线见图 5.19～图 5.21。

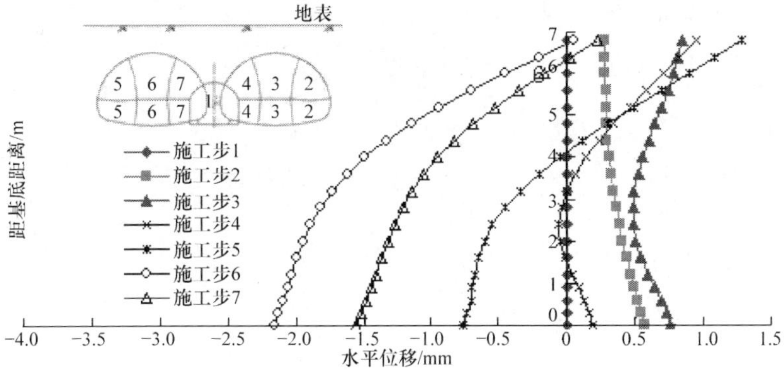

图 5.19　顺序 2 中墙水平位移曲线

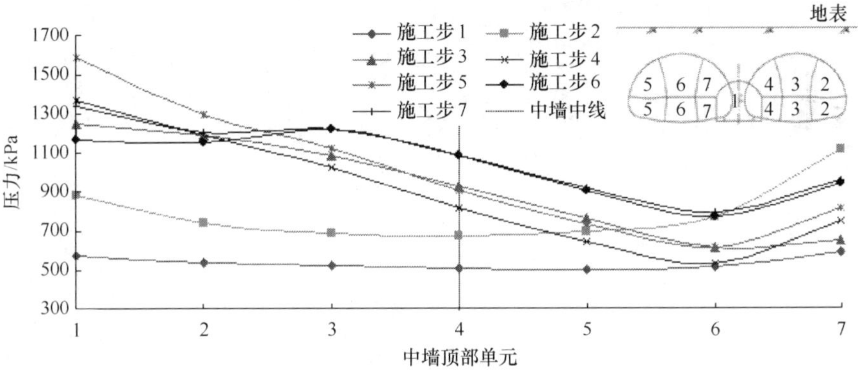

(a) 中墙顶部压力

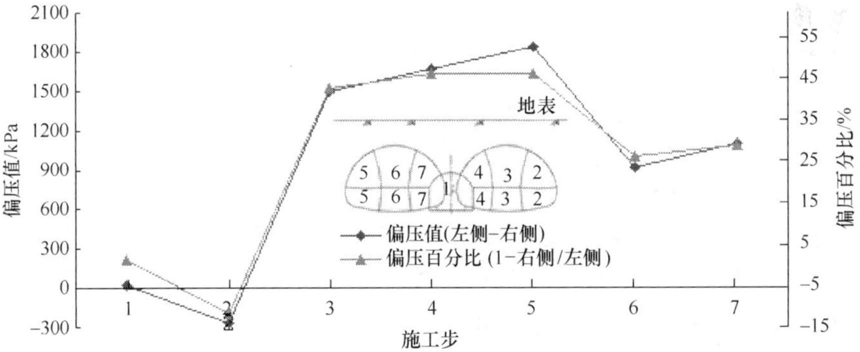

(b) 中墙顶部偏压

图 5.20　顺序 2 中墙顶部压力及顶部偏压曲线

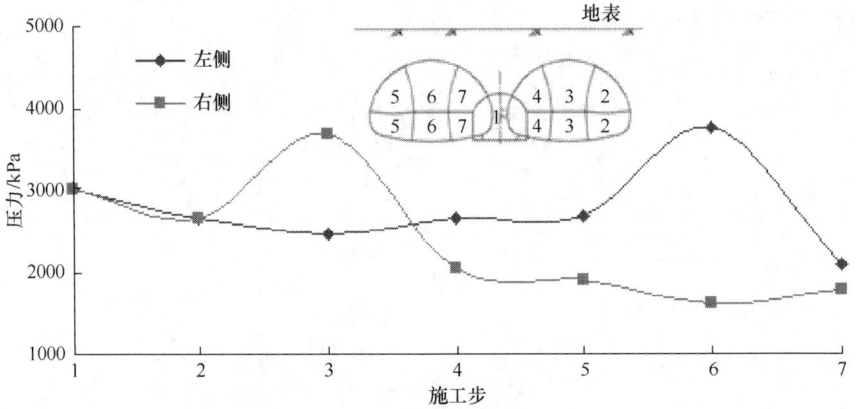

(a) 中墙下部压力

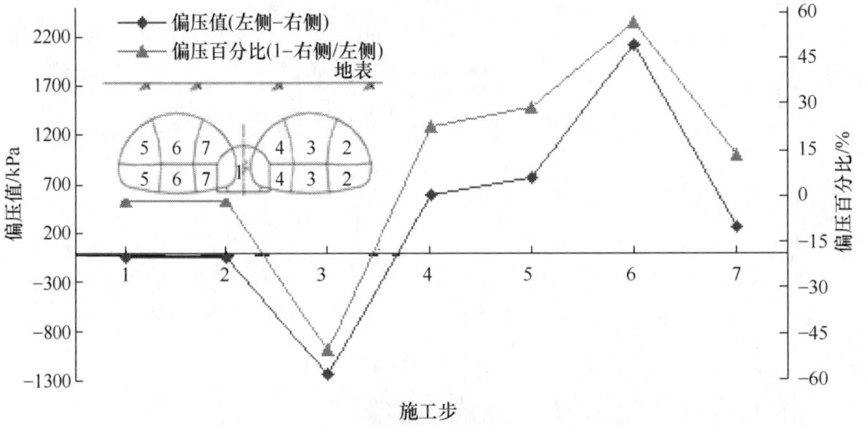

(b) 中墙下部偏压

图 5.21　顺序 2 中墙下部压力及下部偏压曲线

顺序 2 中，由外侧导坑向内侧导坑施工过程中，左、右两侧导坑施工所产生的中墙水平位移方向变化差异性很大(图 5.19)。先行洞施工过程中，中墙水平位移先向先行洞一侧偏移；当施工到先行洞内侧导坑时，除中墙顶部以外，水平位移再开始向后行洞一侧偏移；在此过程中，中墙上下端部水平位移变化较为显著。后行洞施工过程中，中墙水平位移在外侧导坑、中间导坑施工中向施工洞(后行洞)一侧偏移，但中墙上部开始仍向先行洞方向偏移；在后行洞内侧导坑施工中，中墙水平位移背向施工洞(后行洞)一侧偏移。在顺序 2 施工完毕后，中墙水平最大偏移位移出现在中墙下端；同时中墙水平位移沿竖直方向的分布也不同于地层偏压下的线性分布，而是呈类双曲线形式分布。

中墙顶部压力随施工步的变化较为复杂(图 5.20(a))，从整体上看，随着隧道施工，中墙顶部压力不断增加；中墙左右两侧压力的变化与施工导坑关系密切，正洞外侧导坑施工使中墙顶部施工一侧压力显著增加，尤其靠近中墙顶部侧边界部位的压力，如施工步 2 中的中墙顶部右边部位压力增加最大；中间导坑、内侧导坑施工则使中墙顶部未施工一侧压力迅速增加，靠近施工一侧的压力降低。

在两侧正洞由外侧导坑向内侧导坑整个施工过程中，中墙顶部偏压方向和大小发生了两次显著的变化(图 5.20(b))。

在偏压方向上，施工步 2 完成时，中墙顶部右侧压力大于左侧压力，偏压方向向左，从施工步 3 开始，中墙顶部右侧压力小于左侧压力，偏压方向向右。

在中墙顶部偏压大小上，在中间导坑施工过程中偏压值均发生了较大幅度的升降。因此，偏压最为严重的是施工步 3 到施工步 5 阶段，此阶段右侧压力比左侧压力小 45%左右。

从整个施工过程分析，连拱隧道横断面由外侧导坑向内侧导坑施工过程中，中墙顶部压力以后行洞一侧压力大于先行洞一侧压力为主，中墙顶部偏压方向偏向先行洞一侧。

先行洞和后行洞外侧导坑对中墙下部左右两侧压力影响相同，因此不产生中墙下部偏压(图 5.21(a))；引起中墙左右两侧压力产生明显差异(或中墙下部偏压)的是中间导坑施工，其中，施工洞一侧中墙下部压力增加，另外一侧压力减小，如先行洞施工过程中右侧压力增加、左侧压力减小；内侧导坑施工则使这种差异性(或中墙下部偏压)减缓，或者说，内侧导坑施工影响与中间导坑施工影响恰好相反，如施工步 2 到施工步 4 间的中墙下部偏压变化曲线(图 5.21(b))；此外，中墙下部左右两侧压力的变化受各自一侧正洞施工影响显著，受另一侧正洞施工的影响较轻。从整个施工过程分析，连拱隧道横断面由外侧导坑向内侧导坑施工过程中，中墙下部压力以后行洞一侧压力大于先行洞一侧压力为主，中墙下部偏压方向偏向先行洞一侧。

(2) 对于顺序 3，中墙水平位移、中墙顶部压力及偏压、中墙下部压力及偏压随施工步的变化曲线见图 5.22～图 5.24。

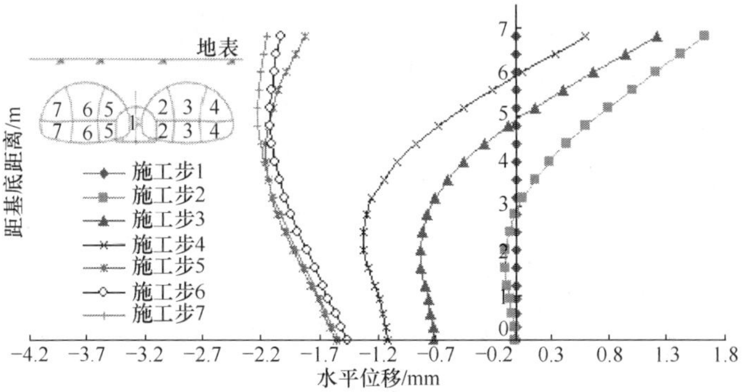

图 5.22　顺序 3 中墙水平位移曲线

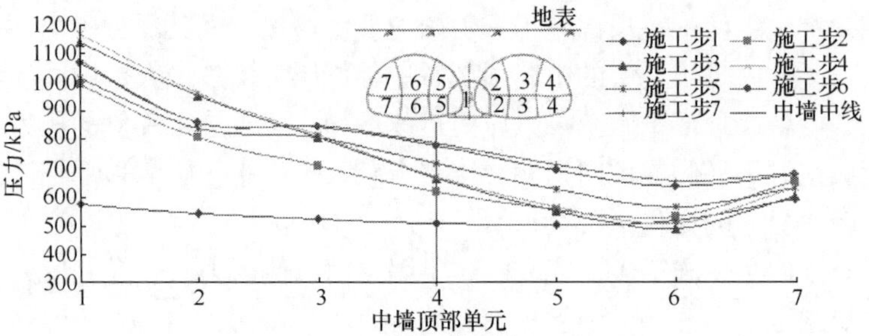

(a) 中墙顶部压力

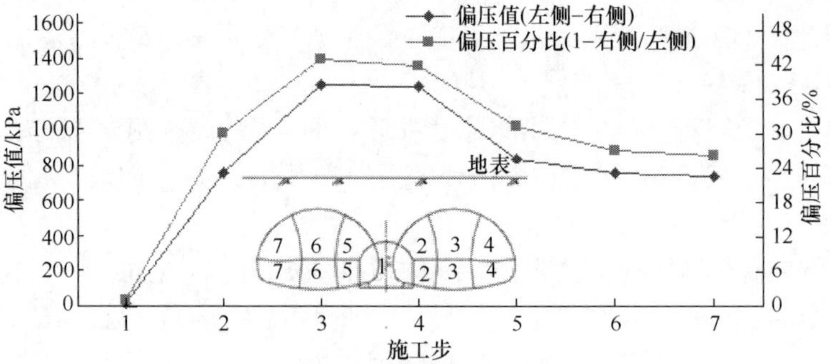

(b) 中墙顶部偏压

图 5.23　顺序 3 中墙顶部压力及顶部偏压曲线

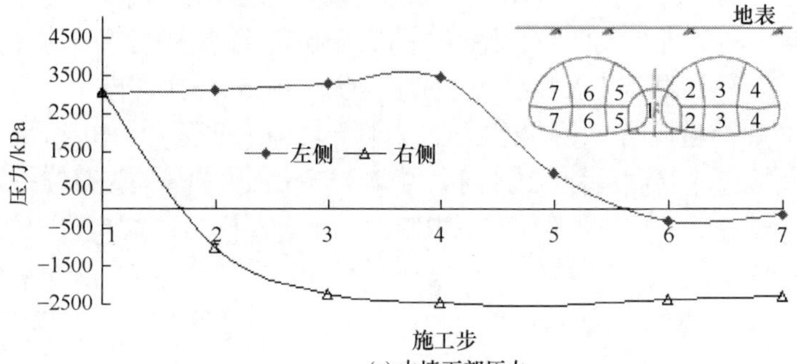

(a) 中墙下部压力

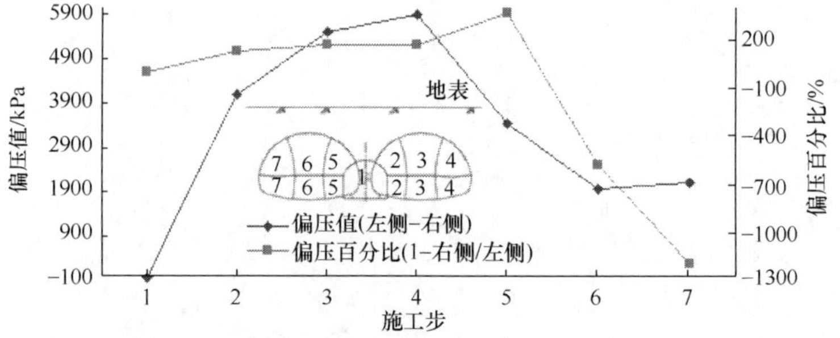

(b) 中墙下部偏压

图 5.24　顺序 3 中墙下部压力及下部偏压曲线

顺序 3 由内侧导坑向外侧导坑施工过程中，中墙水平位移变化规律较为明显(图 5.22)。先行洞内侧导坑施工主要对中墙上部水平位移产生显著偏移，偏移方向向先行洞一侧，而对中墙下部的影响较小；随着先行洞由内侧导坑向外侧导坑施工，中墙水平位移整体向后行洞一侧偏移，其中下部偏移量稍大于上部。

后行洞内侧导坑施工过程中，中墙水平位移继续往后行洞一侧偏移，且中墙上部的偏移量远远大于下部偏移量；在后行洞中间导坑、外侧导坑施工过程中，中墙水平位移变化微弱，仅在中墙上部有少量偏移发生。

因此，连拱隧道横断面由内侧导坑向外侧导坑施工，影响中墙水平位移的施工主要是先行洞导坑施工和后行洞内侧导坑施工，中墙水平位移偏移方向为后行洞一侧。在顺序 3 施工完毕后，中墙水平最大偏移位移出现在中墙上端；中墙水平位移沿竖直方向的分布也不同于地层偏压下的线性分布，仍呈类双曲线形式分布。

顺序 3 由内侧导坑向外侧导坑施工过程中，正洞的第 1 步施工使中墙顶部各处压力均有不同程度的增加；此后导坑施工对中墙顶部各处压力的影响各有不同：在各导坑施工过程中，中墙顶部靠近施工一侧的压力减小，靠近未施工一侧的压力增大，在中墙顶部左、右两端压力尤为明显；同时，外侧导坑施工影响与其他导坑施工影响相比，对中墙顶部压力的影响可以忽略。中墙顶部偏压变化主要发生在施工步 1 至施工步 5 之间，其中在施工步 3、施工步 4 时，或者说，先行洞施工完毕后中墙顶部偏压达到最大，中墙顶部后行洞一侧大于先行洞一侧，中墙顶部偏压方向偏向先行洞一侧，施工步 5 之后中墙顶部偏压趋于稳定。

中墙下部左右两侧压力的变化受各自一侧正洞施工影响十分显著，压力减小明显，且主要受内侧导坑和中间导坑施工影响，而受外侧导坑和另一侧正洞施工的影响十分微弱。中墙下部偏压也随先行洞施工迅速增大，在先行洞完成时，达到最大值(图 5.24(b))；在后行洞施工过程中逐步减弱。从整个施工过程看，中墙下部偏压全部偏向先行洞一侧。

2. 上下台阶施工顺序

(1) 连拱隧道横断面上下台阶顺序，若先行洞上下台阶施工完毕后，再施工后行洞，中墙水平位移、中墙顶部压力及偏压、中墙下部压力及偏压随施工步的变化曲线见图 5.25～图 5.27。

正洞上、下台阶施工对中墙水平位移影响的差异性十分明显(图 5.25)。其中，上台阶施工对中墙水平位移的影响远远大于下台阶施工；先行洞、后行洞上台阶施工对中墙水平位移的影响相反，先行洞上台阶施工使中墙水平方向产生向后行洞一侧位移，而后行洞上台阶施工产生向先行洞方向位移；但先行洞、后行洞下台阶施工对中墙水平位移的影响相同，均是沿位移方向增加位移量。此外，先行洞施工时中墙的最大位移出现在中部，而后行洞施工完毕后，中墙底端位移量最大，因此后行洞施工影响主要集中在中墙上部。

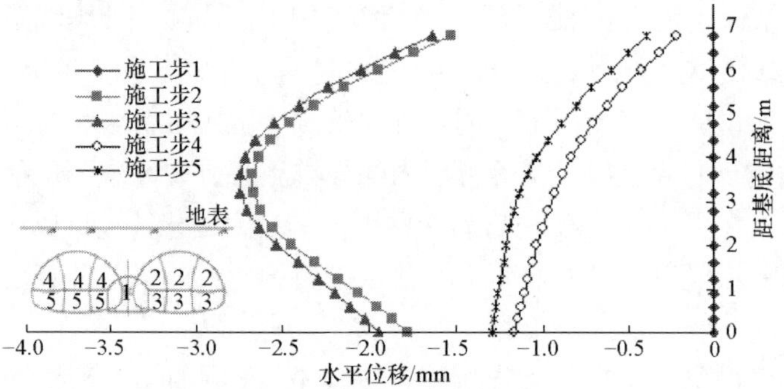

图 5.25　顺序 4 中墙水平位移曲线

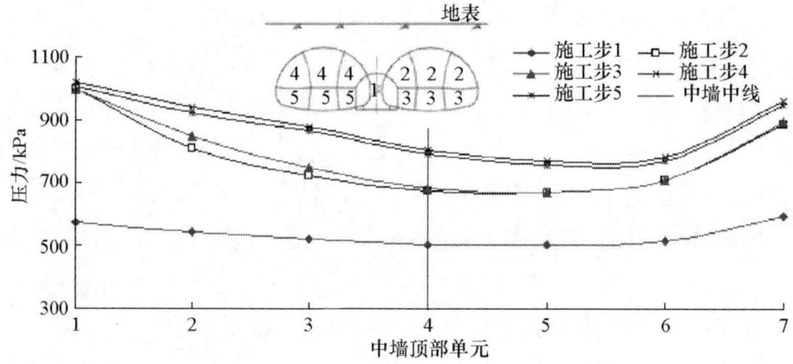

(a) 中墙顶部压力

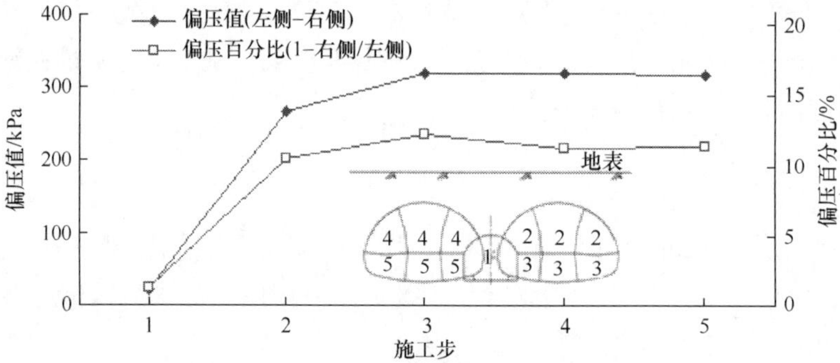

(b) 中墙顶部偏压

图 5.26　顺序 4 中墙顶部压力及顶部偏压曲线

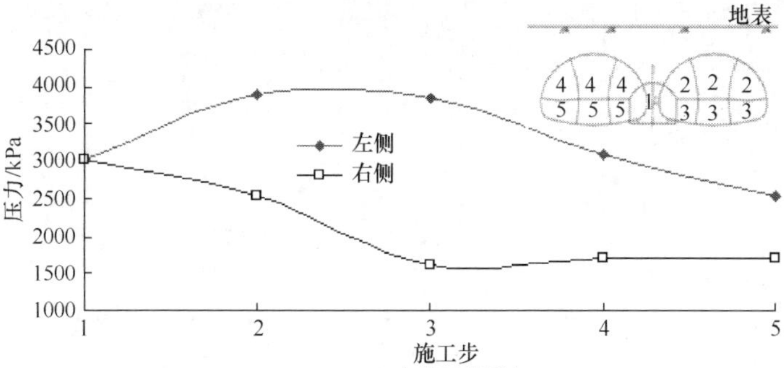

(a) 中墙下部压力

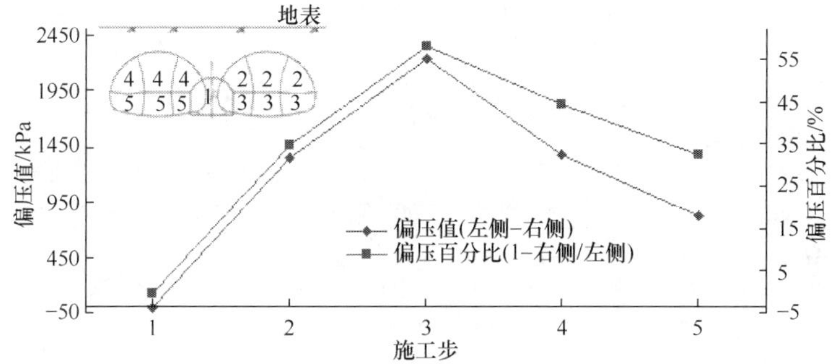

(b) 中墙下部偏压

图 5.27　顺序 4 中墙下部压力及下部偏压曲线

与上台阶施工对中墙顶部压力的影响相比，下台阶施工基本不对中墙顶部压力产生影响，因此上下台阶施工对中墙顶部压力的影响主要集中在上台阶施工中(图 5.26(a))。中墙顶部偏压值仅受到先行洞上台阶施工影响，其后续施工对偏压值的影响较为微弱，可以忽略。中墙顶部偏压值和偏压百分比与顺序 2、顺序 3 相比较小，但偏压方向仍偏向先行洞一侧(图 5.26(b))。

中墙下部两侧压力随上下台阶施工均有变化。其中，先行洞上下台阶施工，使先行洞一侧中墙下部压力增大，后行洞一侧中墙下部压力减小；后行洞上下台阶施工对先行洞一侧中墙下部压力的减小影响较为明显(图 5.27(a))，对后行洞一侧中墙下部压力的影响较小。中墙下部偏压随上下台阶施工的变化规律一致，但先行洞和后行洞对中墙下部偏压值的影响相反。先行洞施工使中墙下部偏压增大，且在先行洞施工完毕后达到最大；后行洞施工使中墙下部偏压减缓。从整个施工过程分析，中墙下部偏压始终偏向先行洞一侧(图 5.27(b))。

(2) 连拱隧道横断面上下台阶顺序，若先行洞上台阶施工完毕后，施工后行洞上台阶，然后再对两洞下台阶施工，其中墙水平位移、中墙顶部压力及偏压、中墙下部压力及偏压随施工步的变化曲线见图 5.28～图 5.30。

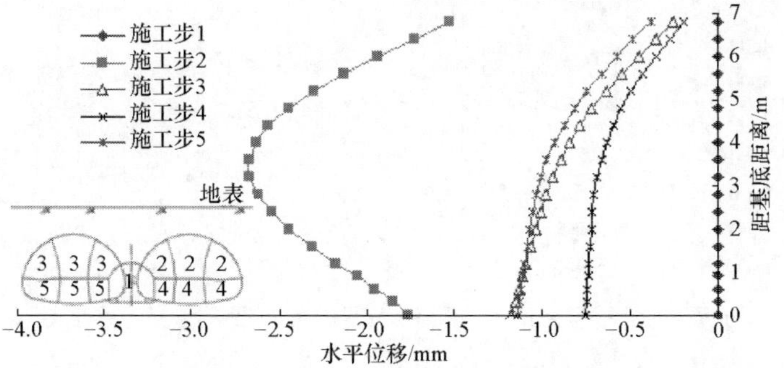

图 5.28　顺序 5 中墙水平位移曲线

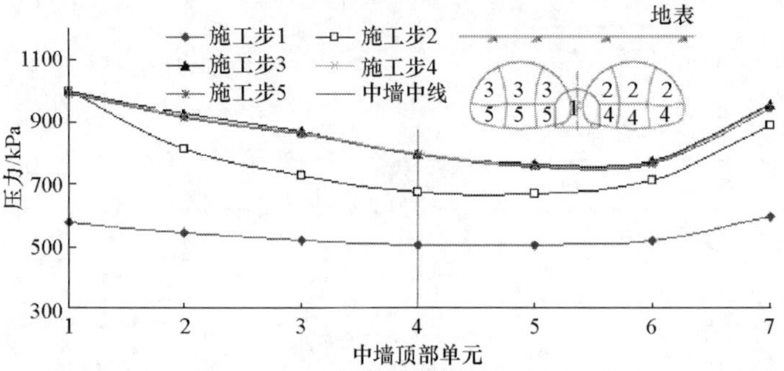

(a) 中墙顶部压力

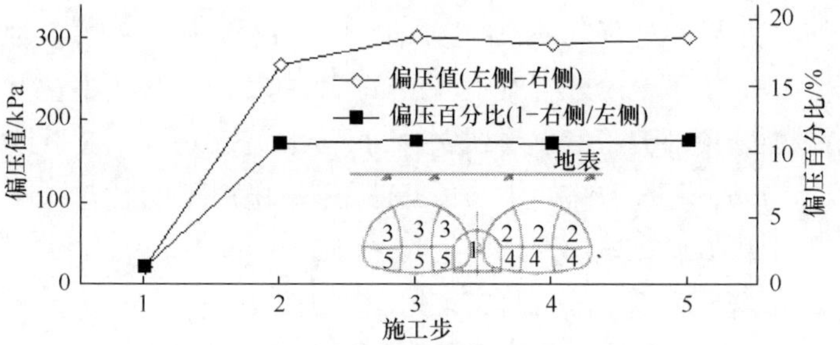

(b) 中墙顶部偏压

图 5.29　顺序 5 中墙顶部压力及顶部偏压曲线

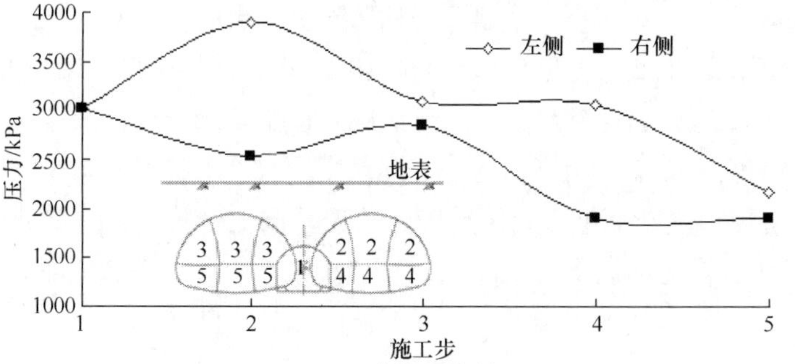

(a) 中墙下部压力

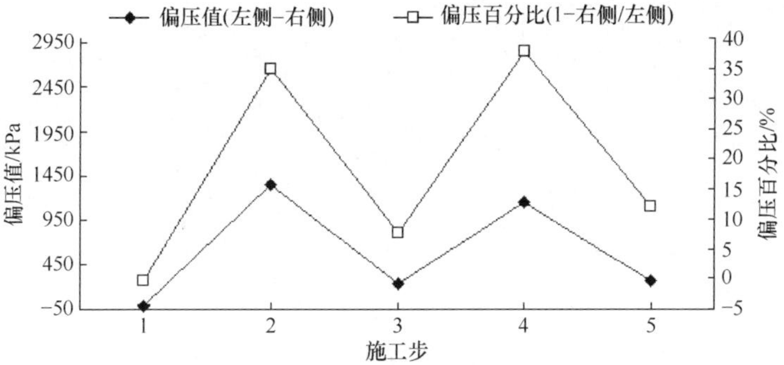

(b) 中墙下部偏压

图 5.30　顺序 5 中墙下部压力及下部偏压曲线

上台阶施工对中墙水平位移的影响远大于下台阶施工，且先行洞、后行洞上下台阶施工对中墙水平位移的影响也不一致。先行洞上台阶、后行洞下台阶施工使中墙水平位移产生向后行洞一侧变化；而后行洞上台阶、先行洞下台阶施工使中墙水平位移产生向先行洞一侧变化，且影响最大部位是中墙中下部。

顺序 5 中墙顶部压力和顶部偏压值随上、下台阶施工的变化规律(图 5.29)与顺序 4 基本一致，因此不再做详细分析。

中墙下部两侧压力随上、下台阶施工的变化规律(图 5.30)也与顺序 4 基本一致，曲线分布的主要差别是因施工步顺序不同而导致的变化次序不同，顺序 3 和顺序 4 受上、下台阶的影响没有本质上的区别。

3. 综合分析

(1) 在先行洞施工完成、后行洞施工完成时，五种施工顺序的中墙水平位移曲线见图 5.31。图 5.31 表明，隧道分步施工比全断面施工更容易控制中墙水平位移；在分步施工的各种顺序中，越接近于对称施工的施工顺序越有利于控制中墙位移，如顺序 5 优于其他 3 种施工顺序；施工过程中的前期中墙水平位移控制，水平方向施工优于上下台阶施工，而对中墙水平位移最终值的控制，由外侧导坑向内侧导坑施工优于上下台阶施工，上下台阶施工优于由内侧导坑向外侧导坑施

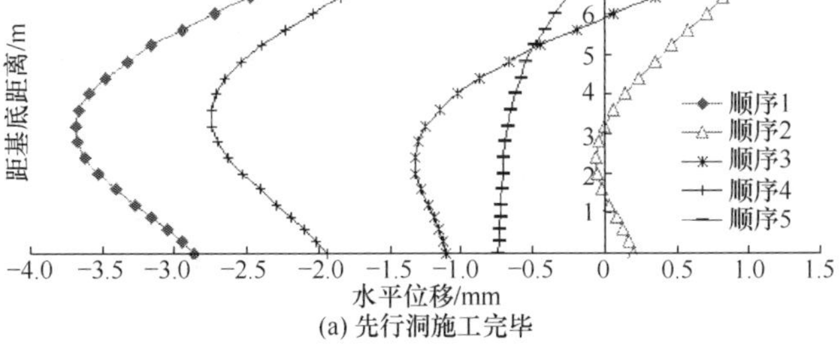

(a) 先行洞施工完毕

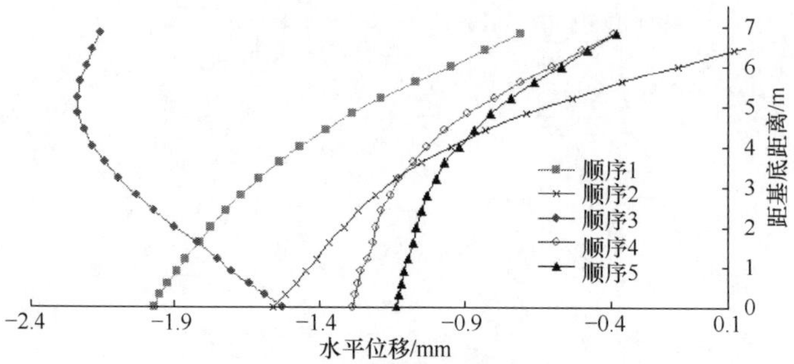

(b) 后行洞施工完毕

图 5.31　施工偏压下各顺序中墙水平位移比较

工；5 种施工顺序下中墙水平位移沿竖直方向均呈非线性分布，位移偏移方向指向后行洞一侧，且下部水平位移均大于上部(除顺序 3)。

(2) 五种施工顺序的中墙顶部压力及顶部偏压、下部偏压曲线见图 5.32。对中墙顶部压力分布而言，中墙顶部压力对施工步施工跨度十分敏感，且施工跨度越大越有利于中墙顶部压力的控制，五种施工顺序中，上下台阶施工优于水平方向施工，由内侧导坑向外侧导坑施工优于由外侧导坑向内侧导坑施工。对中墙顶部偏压亦是如此，上下台阶施工优于水平方向施工，由内侧导坑向外侧导坑施工优于由外侧导坑向内侧导坑施工。对中墙下部偏压控制，导坑水平方向间的施工顺序影响效果差异性最为明显，由外侧导坑向内侧导坑施工优于由内侧导坑向外侧导坑施工；同时，由内侧导坑向外侧导坑施工是五种顺序中最不利的施工顺序；而上下台阶间的施工顺序影响基本相同，且与由外侧导坑向内侧导坑施工的偏压

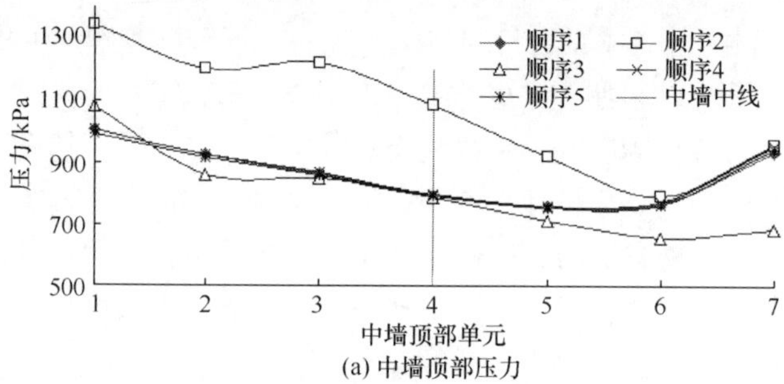

(a) 中墙顶部压力

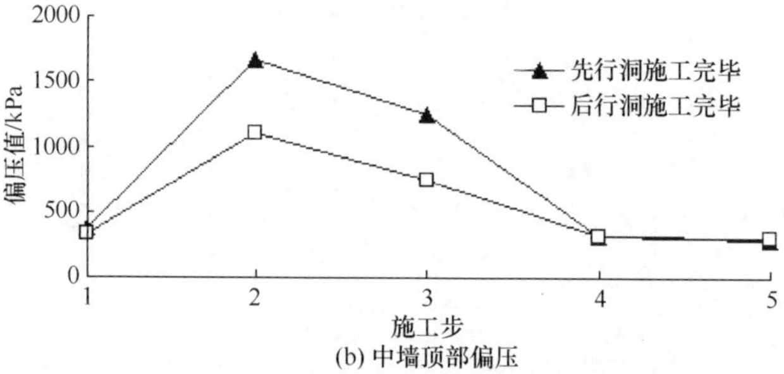

(b) 中墙顶部偏压

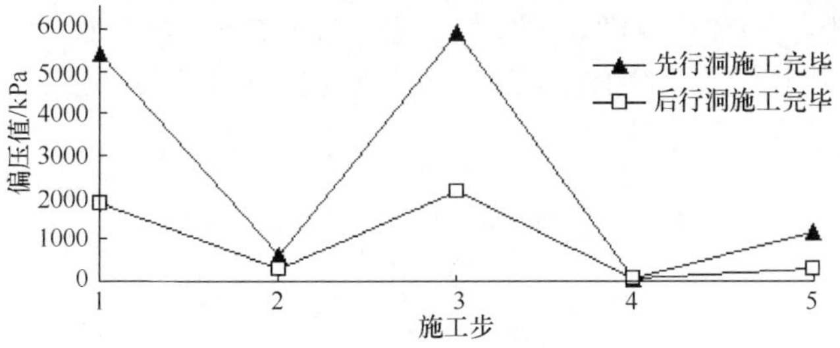

(c) 中墙下部偏压

图 5.32　施工偏压下各顺序中墙偏压及顶部压力曲线比较

控制效果相当。从中墙顶部压力分布、顶部偏压及中墙下部偏压的整体控制效果看，上下台阶施工对中墙偏压的控制优于水平方向施工。

5.4.3　施工偏压下施工优化方案建议

1) 施工偏压下连拱隧道施工顺序优化

对控制施工偏压下中墙偏压的措施，由 5.4.2 节内容可知，首先是尽可能地采取近对称式的施工，以便降低中墙偏压程度；其次，水平方向施工顺序与上下台阶式施工顺序相互混合，充分利用各自对中墙偏压控制的优势。

2) 一般条件下连拱隧道施工顺序优化

地层偏压和施工偏压下连拱隧道施工顺序优化都是建立在理想状态下，以中墙偏压控制为主的优化，这些优化在工程实际中难以应用，而一般情况又可以看成这两种情况不同程度的组合。因此，优化施工顺序应以两种优化为基础，结合在实际工程中的可行性来确定，根据地层偏压和施工偏压连拱隧道施工顺序优化及工程可行性，一般条件下连拱隧道施工优化顺序见图 5.33。

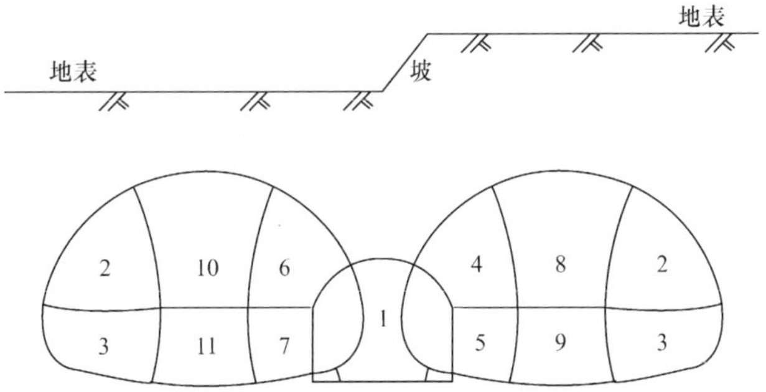

图 5.33　一般条件下施工优化顺序

3) 隧道中墙偏压工程实例分析

某连拱隧道综合考虑地层偏压和施工偏压下的施工顺序影响，隧道施工采取图 5.34 所示的施工顺序。施工过程中对中墙顶部压力进行了跟踪监测，其中中墙顶部左右两侧压力监测结果见图 5.35，图中 A 区为外侧导坑施工；B 区为左洞内侧导坑施工；C 区为右洞内侧导坑施工；D 区为左洞中间导洞施工；E 区为右洞中间导坑施工。

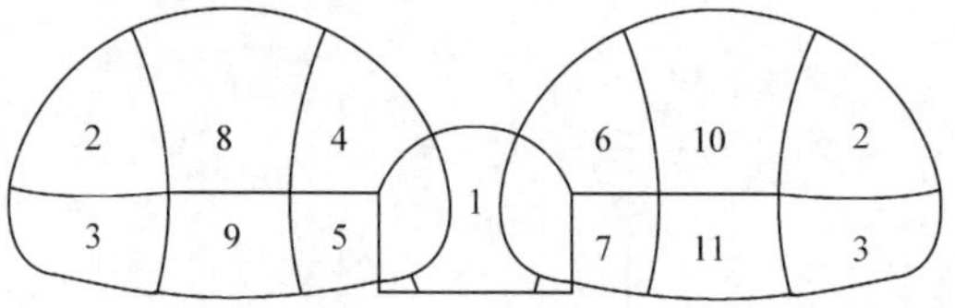

图 5.34　施工顺序

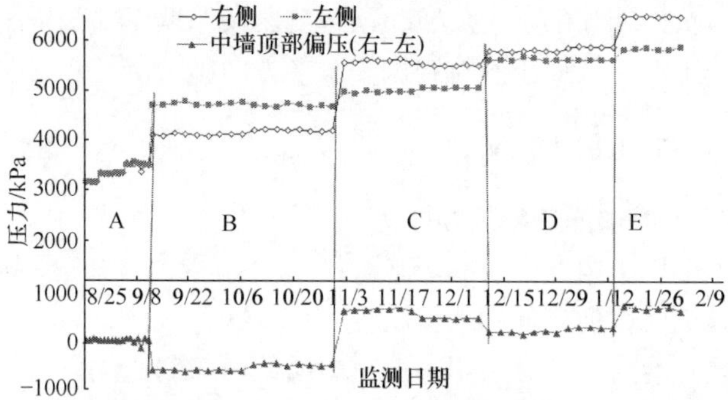

图 5.35　中墙顶部压力监测结果

由监测曲线变化趋势(图 5.35)可见，隧道施工过程中，外侧导坑和导坑下台阶的施工对中墙的影响甚微，施工对中墙顶部偏压的影响主要集中在上台阶；内层导坑施工的影响显著于中间导坑施工，中墙顶部偏压值受施工步影响明显。从中墙顶部偏压的最后监测结果看，施工中因采用了左右洞交替施工顺序，其顶部偏压值不足顶部压力的 5%，因此该施工顺序对中墙施工偏压的控制效果显著。

第 6 章　贯通节理岩体隧道围岩稳定性分析方法

公路隧道的工程岩体一般为节理裂隙发育、整体性较差的岩体，岩体的工程稳定性和力学性质多受区域内节理裂隙展布特征控制和影响，而建立在传统的连续介质力学基础上的有限元法、有限差分法适用于预测损伤和破坏的区域，但难以直接计算和模拟节理岩体隧道变形破坏的整个过程。

非连续变形分析(discontinuous deformation analysis，DDA)方法是石根华教授提出的一种新的不连续数值方法，该方法能充分考虑岩体的不连续特性，可模拟块状结构岩体的非连续变形、大位移运动情形。本章采用 DDA 程序对隧道围岩破坏进行模拟分析，阐述非连续变形分析方法分析节理裂隙岩体隧道变形破坏的优势；在此基础上分析节理岩体隧道渐进性变形破坏的形态和特征，并对节理裂隙展布特征参数对隧道变形破坏的影响进行理论分析和研究。

6.1　DDA 方法在隧道稳定分析中的适用性分析

6.1.1　DDA 方法基本理论

1. 完全一阶近似位移模式

DDA 以块体内某一点的位移、应变为未知量，因此对块体的形状没有要求，既可以是凸多边形，也可以是凹多边形。每个块体有 6 个自由度，包括 3 个刚体运动项和 3 个应变项，即 $(u_0,v_0,r_0,\varepsilon_x,\varepsilon_y,\gamma_{xy})^{\mathrm{T}}$，其中 u_0、v_0 分别为块体沿 x、y 方向的刚体平动位移，r_0 为绕块体形心 (x_0,y_0) 的刚体转动角，ε_x、ε_y、γ_{xy} 为点 (x_0,y_0) 处的应变状态。

块体 i 内任意一点(x, y)的位移 $U=(u, v)^{\mathrm{T}}$ 用完全一阶近似的位移函数来描述，即

$$U=TD_i \tag{6-1}$$

式中，D_i 为块体 i 的位移矢量；T 为位移变换矩阵：

$$T=\begin{bmatrix} 1 & 0 & -(y-y_0) & x-x_0 & 0 & (y-y_0)/2 \\ 0 & 1 & x-x_0 & 0 & y-y_0 & (x-x_0)/2 \end{bmatrix}$$

2. 总体方程组的建立

根据最小势能原理，由总势能(包括各种变形势能、外力势等)的极值条件，可以得到块体系统的运动方程组：

$$M\ddot{D}+\mu\dot{D}+KD=F \tag{6-2}$$

式中，$\ddot{D}$、$\dot{D}$、D分别为加速度矢量、速度矢量和位移矢量；F为荷载矢量；M、μ、K分别为质量矩阵、阻尼矩阵和刚度矩阵。在目前的DDA程序中，不考虑阻尼作用，因此$\mu=0$。

式(6-2)中的速度矢量$\dot{D}$和加速度矢量$\ddot{D}$可表达为

$$\ddot{D}=\frac{2}{\varDelta^2}\left(D-\varDelta\dot{D}_0\right) \tag{6-3}$$

$$\dot{D}=\frac{D}{\varDelta} \tag{6-4}$$

式中，$\varDelta$为时间步长；$\dot{D}$为当前时间步的初始速度，当前时间步计算完成之后，采用式(6-5)算出下一个时间步的初始速度：

$$\dot{D}=\frac{2}{\varDelta}D-\dot{D}_0 \tag{6-5}$$

将式(6-3)和式(6-4)代入式(6-2)并整理，可得块体系统的总体方程组：

$$\bar{K}D=\bar{F} \tag{6-6}$$

如果该块体系统由n个块体组成，则有

$$\bar{K}=\begin{bmatrix}K_{11} & K_{12} & \cdots & K_{1n}\\ K_{21} & K_{21} & \cdots & K_{2n}\\ \vdots & \vdots & & \vdots\\ K_{n1} & K_{n2} & \cdots & K_{nn}\end{bmatrix},\quad D=\begin{bmatrix}D_1\\ D_2\\ \vdots\\ D_n\end{bmatrix},\quad \bar{F}=\begin{bmatrix}F_1\\ F_2\\ \vdots\\ F_n\end{bmatrix} \tag{6-7}$$

式中，$K_{ij}(i,j=1,2,\cdots,n)$为6×6子矩阵，K_{ij}与块体i的材料属性有关，$K_{ij}(i\neq j)$与块体i和j之间的相互作用情况有关；D_i为块体i的位移矢量；F_i为作用于块体i上的荷载矢量。

3. 块体系统的运动学条件

求解式(6-6)时，必须满足一个运动学条件：任何两个块体之间不能相互嵌入，DDA通过在块体之间加刚度很大的接触弹簧来限制块体之间的互相嵌入。初始步时，根据块体之间的相对位置找出所有可能的接触，并根据接触类型加设接触弹簧。块体之间的基本接触类型(图 6.1)有两种：角-角接触和角-边接触；另外一种接触为边-边接触，可以处理为两个角-边接触。

对角-角接触，加一个法向弹簧；对角-边接触，分别加一个法向弹簧和一个切向弹簧。对应地在总刚度矩阵中相应的位置处加入接触子矩阵，求解式(6-6)。根据计算结果，检查接触状态。接触状态有张开、闭合和滑移三种，对于张开状态，不做处理；对于闭合状态，需分别加设法向弹簧、切向弹簧以防止法向嵌入及切向滑移；对于滑移状态，只需加设法向弹簧，并考虑滑移产生的摩擦力。如果接触弹簧加设得不合理，根据接触开合的变化增删接触弹簧，并依此改动总刚度矩阵，重新求解式(6-6)。这个过程称为开-合迭代，通过开-合迭代，不断调整接触弹簧，直到达到合理的状态，即可进入下一个时间步的计算，保存接触状态作为下一步计算的初始状态。

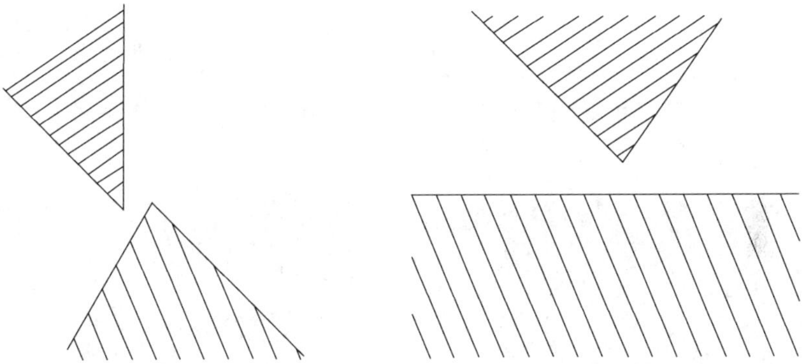

(a) 角-角接触　　(b) 角-边接触

图 6.1　块体间的基本接触类型

6.1.2　隧道塌方的 DDA 方法分析与相似试验对比

岩体隧道塌方一般发生在岩性较差或岩体受节理面切割严重的地段，是隧道围岩变形、破坏的终极表现形式，同时，也是隧道施工重点防范的对象。为验证 DDA 方法分析节理岩体隧道施工中围岩变形破坏的有效性，以某隧道物理模型试验为依据，利用 DDA 程序对隧道塌方进行数值模拟，以此研究 DDA 方法在隧道稳定性分析中的有效性。

实例中隧道断面为双车道隧道断面，埋深为 10m，模型的左右两端及底部均为 X、Y 向固定约束(图 6.2)，计算共 2000 个时步，最大允许位移比率为 0.001。

图 6.2　计算分析模型

计算模型中的隧道围岩为Ⅴ级围岩，其材料力学参数见表 6.1。

表 6.1　模型材料力学参数

名称	容重/(kN/m^3)	弹性模量/GPa	泊松比	内摩擦角/(°)	黏聚力/MPa	抗拉强度/MPa
数值	23	1.0	0.36	25	0.1	0.01

DDA 方法计算分析过程见图 6.3。由图可知，隧道塌方是一个渐进性的过程。首先，隧道拱肩部位围岩开始出现破裂、向内挤压，部分岩石块体开始出现较大的位移，拱顶随之发生较大的变形及位移，隧道正上方出现了明显的地表沉陷；其次，随着计算时步的增加，拱顶发生显著破坏，隧道拱顶及上覆岩体完全垮落下来，充满整个隧道断面。计算结果与隧道物理模型试验结果(图 6.4)基本一致。

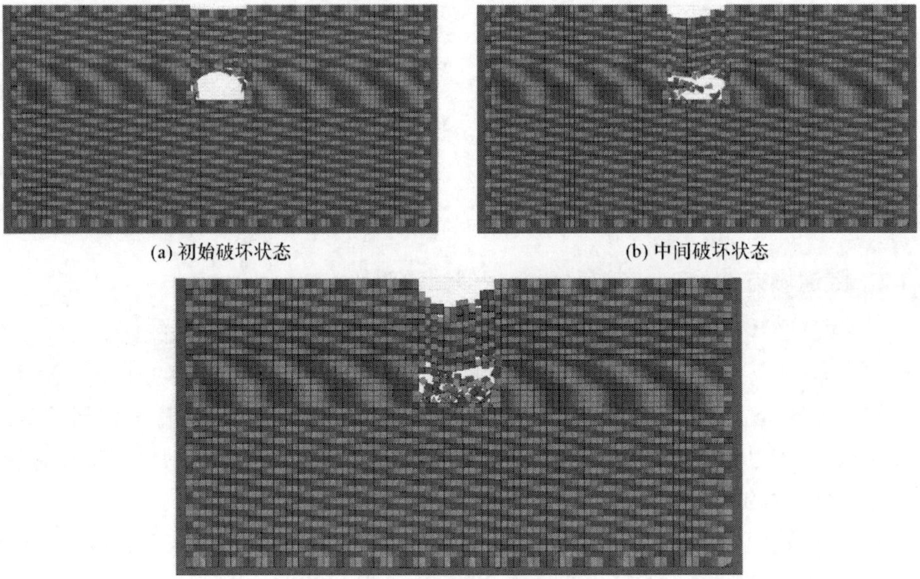

(a) 初始破坏状态　(b) 中间破坏状态　(c) 最终破坏状态

图 6.3　DDA 方法计算分析过程

对 DDA 方法计算结果与物理模型试验结果进行对比，利用 DDA 方法对隧道塌方过程的模拟在隧道围岩的变形破坏过程和最终的破坏形态上与物理模型试验具有高度的一致性，说明利用 DDA 方法对隧道进行稳定性分析可以较好地反映隧道变形和破坏特征，分析结果真实可靠。

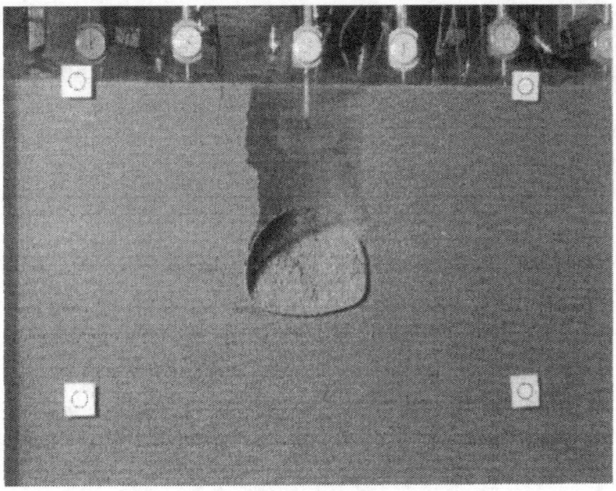

图 6.4　物理模型试验结果(汪成兵，2007)

6.2　隧道节理展布特征及产状参数

6.2.1　节理岩体特征指标

1. 节理岩体展布特征采集和分析内容

岩体节理主要包括以下基本指标信息。

1) 节理产状

节理产状指节理在空间中的分布形态，由倾向和倾角来描述。在工程研究分析中，对节理产状的应用集中于工程区域节理优势方位和节理产状统计分布规律的分析应用。

其中，关于工程区域节理优势方位的分析应用，首先，借助于数学分析方法对节理进行分组；然后，利用图解法(如节理产状玫瑰花图、等面积散点图和等密度图等)的方式查找出对工程影响较重的方位；最后，以此为主要节理展布方位参数对工程稳定性进行分析。关于节理产状统计分布规律的分析应用，首先，利用统计分析方法研究同组节理方位在优势方位周边的分布规律；然后，根据分布规律在分析模型中再现工程岩体的分布形态。由于节理产状是构造应力场对岩体作用的一种反映，对同一工程地质环境的节理岩体而言，节理产状的变化有一定的规律，已有研究表明，节理产状的分布规律有均匀分布、Bingham 分布、Fisher 分布和双变量正态分布等。

2) 节理迹长

节理迹长指节理在统计窗口中裸露的长度，通常在岩体节理信息采集时受调查窗口的限制，节理迹长有的可以全部显现，有些则仅有部分显现。其中，两端均可见的节理迹长称为全迹长；一端可见、另一端被删截的节理迹长称为半迹长；两端均不可见的节理迹长称为删截迹长。根据所采取的调查方法的特性(如测线法、矩形窗口法、圆形窗口法)，可以计算出节理在三维空间上的半径长(认为节理面在空间分布中为圆盘形)。

节理迹长的分布虽然具有随机性，但是在大量样本的统计上也具有明显的规律性，如1970年Robertson、1976年Call等分别得出了指数分布；1971年McMahon、1976年Bridges、1978年Barton、1980年Einstein等分别得出了对数正态分布；1983年Segall和Pollard得出了双曲线分布。通常认为，单一的力学作用产生负指数分布，多重作用产生对数正态分布，规模从小到大的持续作用则产生双曲线分布。

3) 节理间距

节理间距是表示岩体中节理发育密集程度的指标，它决定节理统计区内节理的数量。节理间距为同一组节理与垂直于节理平均产状的测线交点间的距离。同组节理的各节理面的方位并非完整意义上的一致，而是服从于某一分布规律，因此节理间距也并非一固定取值，一般认为服从某一分布规律。Steffen和Barton得出了节理间距的对数分布；大量的现场观察数据支持泊松过程和间距指数分布。

4) 节理张开度

节理张开度是指张开节理两壁之间的垂直距离，介于两岩壁间的空间充满水或空气。若两壁间含有充填物，则充填节理两壁间的垂直距离称为充填节理面宽度。节理张开度可达几个数量级，节理张开度小于0.25mm时称为闭合节理，节理张开度大于0.25mm时称为裂开节理或张开节理。

5) 岩桥

岩桥指两条节理存在连通的可能而非连通部分。岩体中节理分布形态一般呈断续的非贯通形式，在外力作用或持续变形时两条节理可能相互连通形成一新节理，且这两条节理可为同组内节理，也可为两组中的节理。

2. 工程实例

以福州机场高速二期金鸡山隧道K22+585断面的掌子面节理(图6.5)采集和数据处理为例，阐述隧道稳定性分析中节理参数的选取，在后续内容分析中也以该隧道为例。

1) 节理展布特征现场采集编录

由金鸡山隧道K22+585断面的掌子面节理实际展布情况(图6.5)可见，隧道掌子面的节理发育，并且相互切割形成破碎的块体。节理采集内容包括节理产状、节理迹长、节理间距、充填物及地下水情况，采集信息编录结果见表6.2。

图6.5　金鸡山隧道K22+585断面掌子面照片

表6.2　金鸡山隧道中导洞K22+585断面节理采集信息编录

编号	产状		迹长/m		延续性	间距/m	充填物			张开/mm	风化	粗糙度	地下水
	倾角/(°)	倾向/(°)	全	半			物质	厚度/mm	胶结				
1	64	213		2.3	低		砂	1	差	7	弱	5	无
2	63	218		2.5	低	1.8	泥	2	差	12	弱	4	无
3	27	124		1.9	低		砂	1	差	4	弱	6	无
4	89	353	0.8		低		砂	1	差	6	弱	7	无
5	56	357		3.4	中	2.0	砂	1.5	差	7	弱	5	无
6	76	175		4	中		砂	4	差	3.5	弱	4	无
7	56	190		5.1	中		砂	1	差	5	弱	8	无
8	75	166		4.3	中		泥	0.5	中	7.5	弱	1	无
9	80	174		3.5	中	2.5	砂	1	差	6	弱	3	无
10	72	88			低	1.6	砂	2.5	差	9	弱	5	无
11	82	188		5.5	中		砂	3	中	12	弱	7	无
12	76	12	1.4		低		泥	2	差	7	弱	6	无
13	62	79		1.2	低		砂	2.2	差	8.5	弱	5	无
14	60	80		1.4	低		泥	1	中	3.5	弱	7	无
15	46	92	1.2		低		砂	3	中	6	弱	5	无
16	58	76		1.1	低		砂	3	中	5.5	弱	7	无
17	74	140		2.7	低	1.2	泥	3	差	7	弱	5	无
18	79	2		3.6			砂	2.2	差	8	弱	8	无

2) 节理优势产状统计

对采集区域内的节理进行分组。首先，对节理倾向按照 10°区间范围进行划分；其次，再按照 10°区间范围对各组节理倾角(平均值)进行合并，即若两组倾角差值小于 10°则合并为一组。K22+585 断面节理产状统计图见图 6.6，各组节理分布组合结果见表 6.3。

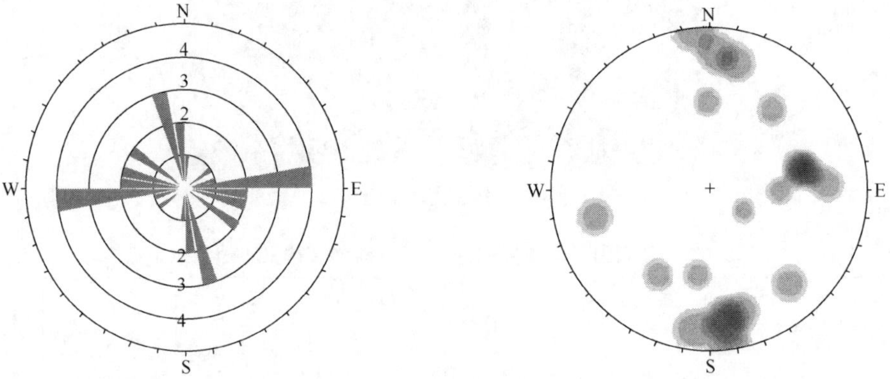

(a) 玫瑰花图　　(b) 极点图

图 6.6　金鸡山隧道 K22+585 断面节理产状统计图

表 6.3　分组后的节理分布组合结果

编号	产状		与隧道关系
	倾角/(°)	倾向/(°)	
1	64	214	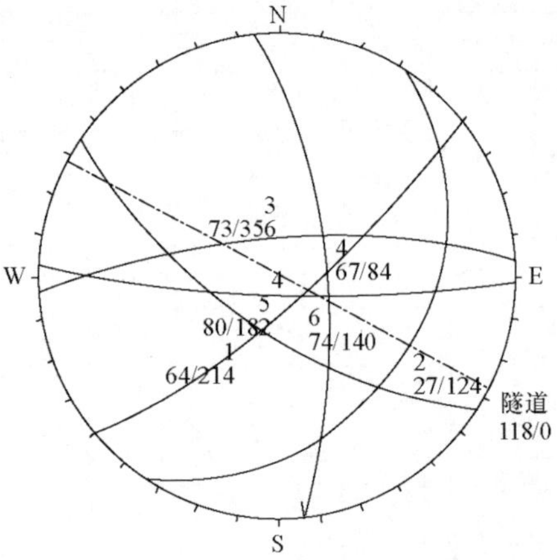
2	27	124	
3	73	356	
4	67	84	
5	80	182	
6	74	140	

3) 节理迹长统计

在编录的过程中，对节理迹长按照全迹长、半迹长和删截迹长三类进行统计，采用圆形统计窗口法对节理迹长进行计算，计算公式如下：

$$\upsilon = \frac{\pi(N + N_0 - N_2)}{2(N - N_0 + N_2)}C \tag{6-8}$$

式中，N_0为删截半迹长数；N_2为全迹长数；N为节理总数；C为圆形窗口半径。

首先将现场采集到的节理在 CAD 软件中重绘，然后按照一定的方式布置不同半径测试窗口，最后按照式(6-8)进行计算。金鸡山隧道 K22+585 断面节理分布和圆形窗口布置(布设半径为 2m、2.5m 和 3m 的相切圆)见图 6.7，节理迹长计算结果见表 6.4，节理迹长取 3.75m。

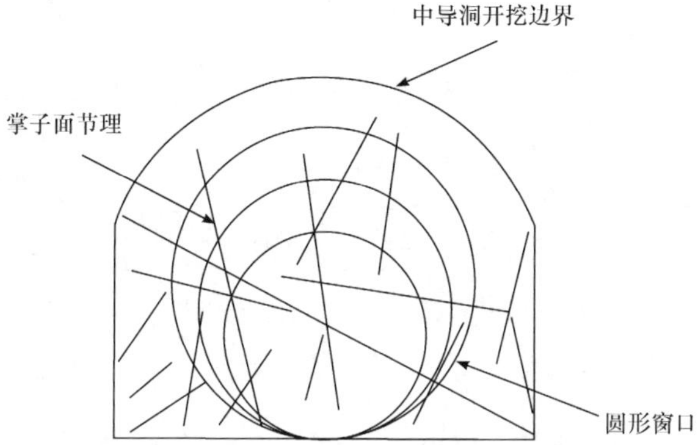

图 6.7　连拱隧道中导洞掌子面圆形窗口采集操作示意图

表 6.4　K22+585 区域中导洞圆形窗口法平均迹长估算结果

断面里程	窗口半径/m	窗口编号	各类迹线条数			平均迹长估计值/m
			N_0	N	N_2	
K22+585	2	1	2	9	2	3.14
	2.5	2	2	12	2	3.92
	3	3	1	16	3	3.66

6.2.2　隧道节理展布特征参数与产状参数的关系

岩体节理展布特征信息是三维空间的信息，在 DDA 理论分析模型中岩体节理信息是节理信息的二维形式，为节理三维信息在隧道横截面上的投影信息。因此，在利用 DDA 理论分析时需给出节理二维信息，才可分析节理展布特征对隧道稳定性的影响。

1. 二维节理倾角与节理产状关系

三维节理面与隧道横截面的空间位置见图 6.8，图中平面 $ACFE$ 表示节理面，平面 ABD 表示隧道横截面，平面 $BDFG$ 表示地平面。已知：节理面倾角为 $\angle ACB$，节理面与隧道横截面夹角(即节理面走向与隧道横截面走向差值)为$\angle BDC$。在非连续变形分析方法分析模型中，节理面的三维信息由节理面与隧道横截面交线AD表达，$\angle ADB$则为模型中节理与水平线的夹角(称为二维倾角)，该夹角值取决于节理倾角和节理面走向。

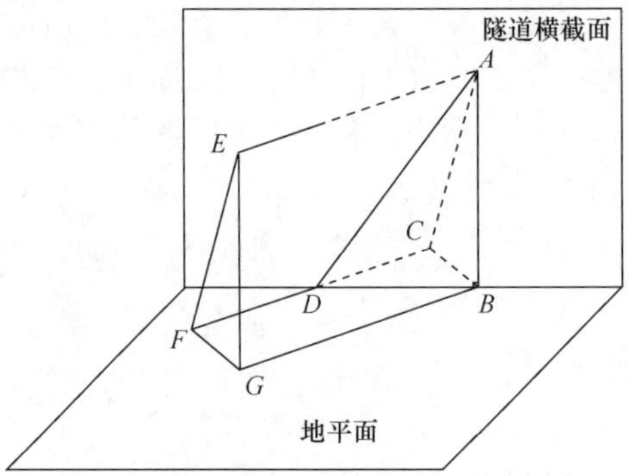

图 6.8　三维节理面与隧道横截面的空间位置

节理面倾角、节理面与隧道横截面夹角及二维模型中节理与水平面的夹角三者关系可由△ABC、△BCD、△ABD三个直角三角形的关系确定(图 6.9)，其中

$$\tan\angle ACB = \frac{AB}{BC},\quad \sin\angle BDC = \frac{BC}{BD},\quad \tan\angle ADB = \frac{AB}{BD}$$

由以上三式可推得

$$\tan\angle ADB = \tan\angle ACB \times \sin\angle BDC$$

故而

$$\angle ADB = \arctan(\tan\angle ACB \times \sin\angle BDC) \tag{6-9}$$

由式(6-9)可知，非连续变形分析模型中二维节理倾角受三维状态下节理倾角和走向(或节理面与隧道横截面夹角)控制；同时，二维节理倾角对三维状态下节理倾角变化比对节理走向变化更敏感(图 6.10 和图 6.11)，而且节理真实倾角是二维倾角的极限值。

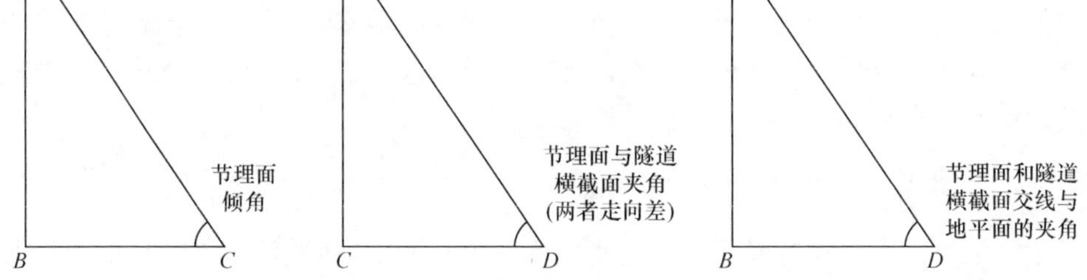

图 6.9　三角形间三角关系

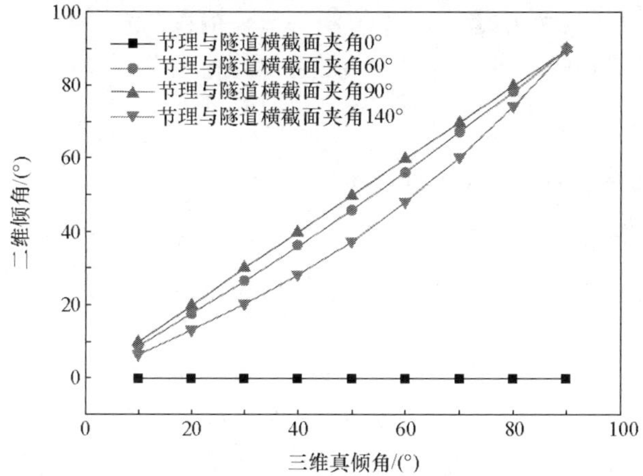

图 6.10　节理二维倾角与三维真倾角的关系

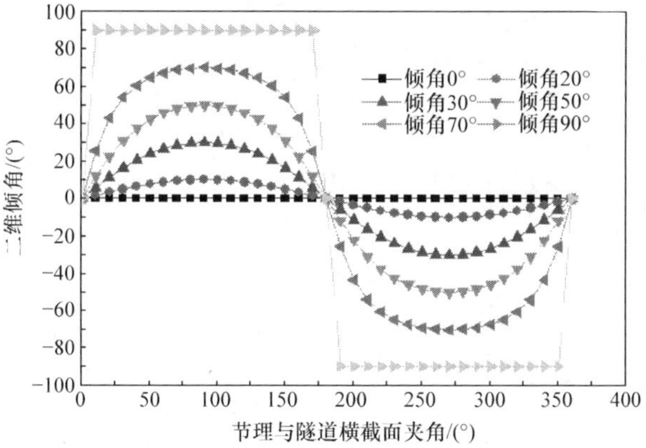

图 6.11　节理二维倾角与走向的关系

2. 金鸡山隧道节理二维展布特征

按照式(6-9)对金鸡山隧道优势方位进行计算，在非连续变形分析模型中隧道节理二维特征见表 6.5。

表 6.5　金鸡山隧道节理展布特征统计与分析模型节理参数

序号	拟合结果 (倾角/倾向)	隧道横截面 (倾角/倾向)	模型倾角参数
1	59°/75°	90°/28°	48°
2	63°/169°		–57°
3	69°/245°		–64°
4	66°/4°		52°

由表 6.5 可见，金鸡山隧道中 4 组优势节理组在二维平面中，第 1 和 4 组节理、第 2 和 3 组节理倾角基本一致，因此在二维模型分析中将第 1 和 4 组节理归为 1 组节理，第 2 和 3 组节理归为 1 组节理。

6.2.3　隧道节理特征指标采集与处理示例

在金鸡山隧道施工中对隧道 K22+578～K22+585 段的掌子面及洞室侧壁等 40 多处出露节理进行采集，采集内容和采集信息的处理方法如 6.2.1 节所述，对节理采集信息进行统计分析。

首先，按玫瑰花图和极点图确定隧道区域节理的优势产状，并由优势产状确定分组范围(图 6.12)；其次，运用统计学软件 SAS 分别对分组后的节理倾向和倾角进行分布函数拟合；最后，进行假设检验和节理产状拟合分析。

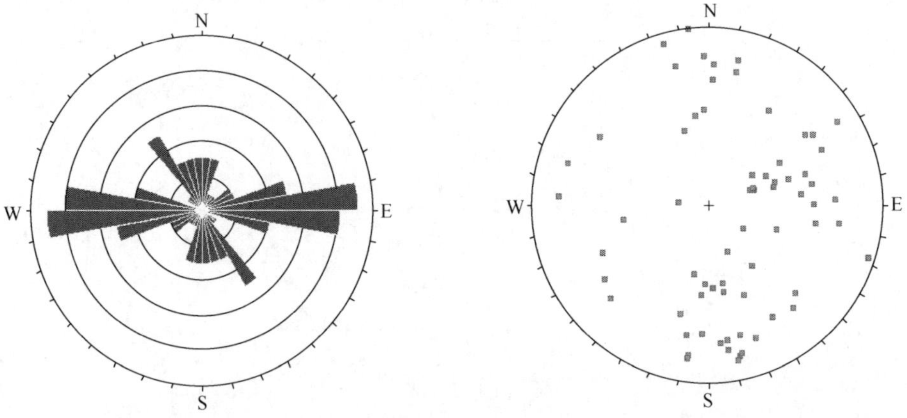

(a) 玫瑰花图　　(b) 极点图

图 6.12　金鸡山隧道 K22+578～K22+585 段中导洞节理产状统计示意图

依据玫瑰花图和极点图，金鸡山隧道 K22+578～K22+585 段中导洞掌子面及洞周的节理有四个优势产状，见表 6.6，节理统计信息见表 6.7。

表 6.6　金鸡山隧道 K22+578～K22+585 段节理产状分布拟合结果

分布区间(倾向)	统计结果(倾角/倾向)	倾向			倾角		
		μ	σ	分布	μ	σ	分布
30°～120°	59°/75°	59.27	16.66	正态	74.63	16.98	正态
121°～210°	63°/169°	168.5	21.06	正态	63.28	17.32	正态
211°～300°	69°/245°	224.5	26.93	正态	69.41	7.92	正态
301°～30°	56°/4°	4.05	18.37	正态	56.11	23.79	正态

表 6.7　金鸡山隧道 K22+578～K22+585 段节理产状统计结果

序号	产状 (倾角/倾向)	平均迹长/m	间距/m
1	59°/75°	11.2	2.1
2	63°/169°	7	1.3
3	69°/245°	4.5	2.6
4	56°/4°	7.5	1.5

6.3　隧道围岩变形破坏特征

众所周知，在山岭公路隧道中，隧道埋深越浅，隧道围岩质量一般越差，岩体受节理切割越严重，且节理力学参数偏低，则隧道工程稳定性受节理裂隙结构面影响更为突出。因此，在隧道施工中，隧道浅埋段出现安全隐患发生的概率往往大于深埋段。本节以金鸡山隧道为例，利用 DDA 方法对不同埋深隧道围岩变形、破坏特征进行分析。

6.3.1　隧道围岩变形破坏过程

1. DDA 方法分析

隧道围岩变形、破坏形态分析选取金鸡山隧道 K22+402 断面和 K22+562 断面。其中，K22+402 断面主要分布 70°∠59°、51°∠175°两组节理，隧道平均埋深 14.5m；　K22+562 断面分布 67°∠58°、59°∠195°两组节理，隧道平均埋深 30m。两个断面计算模型尺寸(长×高)分别为 80m×44m、80m×59m。

隧道围岩参数：容重为 20kN/m^3，弹性模量为 1.5GPa，泊松比为 0.28。节理面(弱化)参数：内摩擦角 22°、黏聚力 100kPa、抗拉强度 50kPa。

隧道围岩变形破坏基本过程如下：

(1) 隧道拱顶围岩最先开始出现明显的向下变形，随即距隧道底部最近的孤立、临空块体出现剪切滑移，其中左侧边墙在开始时比右侧边墙变形明显，见图 6.13。

(2) 随着隧道拱部围岩不断变形，隧道边墙壁上临空块体滑落；在左洞和右洞中的顶部围岩出现拉裂破坏，拉裂破坏区域靠近隧道中墙，破坏形态呈现正八字形。对比两个断面的拉裂情况，埋深较浅的 K22+402 断面比埋深较深的 K22+562 断面明显(图 6.14)，表明随着埋深的增加，在相同节理展布特征下，隧道埋深较深时比较浅时更易稳定。

(a) K22+402断面

(b) K22+562断面

图 6.13　隧道围岩变形破坏初态

(a) K22+402断面

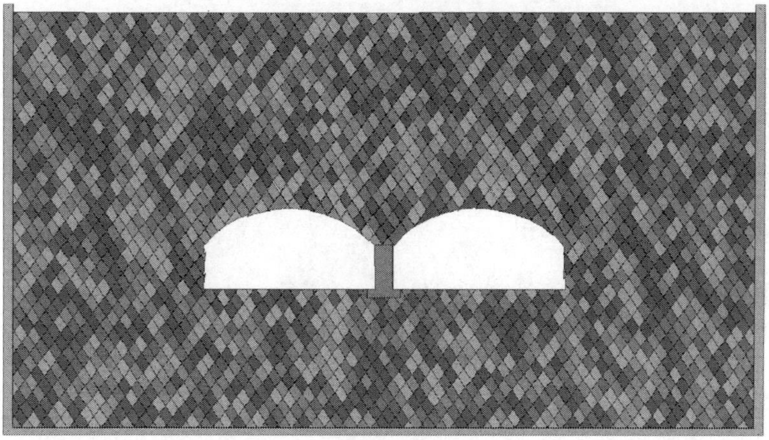

(b) K22+562断面

图 6.14　隧道围岩变形滑移形态

(3) 随着隧道围岩块体变形、破坏的继续发展，隧道变形和破坏特征受埋深影响更为突出。K22+402 断面右侧边墙块体随着临空块体滑落，在靠近隧道壁且处于同一结构面上的块体以沿结构面向下滑移为主，相邻块体间的位移差值不明显。但在距隧道壁一定距离后，滑移结构面上两相邻块体间位移差值增大，出现了裂隙，此种现象可以看成块体间的碎裂现象，且碎裂现象有向上一层位(朝地表方向)转移的迹象。左侧边墙则以沿节理面整体向下滑移为主，滑移块体间仍然紧密接触(图 6.15(a))。

随着埋深的增加，边墙变形特征出现了变化，其中，在金鸡山隧道右侧边墙的向下滑移、碎裂现象在距隧道壁较近的地方(2～5m)已十分严重，而外侧围岩此时的变形还比较稳定，尚未破坏；左侧边墙临空块体出现滑落，但滑移层上的块体变形不是很明显(图 6.15(b))。

(a) K22+402断面

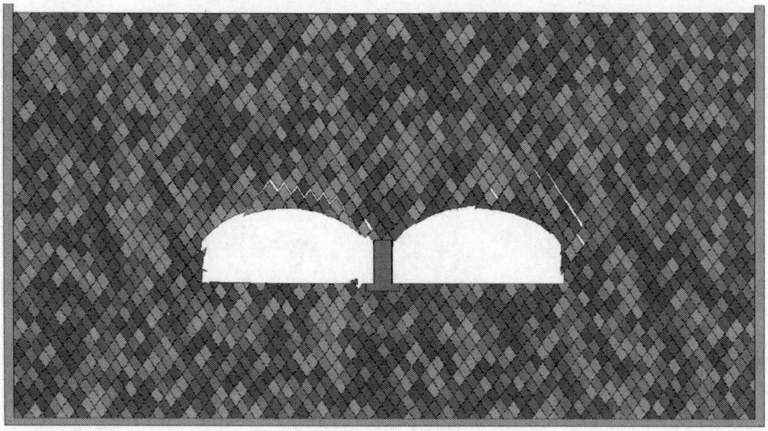

(b) K22+562断面

图 6.15　隧道围岩破碎区分布

(4) 在隧道上方块体的不断脱落过程中，埋深较浅的隧道在左右拱肩(或边墙)处所形成的裂隙不断发展，最终形成了两条滑移带。滑移带的下边界由边墙上距隧道底最近的结构面控制，且该结构面延伸到地表的位置一般为地表下沉较大的边界位置；滑移带的上边界一般由拱肩部位的结构面控制；同时，下边界决定滑移带隧道壁处的下端部位，上边界决定滑移带的中上部位。两条滑移带使隧道上方呈倒八字形下沉(图 6.16(a))。

而埋深较深时，隧道左右两侧滑移性状出现了变化和转移，在隧道右洞，滑移带不再是沿着滑移面延伸至地表，而是在距隧道壁一定距离的位置转到与左侧相同方向的(第 2 组)节理面，此后沿该节理面延至地表。隧道左洞的滑移面虽然仍向下滑移，但滑移位移明显变缓(图 6.16(b))。

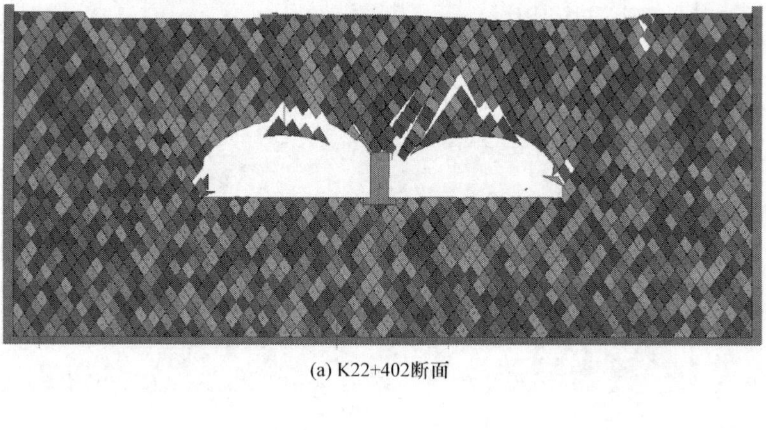

(a) K22+402断面

(b) K22+562断面

图 6.16　隧道围岩倒八字形滑移带

2. 金鸡山隧道塌方实例分析

隧道右洞在行至 K22+402 时,隧道掌子面右上方拱肩部位发生塌方(图 6.17)。塌方自掌子面开始纵向沿线路由里到外连续坍塌至 K22+400.8 处，总长 1.2m，塌方量约为 90m^3，其形状为喇叭形，下口为 2m×4m，从掌子面拱顶到肩部；上口为 4m×7m，塌方高度为 3.7m(图 6.18)。

图 6.17　金鸡山隧道右洞右导坑上台阶塌方照片

3. 塌方原因分析

塌方部位位于碎块状强风化花岗斑岩与弱风化花岗斑岩交界处，节理裂隙发育，有 70°∠59°、51°∠175°等节理组分布，围岩切割后呈碎裂块状，自身稳定性差，易产生沿节理面剪切与滑移破坏。同时，施工单位在施工中加大了开挖断面，使隧道围岩壁上潜在滑移的危石数目增加，且隧道开挖后未能及时施作超前支护，造成隧道拱腰至拱肩部位上围岩塌落、失稳。此外，塌方导坑为先行导坑，该导坑不受其他导坑施工影响，因此导坑塌方主要是被节理切割而成的块体围岩在开挖后因裸露、无支护条件下的滑移、破坏而致。

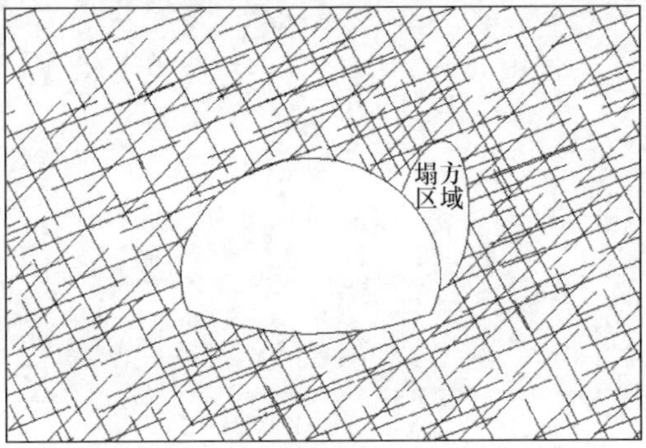

图 6.18　隧道塌方区域形态示意图

从导坑塌方的部位(拱腰至拱肩)和塌落区域分析，塌方形态与计算结果获得的规律基本一致，表明计算结果能够真实反映金鸡山隧道围岩变形破坏的特征规律。根据计算获取的变形破坏规律，工程施工中首先对塌方部位的围岩表层喷射混凝土，将其封闭，防止再次出现塌方；然后将整个塌方区域密封，施作初期支护，并预留注浆口，对塌方区域进行注浆加固(图 6.19)。

图 6.19　塌方区域注浆施工照片

6.3.2　隧道破坏形态特征

1. 隧道变形破坏过程

在两组节理控制下，金鸡山隧道围岩整个变形破坏过程可分为三个阶段。

第 1 阶段：隧道拱顶上方岩体变形、地表下沉、滑移面产生阶段。该阶段以拱顶正上方节理岩体正八字形变形、下沉为主，在该阶段中，中墙的宽度、强度对隧道上方岩体变形区域、变形形态具有决定性作用。此外，隧道边墙临空的块体出现脱落。

第 2 阶段：隧道左右洞两侧滑移带(或滑移面)的形成阶段。在浅埋段(K22+402 断面)左右洞两侧滑移面分别为两组不同节理面，破坏形态呈现为倒八字形(图 6.20)；而埋深较深段(K22+562 断面)左右洞滑移面从总体上看为同一组(节理间距最小的一组)的两个节理面，即两个滑移面的主体相互平行(图 6.21)。

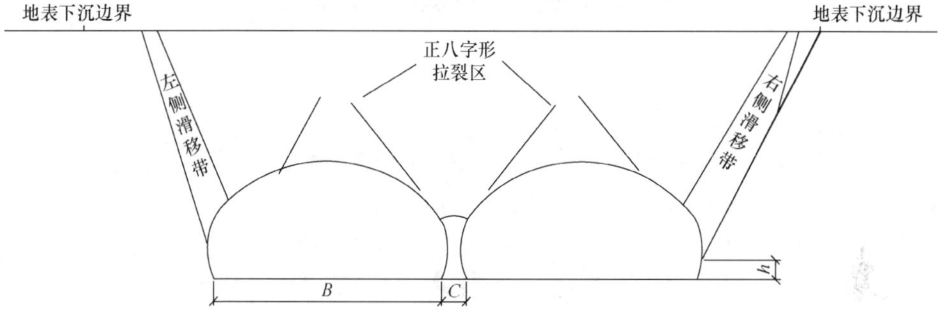

图 6.20　浅埋隧道围岩破坏形态

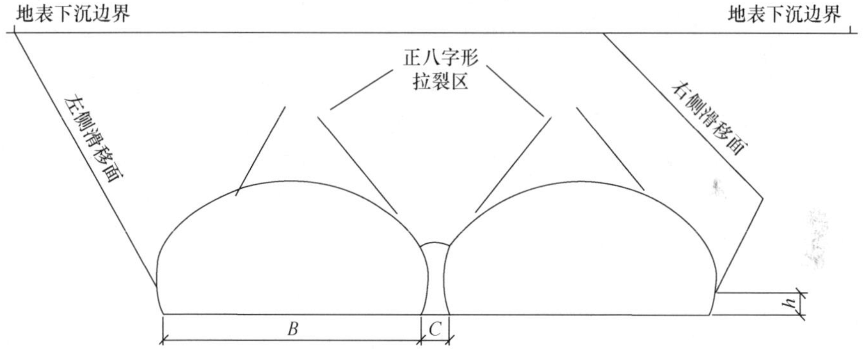

图 6.21　深埋隧道围岩破坏形态

第 3 阶段：中墙顶部块体失稳、隧道上方岩体快速塌落阶段。随着隧道两侧滑移带的生成，隧道上方岩体不断下沉；在中墙顶部块体失稳后，隧道顶部围岩开始大面积塌落。

2. 隧道变形显著部位特征

金鸡山连拱隧道围岩变形破坏的三个阶段中，围岩变形破坏的部位受节理展布特征和自身结构特征的影响，其中较为显著的特征部位如下：

(1) 边墙部位。受节理面切割影响，边墙部位易形成沿节理面向临空面滑移的块体(节理面与隧道外径方向夹角小于 90°)，这些块体在变形破坏过程中易较早出现滑移破坏。

(2) 靠近中墙的内侧拱顶或拱肩部位。此部位围岩受上覆围岩重力影响较为严重，而隧道中墙由于有限厚度的制约又难以提供足够的支撑力，易较早产生变形破坏(即正八字形变形破坏区域)。

(3) 外侧拱肩部位。该处围岩位于隧道上覆围岩松散塌落的边界处，受到节理面切割和重力的影响，此处围岩也会较早发生变形、破坏。

6.4　隧道围岩稳定性评价方法

6.4.1　节理岩体隧道围岩稳定性表述

在隧道围岩稳定性分析中,围岩稳定状态的表征方式一般有围岩屈服接近度、围岩破坏接近度、围岩最小安全系数等，这些表征方式从不同角度对围岩稳定状态进行了阐述。同样，对受节理裂隙面控制的隧道围岩稳定性也可参照上述表述方式，其中，表征隧道围岩稳定状态的对象首先是节理面的力学稳定状态，其次是围岩块体的力学稳定状态。

1. 节理面的力学稳定状态

在隧道施工过程中，节理面的力学状态可分为三种：稳定状态、临界状态、失稳状态，后两种状态都可归属于施工中隧道围岩危险状态。因此，在对隧道围岩节理面应力稳定状态表述中，可采用极限应力状态与节理面应力状态的比值(称为安全系数)进行表述。

隧道围岩节理面发生破坏的条件为

$$f(\sigma,c,\varphi)=K(\chi) \tag{6-10}$$

式中，$f(\sigma,c,\varphi)$为总应力σ及材料强度参数的某一函数关系；材料参数$K(\chi)$为内变量χ的函数，表征节理面失稳破坏的状态量。

节理面力学状态安全系数表示为

$$S_{\mathrm{j}}=K(\chi)/f(\sigma,c,\varphi) \tag{6-11}$$

其中，$f(\sigma,c,\varphi)$的表达形式不同，式(6-11)计算得到的安全系数表示的物理意义也不相同。

(1) 函数$f(\sigma,c,\varphi)$中节理强度参数c、φ不变时，从应力状态的角度去表述，此时$K(\chi)$仅是节理内应力变量χ的极限状态。式(6-11)计算得出的安全系数表示的是节理极限应力状态安全系数。$S_{\mathrm{j}}>1$表示节理面未破坏，属于稳定状态；$S_{\mathrm{j}}<1$表示节理面已破坏，处于失稳状态；$S_{\mathrm{j}}=1$表示节理面处于临界状态。

节理极限应力状态安全系数计算值依赖于节理面的破坏模式。节理面破坏模式主要有两种：一是节理面剪切破坏，可利用莫尔-库仑强度准则进行判断；二是节理面拉伸破坏，可利用抗拉强度准则进行判断。节理面两种强度准则下的节理极限应力状态安全系数定义方法如下。

① 莫尔-库仑强度准则下节理面安全系数。

莫尔-库仑强度准则用主应力表示为

$$f\left(\sigma_1,\sigma_2,\sigma_3,c,\varphi\right)=\frac{1}{2}\left(\sigma_1-\sigma_3\right)-\frac{1}{2}\left(\sigma_1+\sigma_3\right)\sin\varphi-c\cos\varphi \tag{6-12}$$

式中，σ_1、σ_2、σ_3 分别为第一主应力、第二主应力、第三主应力；c 为节理面黏聚力；φ 为节理面内摩擦角。

根据节理面安全系数定义，莫尔-库仑强度准则下节理面安全系数表示为

$$S_{\mathrm{j}}=\frac{2c\cos\varphi+\left(\sigma_1+\sigma_3\right)\sin\varphi}{\left(\sigma_1-\sigma_3\right)} \tag{6-13}$$

② 抗拉强度准则下节理面安全系数。

假定节理面的抗拉强度为$\left[\sigma_{拉}\right]$，节理面上的拉应力为$\sigma_{拉}$，则节理面的安全系数表示为

$$S_{\mathrm{j}}=\frac{\left[\sigma_{拉}\right]}{\sigma_{拉}} \tag{6-14}$$

(2) 函数$f\left(\sigma,c,\varphi\right)$仅考虑节理强度参数$c$、$\varphi$变化时，从材料强度因子衰减角度去表述，则$K\left(\chi\right)$是节理强度因子内变量$\chi$的最小状态。式(6-11)计算得出的安全系数表示节理极限强度衰减系数，$1/S_{\mathrm{j}}$则表示节理强度安全储备系数。$S_{\mathrm{j}}<1$表示节理强度参数可以衰减，节理面未破坏，属于稳定状态；$S_{\mathrm{j}}>1$表示节理强度参数不具备衰减，节理失稳、破坏；$S_{\mathrm{j}}=1$表示节理面处于临界状态。其中，节理强度安全储备系数$1/S_{\mathrm{j}}$与节理破坏模式无关，只受节理面失稳、破坏判据制约，节理强度安全储备系数可用强度折减法求得。

节理极限应力状态安全系数与节理强度安全储备系数虽然都可用于描述节理控制下的隧道围岩稳定状态，但两者各有优势。在单一节理组控制的节理岩体中，各节理面的分布形式一致，用节理极限应力状态安全系数描述隧道围岩的稳定性更为恰当；在多组节理控制的节理岩体中，各组的节理相互切割，块体分布规律繁杂，隧道工程的稳定性不仅受节理力学属性的控制，还与隧道断面形状、隧道与各组节理的相对位置等因素有关，因此用节理极限应力状态安全系数难以全面

描述隧道围岩的稳定性，而用节理强度安全储备系数更为适合。

2. 围岩块体的力学稳定状态

节理面失稳后，若隧道尚未施作支护结构，则块体将沿失稳节理面滑移，直至隧道整体失稳破坏；若隧道已施作支护结构，节理面失稳后，块体由于受到支护结构阻挡而无法继续滑移，此时，块体的稳定状态将由自身的应力状态决定。隧道围岩(块体)稳定性可用围岩屈服程度(屈服安全系数)来表征。

假定隧道围岩块体发生屈服破坏的条件为

$$f_{\mathrm{r}}(\sigma,c,\varphi)=K_{\mathrm{r}}(\chi) \tag{6-15}$$

式中，$f_{\mathrm{r}}(\sigma,c,\varphi)$为总应力$\sigma$及材料强度参数的某一函数关系；材料参数$K_{\mathrm{r}}(\chi)$为内变量$\chi$的函数，表征块体屈服时的状态量。

隧道围岩安全系数表示为

$$S_{\mathrm{r}}=K_{\mathrm{r}}(\chi)/f_{\mathrm{r}}(\sigma,c,\varphi) \tag{6-16}$$

同样，$f_{\mathrm{r}}(\sigma,c,\varphi)$的表达形式不同，计算得到的安全系数也可以分为岩石极限应力状态安全系数和岩石极限强度衰减系数。利用折减材料参数c、φ得到的岩石极限强度衰减系数比通过提高应力σ得到的岩石极限应力状态安全系数更有工程使用价值。

以上阐述了节理岩体中隧道围岩稳定性状态的表述类型和方法，给出了节理岩体中隧道围岩稳定性的分析对象和内容。但采用什么样的方法、如何获取表征隧道稳定性的特征参数以及如何正确评价隧道稳定性是需要更为关注的问题，而公路隧道围岩失稳、破坏一般是在隧道围岩产生一定变形后的突发性行为，具有显著非线性和突变性，可用突变理论来分析和研究节理岩体中隧道稳定性问题，同时，借助于强度折减法来获取相应的隧道稳定性特征参数。

6.4.2 强度折减法与突变理论基本原理

1. 强度折减法基本理论及判据

1) 强度折减法基本理论

强度折减法最初于1975年由英国科学家Zienkiewicz提出，该方法的基本原理是将材料强度参数黏聚力c和内摩擦角$\tan\varphi$(这里用正切值折减)同时除以一个折减系数F，得到一组新的黏聚力c'和内摩擦角$\tan\varphi'$，如式(6-17)；再用这个强度参数进行试算，如果研究对象没有达到临界状态，再调整折减系数F；反复试算，直到所研究的对象达到临界破坏状态，此时的折减系数 F 就是研究对象的安全系数，计算步骤见图 6.22。

$$c' = \frac{c}{F}, \quad \varphi' = \arctan\frac{\tan\varphi}{F} \tag{6-17}$$

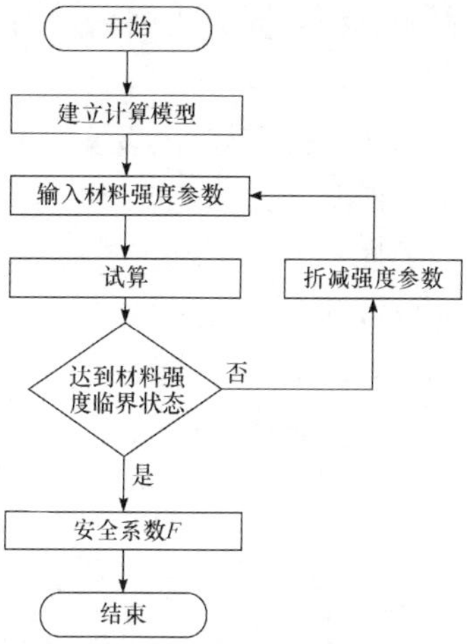

图 6.22　强度折减法计算步骤

随着计算机技术的迅速发展，强度折减法在边坡工程中得到了广泛的应用，Duncan 指出边坡工程中的安全系数定义为岩土的实际剪切强度与临界破坏时折减后的剪切强度的比值，具有强度储备系数的物理意义。但在隧道工程稳定性分析中的应用尚处于初步的探索阶段，对隧道工程围岩安全系数的定义与判据的研究分析很少见，尤其是针对节理岩体隧道围岩稳定性的分析更为罕见。因此，利用强度折减法对节理岩体隧道稳定性进行分析是一种新的分析方法。

2) 强度折减法判据

强度折减法在分析岩体工程稳定性时，需要通过不断地降低材料强度参数以使计算模型进入极限状态，得到的安全系数在一定程度上依赖于所采用的失稳(极限状态)评判标准。因此，工程岩体失稳破坏状态的准确判别是强度折减法能否有效应用的前提。

(1) 有限元强度折减法判据分析。

强度折减法广泛地应用于边坡工程中，主要是借助于有限元的发展和计算机技术水平的提高，针对有限元计算的强度折减法判据也得到了广泛、深入的研究，对失稳判据的认识日益成熟。目前，有限元强度折减法中工程失稳判据主要有以下几种。

① 有限元数值计算收敛性判据。

有限元计算迭代过程被认为是寻找外力和内力达到平衡状态的过程，整个迭代过程需要得到一个合适的收敛标准才会停止。如果工程岩体失稳破坏，失稳破坏滑移面上将产生没有限制的塑性变形，有限元程序就无法从有限元方程组中找到一个既能满足静力平衡又能满足应力-应变关系和强度准则的解，在此条件下，最大位移或不平衡力的残差值均不能满足所要求的收敛条件，有限元计算均不收敛，此时认为模型进入失稳破坏的临界状态。

有限元数值计算中引起计算不收敛的原因可以有多种，例如，荷载步长过大，或体系内不同部分的刚度相差悬殊而使其数值性态较差时，都可发生计算不收敛的情况，因此采用有限元计算收敛性作为工程岩体失稳破坏判据含有一定的非确定性人为因素。因此，将计算的收敛性作为工程岩体失稳判据不具有广泛的适用性。

② 特征部位位移突变性判据。

根据计算域内特征部位位移与材料强度折减系数的关系曲线是否发生突变作为工程岩体失稳破坏的判据，即当材料强度折减系数增大到某一特定值时，特征部位位移突然迅速增大，认为工程岩体发生失稳。

特征部位位移突变性作为工程岩体是否失稳、破坏的判据虽然具有较广泛的应用，但是在应用过程中需要对位移监测的特征部位进行精心的确定，不同特征部位之间的计算结果存在一定差异性。

例如，风化十分严重的罗汉山隧道洞口段，岩土体容重为 20kN/m^3，黏聚力为 150kPa，内摩擦角为 16°，弹性模量为 1GPa，泊松比为 0.3。利用有限元对隧道进行稳定性计算分析，对隧道的拱顶、拱肩、拱腰、拱脚和拱底部位(图 6.23)位移进行了监测，这几个部位计算得到的围岩位移差异性十分明显(图 6.24)。

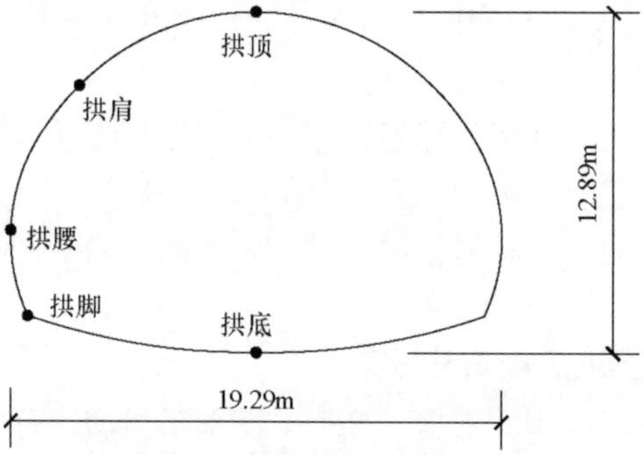

图 6.23　隧道特征部位监测示意图

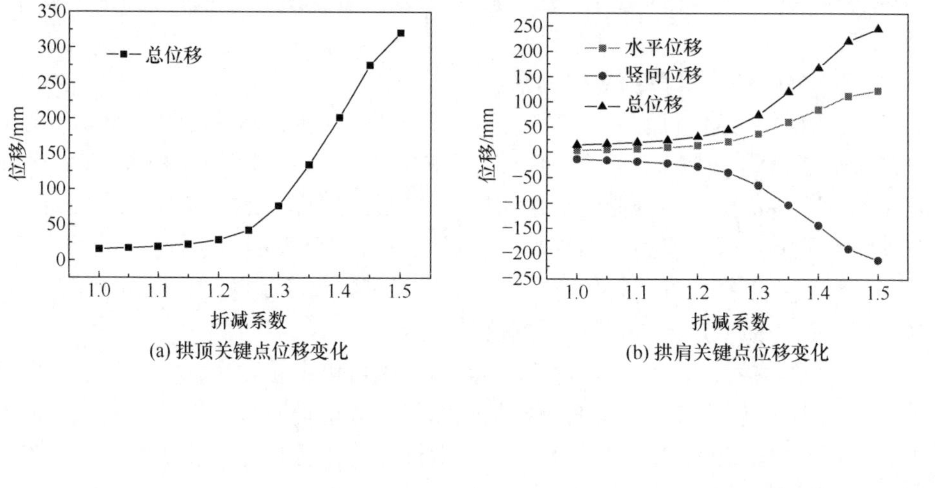

(a) 拱顶关键点位移变化　　(b) 拱肩关键点位移变化

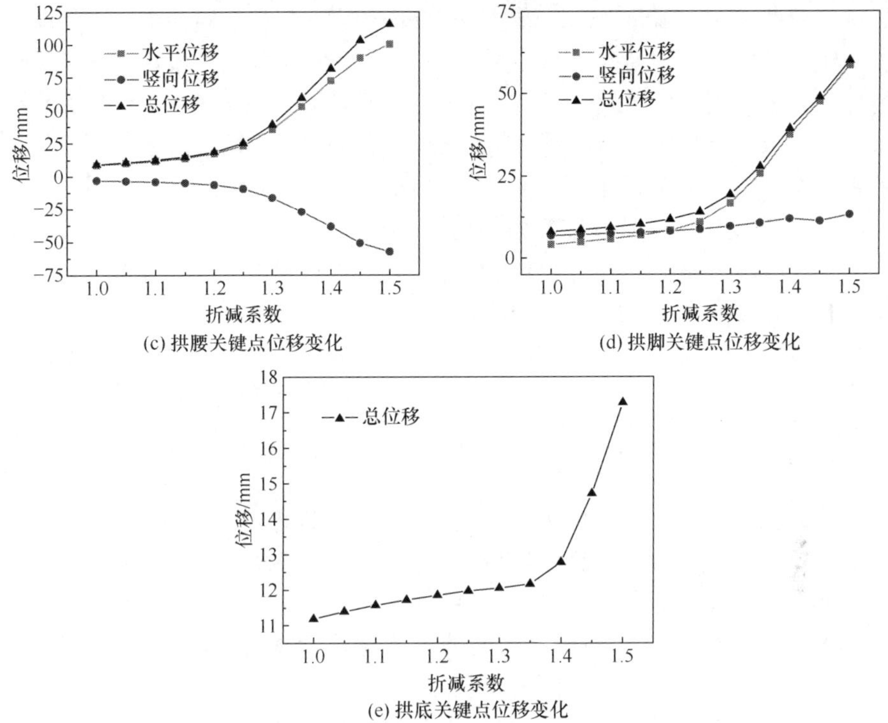

(c) 拱腰关键点位移变化

(d) 拱脚关键点位移变化

(e) 拱底关键点位移变化

图 6.24　隧道关键点位移随折减系数的变化

③ 塑性区贯通性判据。

通过区域内广义剪应变等某些物理量的变化和分布来判断，如计算区域内的塑性区连通时，认为工程岩体发生失稳破坏，此时材料强度折减系数为工程稳定性安全系数。

塑性区贯通性判据物理意义虽然十分明确，但是在某些情况下不能准确地描述塑性区的发生与发展过程，利用计算获得的塑性区贯通来认定极限状态只能是一种近似处理。例如，在计算一水平岩层的自重应力时，如果泊松比的值偏小，则开始计算时由于岩体内剪应力水平较高，整个计算域均处于塑性，但通过弹塑性计算使水平应力增大，体系保持稳定且不破坏。因此，将塑性区的贯通性作为判断失稳指标在应用时存在一定的局限。

④ 其他判据。

郑颖人等(2008)将强度折减法应用到土体隧洞稳定性分析中，提出了以隧洞临空面处围岩出现第一个单元拉破坏为失稳破坏的判据，给出了抗裂安全系数的定义。Jia 和 Tang(2008)利用 RFPA 软件对隧道稳定性进行了强度折减法计算，在 RFPA 有限元强度折减法计算中以最大基元破坏次数(对应于声发射突变点)作为失稳判据。

综上所述，在有限元强度折减法研究和应用中，对研究对象失稳破坏的判据并没有统一的标准。各种方法都有一定的适用条件，总体而言，特征部位位移突变性作为判据的应用性更为广泛，计算结果更为可靠；塑性区贯通性作为判据在一般情况下可以反映隧道的真实安全性，但需要谨慎；有限元数值计算收敛性作为判据，由于计算结果的可靠性较差，尽可能避免使用。

(2) DDA 方法、离散元强度折减法判据分析。

利用 DDA 方法、离散元对工程岩体稳定性进行强度折减法分析主要集中在边坡工程，针对隧道工程稳定性的研究文献甚为少见。目前，DDA 方法、离散元对工程岩体稳定性研究采用强度折减法时，对岩体失稳的判据采用特征部位位移突变性作为判据。

2. 突变理论基本原理

突变理论首先由 Thom 于 1972 年提出，是非线性理论的一个分支，它利用数学模型讨论了动力学系统中状态发生跳跃性变化的普遍规律，其主要出发点是分叉理论和奇异性理论，以及结构稳定性概念。突变理论主要阐述非线性系统如何从连续渐变状态走向系统性质的突变，即参数的连续改变如何导致不连续现象的产生。突变理论的一个显著优点是，即使在不知道系统有哪些微分方程的条件下，仅在少数几个假设的基础上，用少数几个控制变量便可预测系统的诸多定性或定量状态。

例如，如果系统有 n 个状态变量 $x_1, x_2, \cdots, x_n$ ，m 个控制参数 $c_1, c_2, \cdots, c_m$ ，其动力学方程可以表述为

$$\frac{\mathrm{d}x_i}{\mathrm{d}t} = f\left(\left\{x_j\right\},\left\{c_k\right\}\right) \quad (i, j = 1,2,\cdots,n; k = 1,2,\cdots,m)$$

假定上式表示自治动力系统，上式的右边可以表述为一个势函数 $V\left(\left\{x_j\right\},\left\{c_k\right\}\right)$ 的梯度，即

$$\frac{\mathrm{d}x_i}{\mathrm{d}t} = -\frac{\partial V}{\partial x_i} \tag{6-18}$$

上述方程称为梯度动力系统。系统的定态解可由式(6-19)求得：

$$\frac{\partial V}{\partial x_i} = 0 \tag{6-19}$$

定态解 $\left\{x_{j0}\right\}$ 在相空间表现为奇点。突变理论就是利用势函数 $V\left(\left\{x_j\right\},\left\{c_k\right\}\right)$ 来研究奇点 $\left(x_{10}, x_{20}, x_{30}, \cdots, x_{n0}\right)$ 如何随控制变量 $\left(c_1, c_2, c_3, \cdots, c_m\right)$ 变化，以及 V 和 $\left\{x_j\right\}$、$\left\{c_k\right\}$ 的拓扑不变关系的理论。

为了解释各种突变现象，Thom 总结出 7 种突变模型，分别是折叠突变模型、尖点突变模型、燕尾突变模型、蝴蝶突变模型、双曲脐点突变模型、椭圆脐点突变模型、抛物脐点突变模型。其中，尖点突变模型是较常用的突变模型，广泛应用于地下洞室稳定性分析、边坡稳定分析及坝基稳定性分析等。

尖点突变模型是由 Zeeman 提出，其势函数 V 是一个二参函数(两个控制变量 u 和 v)，其状态变量为 x，即

$$V = x^4 + ux^2 + vx \tag{6-20}$$

相应的平衡位置满足

$$\frac{\partial V}{\partial x} = 4x^3 + 2ux + v = 0 \tag{6-21}$$

它在 (x,u,v) 空间中的图形称为突变流形，是一个有褶皱的曲面，从而在不同的区域内，平衡位置的数目是不同的(1 个、2 个或 3 个)，这些点就称为突变点或奇异点，见图 6.25。它们在参数空间中构成了分叉集，见图 6.26，对应于中叶的势函数取极大值，平衡位置是不稳定的；而对应于上下叶的平衡位置是稳定的。显然，在曲面有竖直切线，即满足

$$\frac{\partial^2 V}{\partial x^2} = 12x^2 + 2u \tag{6-22}$$

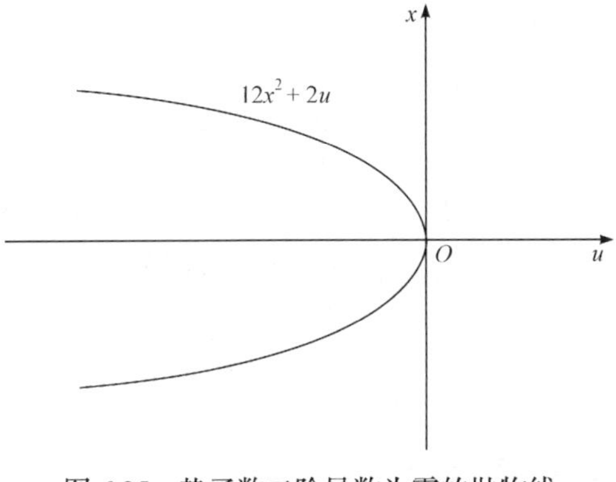

图 6.25　势函数二阶导数为零的抛物线

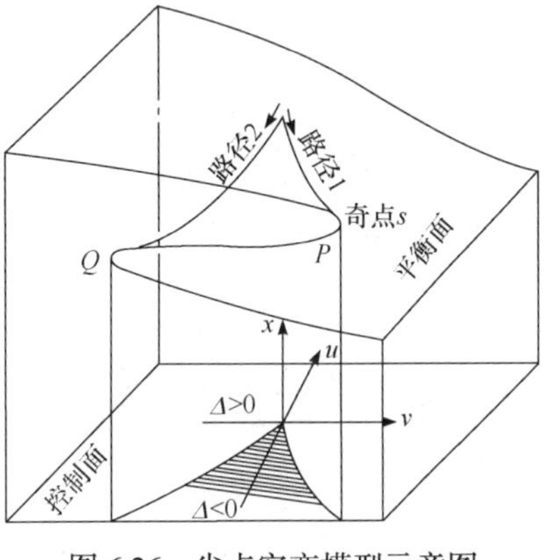

图 6.26　尖点突变模型示意图

6.4.3　强度折减法-位移突变理论分析模型

在隧道开挖后、支护结构施作前，节理岩体隧道工程稳定性主要取决于隧道围岩的稳定性，此条件下隧道围岩稳定性又取决于围岩节理面的稳定程度。节理面控制因素表示如下：节理面稳定状态表征量 $f(\sigma,\tau)$，节理面极限状态标识 $\delta(\sigma,\tau)$，若 $f(\sigma,\tau) < \delta(\sigma,\tau)$，则节理面稳定，节理面两侧岩体稳定；若 $f(\sigma,\tau) \geqslant$

$\delta(\sigma,\tau)$，则节理面处于极限或失稳状态，此时，节理面两侧块体将沿着节理面滑移或破坏，由于没有支护结构的支撑，围岩失稳表现为块体沿节理面的自由滑移状态。因此，此状态下的隧道围岩是否失稳将取决于隧道围岩块体的位移是否会发生突变。

1. 强度折减法的围岩位移突变函数

首先，利用强度折减法将岩体强度参数等比例减小，即将黏聚力 c 和内摩擦角 φ 及抗拉强度 σ_t 同时除以一个折减系数 F，如式(6-23)，得到一组新的 c'、φ'、σ_t' 值，然后作为新的参数输入，得到在该级强度下的位移 ζ_0。

$$c' = \frac{c}{F}, \quad \varphi' = \arctan\frac{\tan\varphi}{F}, \quad \sigma_t' = \frac{\sigma_t}{F} \tag{6-23}$$

重复这一步骤 n 次，便得到 n 级强度条件下的位移 ζ。对隧道关键特征部位而言，将计算得到 n 个位移值，利用最小二乘法对位移-折减系数曲线按多项式进行拟合，可以得出隧道关键特征位移 ζ 与折减系数(隧道安全系数)的函数关系，即

$$\zeta = f(F)$$

一般前 4 次项对函数影响显著，因此取 5 次多项式即可满足精度要求，上式表述为

$$\zeta = a_5F^5 + a_4F^4 + a_3F^3 + a_2F^2 + a_1F + a_0 \tag{6-24}$$

式中，a_0、a_1、a_2、a_3、a_4、a_5 为待定的拟合系数。

对式(6-24)求导可得尖点突变势函数：

$$V = 5a_5F^4 + 4a_4F^3 + 3a_3F^2 + 2a_2F + a_1 \tag{6-25}$$

令 $q = a_4/(5a_5)$，$F = p - q$，代入式(6-25)，消去 3 次项并略去常数项(常数项不会改变 V 的性质)：

$$V = b_4p^4 + b_2p^2 + b_1p \tag{6-26}$$

式中，$b_1 = -20a_5q^2 - 6a_3q + 2a_2$，$b_2 = 30a_5q^2 - 12a_5q + 3a_3$，$b_4 = 5a_5$。

再令 $p = \left(\frac{1}{4b_4}r\right)^{\frac{1}{4}}$ ($b_4 > 0$)，或 $p = \left(-\frac{1}{4b_4}r\right)^{\frac{1}{4}}$ ($b_4 < 0$)，代入式(6-26)，则有

$$V = \frac{1}{4}r^4 + \frac{1}{2}ur^2 + vr \tag{6-27}$$

$$V = -\frac{1}{4}r^4 + \frac{1}{2}ur^2 + vr \tag{6-28}$$

式中，$u=\dfrac{b_2}{\sqrt{|b_4|}}$，$v=\dfrac{b_1}{\sqrt[4]{4|b_4|}}$。

式(6-27)和式(6-28)分别为以状态变量 u、v 为控制变量的正则尖点突变模型和对偶尖点突变模型的标准势函数。

2. 隧道围岩稳定性判据

根据尖点突变模型的基本理论，对势函数 V 求导，并令导数为 0，可得

$$r^3+ur+v=0 \quad (\text{正则尖点突变}) \tag{6-29}$$

$$-r^3+ur+v=0 \quad (\text{对偶尖点突变}) \tag{6-30}$$

由式(6-29)或式(6-30)所决定的临界点集就是平衡曲面，其在(r,u,v)空间中的分布见图 6.27 和图 6.28，其中上、下两叶是稳定的，中叶是不稳定的。

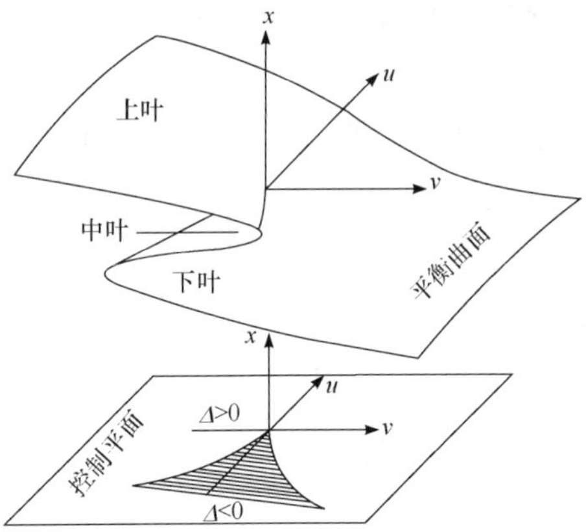

图 6.27　正则尖点突变模型平衡曲面和分叉集

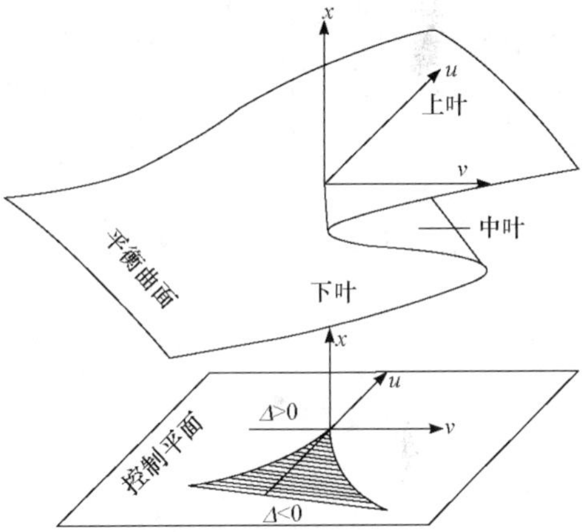

图 6.28　对偶尖点突变模型平衡曲面和分叉集

无论(u,v)沿何种途径变化，相点(r,u,v)都只在上叶(或下叶)平衡变化，当它达到该叶的边缘时即发生突跳而跃过中叶。因此，在平衡曲面上有竖直切线的点就构成状态的突变点集(即奇点集)，其方程为

$$\frac{\partial^2 V}{\partial r^2}=3r^2+u=0 \quad (\text{正则尖点突变}) \tag{6-31}$$

$$\frac{\partial^2 V}{\partial r^2}=-3r^2+u \quad (\text{对偶尖点突变}) \tag{6-32}$$

奇点集在控制变量(u,v)平面上的投影构成分叉集，它是所有使得状态变量产生突变的点的集合。联立式(6-29)、式(6-31)或式(6-30)、式(6-32)消去r，得方程

$$\varDelta = 4u^3 + 27v^2 \tag{6-33}$$

根据尖点突变理论，隧道围岩稳定性判据如下：

(1) 当 $\varDelta > 0$ 时，该状态下隧道围岩处于稳定状态。

(2) 当 $\varDelta = 0$ 时，该状态下隧道围岩处于稳定与非稳定的临界状态。

(3) 当 $\varDelta < 0$ 时，该状态下隧道围岩发生破坏。

6.5　工程实例分析

6.5.1　隧道模型计算

1. 工程概况

福州机场二期高速公路工程中金鸡山隧道设计为双向八车道特大断面连拱隧道，起止桩号 K22+335～K22+630，全长 295m(图 6.29)；隧道单洞净跨度为 18.2m，整体开挖跨度 41.9m，高度 14.2m。隧道围岩为中-弱风化花岗岩、花岗斑岩及闪长玢岩脉体分布，岩石强度较高，但整体完整性较差，围岩以Ⅴ、Ⅳ级为主，其中Ⅳ级围岩最大埋深 46.7m，Ⅴ级围岩最大埋深 36m。

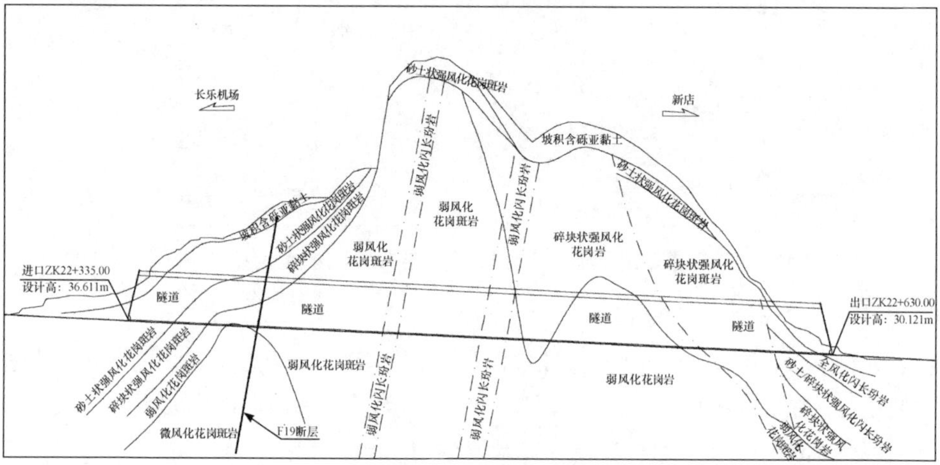

图 6.29　金鸡山隧道地质纵断面示意图(左洞)

计算分析断面选取 K22+560 断面(图 6.30)，埋深为 30m，围岩为弱风化花岗斑岩、微风化花岗斑岩，属于Ⅴ级围岩，围岩容重为 $20kN/m^3$，弹性模量为 1.5GPa，泊松比为 0.28，该断面主要分布有 62°∠75°、63°∠169°两组节理，节理平均间距分别为 1.6m 和 1.8m。

图 6.30　金鸡山隧道 K22+560 断面计算模型(贯通节理岩体)

2. 计算模型折减系数

在计算分析中隧道稳定性完全受节理面控制，而隧道围岩中被节理切割的块体是隧道失稳变形中的最基本单元，其自身不会再破裂，因此围岩失稳所产生的滑移面、裂隙面可为两组节理面中的某一节理面，在隧道稳定性计算分析中，计算折减对象为节理面的力学参数。节理面力学参数分别为：内摩擦角 34°、黏聚力 160kPa、抗拉强度 80kPa。折减系数从 1.00 至 1.30，每次间隔 0.01。

在强度折减计算中，计算模型如图 6.30 所示，长 120m，高 80m；隧道埋深为 35m。根据 6.3 节研究结果，在节理力学参数折减计算中对隧道边墙、拱肩和拱顶及中墙顶部围岩部位的位移进行了监测(图 6.31)。

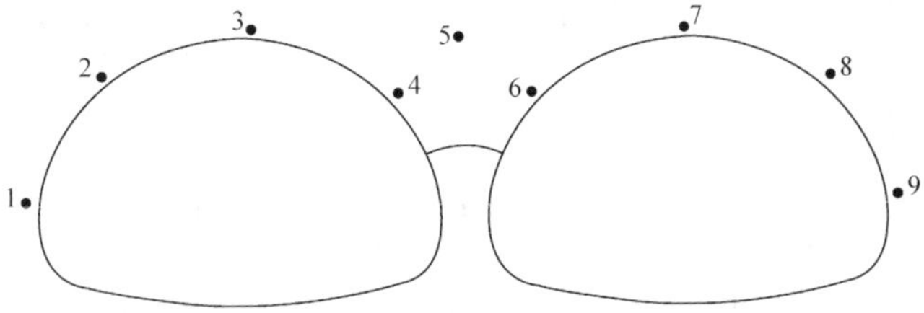

图 6.31　金鸡山隧道特征部位监测示意图

6.5.2　隧道位移分布特征

金鸡山隧道各特征点在不同折减系数下的水平位移和竖向位移及总位移见图 6.32～图 6.34。

在隧道各个监测点的水平位移中，监测点 1 的水平位移最大，其次是隧道左洞 2 个拱肩部位和右洞左拱肩(即监测点 2、4、6)，而隧道右洞右拱肩和右边墙水平位移处于中等水平，左洞拱顶和右洞拱顶及中墙顶部测点的水平位移最小。

在隧道各个监测点的竖向位移中，左洞拱顶监测点 3 和右洞拱顶监测点 7 的竖向位移最大，位移随折减系数的变化也较为显著(图 6.35)；其次是连拱隧道外侧拱肩部位及左洞外侧边墙部位；左洞右拱肩和右洞左拱肩及中墙顶部监测点的竖向位移较小，属于中等水平；右洞右边墙部位竖向位移最小。

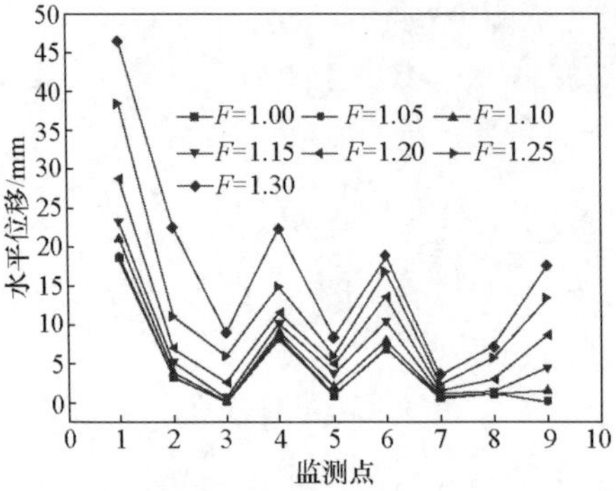

图 6.32　监测点水平位移(贯通节理岩体)

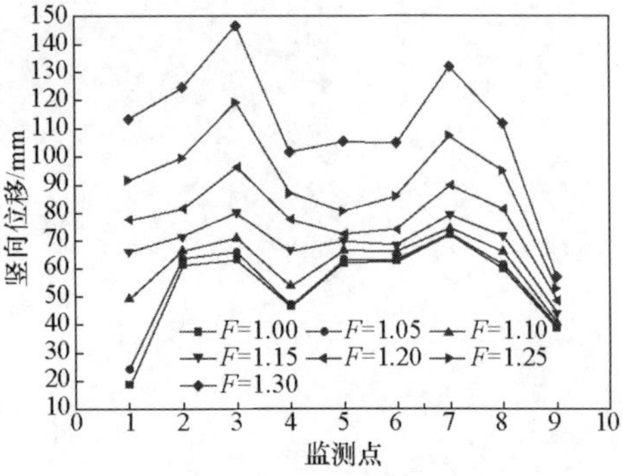

图 6.33　监测点竖向位移(贯通节理岩体)

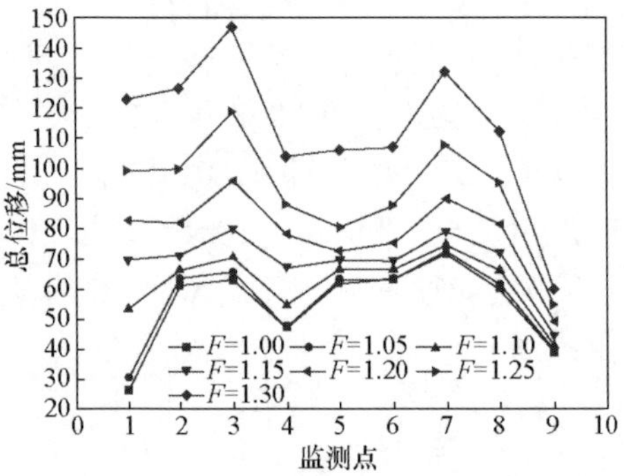

图 6.34　监测点总位移(贯通节理岩体)

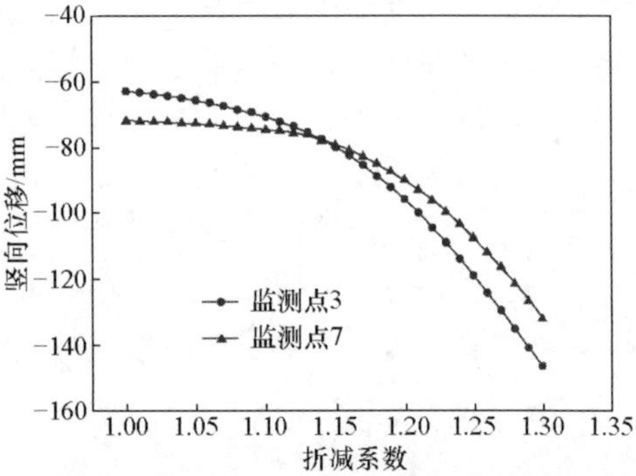

图 6.35　监测点 3 和 7 竖向位移与折减系数的关系

九个监测点的总位移在洞周边的分布规律与竖向位移一致，左洞拱顶监测点 3 和右洞拱顶监测点 7 的总位移最大；其次是连拱隧道外侧拱肩部位及左洞外侧边墙部位；左洞右拱肩和右洞左拱肩及中墙顶部监测点位移较小，属于中等水平；右洞右边墙部位位移最小。

由以上隧道周边特征部位监测点的水平位移、竖向位移和总位移分布规律分析可见：

(1) 金鸡山隧道在 62°∠75°、63°∠169°两组节理的控制下，隧道围岩变形以竖向变形为主，竖向位移一般为水平位移的 2 倍以上。

(2) 金鸡山隧道边墙、拱肩、拱顶及中墙顶部的位移受节理面方位影响显著，具有明显的方向性(图 6.36)。

例如，节理 63°∠169°与隧道壁交割于隧道左洞左侧壁，隧道横截面与水平面夹角为 57°；节理 62°∠75°与隧道壁交割于隧道右洞右侧壁，隧道横截面与水平面夹角为 48°。因此，左洞左侧壁上的围岩块体沿节理 63°∠169°下滑的倾角比右洞右侧壁上的围岩块体滑移倾角大，其左洞左侧壁位移(监测点 1)在强度折减计

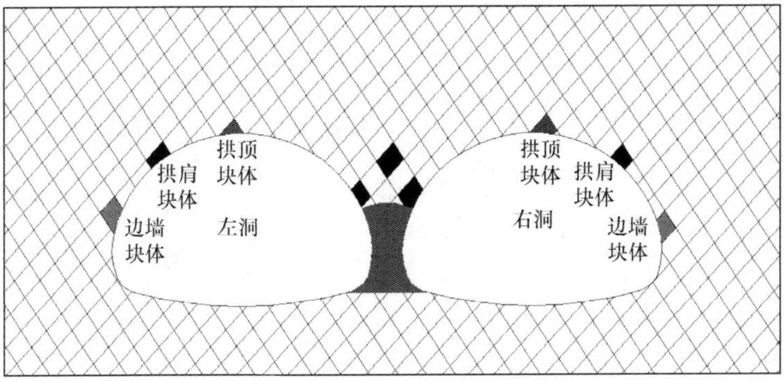

图 6.36　金鸡山隧道围岩块体示意图

算中比右洞右侧壁位移敏感，位移值大。又如，隧道左右洞拱顶围岩在两组节理切割下多为三边形体，在围岩变形过程中竖向位移远远大于水平位移，拱顶围岩表现为向下脱落；左洞左侧拱肩位移比右洞右侧拱肩位移大，受材料参数折减明显。

(3) 从整体分布形态看，金鸡山连拱隧道周边围岩位移属于不对称分布，其中隧道左洞周边围岩位移大于右洞相应部位位移，说明隧道围岩位移受节理面展布特征影响显著。

综上分析，根据以上金鸡山隧道周边围岩的 3 个位移特征，金鸡山隧道围岩稳定性分析应以各监测部位竖向变形为主，同时左洞稳定性比右洞差。

6.5.3　围岩稳定性分析结果

金鸡山隧道左右洞拱顶部位监测点位移与强度折减系数的关系见图 6.35。根据强度折减法-位移突变理论，利用 5 次多项式对 $\zeta_i = f_i(F)$ (i 为折减次数，$i > 5$) 进行拟合和判断，判断结果见表 6.8。

表 6.8　左右洞顶部位移突变判断

序号	折减系数	左洞		右洞	
		判断值Δ	稳定状态	判断值Δ	稳定状态
1	1.00	—	稳定	—	稳定
2	1.01	—		—	
3	1.02	—		—	
4	1.03	—		—	
5	1.04	—		—	
6	1.05	1.25		9385.79	
7	1.06	0.04		19757.71	
8	1.07	0.14		73368.69	

续表

序号	折减系数	左洞		右洞	
		判断值Δ	稳定状态	判断值Δ	稳定状态
9	1.08	0.24	稳定	86245.58	稳定
10	1.09	0.01		59386.54	
11	1.10	0.01		76176.73	
12	1.11	−0.24	失稳	136365.89	
13	1.12	−0.58		138751.59	
14	1.13	−21.97		0.08	
15	1.14	−28.34		0.02	
16	1.15	−2.73		0.04	
17	1.16	−26.74		0.08	
18	1.17	−16.25		−0.12	失稳
19	1.18	−16.49		−0.14	
20	1.19	−29.12		−0.11	
21	1.20	−87.13		−0.05	
22	1.21	−41.52		−0.04	
…	…	…	…	…	…

由表 6.8 可知，利用强度折减法-位移突变理论得到的金鸡山隧道左洞安全系数为 1.10，右洞安全系数为 1.16。表明金鸡山隧道在 62°∠75°、63°∠169°两组节理展布特征影响下，左洞围岩稳定性明显弱于右洞，隧道围岩的稳定性受隧道与节理展布的相对空间关系影响明显。因此，建议金鸡山隧道在施工过程中需要密切关注左洞围岩情况，必要时加强左洞支护。

此外，在利用强度折减法-位移突变理论分析隧道稳定性时需要注意以下两个问题：

(1) 拟合数据的样本数目。在 $\zeta = a_5F^5 + a_4F^4 + a_3F^3 + a_2F^2 + a_1F + a_0$ 多项式拟合时拟合数据不能小于 5，因此强度折减计算次数只有大于等于 6 次时，才能利用强度折减法-位移突变理论进行稳定性分析和判断。换言之，利用强度折减法-位移突变理论分析时需保证前 5 次的计算结果稳定。

(2) 隧道特征部位监测点(块体)的选取。在非连续变形分析计算中，块体的位移大小受该块体与周围块体边-边接触关系和数目影响，位移监测块体应选取位于临空面上且与周围块体接触数目最小的块体。如图 6.37 中，在五个可选监测位移的块体中，块体 2 向下运动时受到块体 1、3 的阻扰；块体 4 向下运动时受到块体

3、5 的阻扰；在 5 个块体中只有块体 3 和 5 受到的阻扰影响最小，块体 3 和块体 5 相比，最佳监测单元为块体 3。

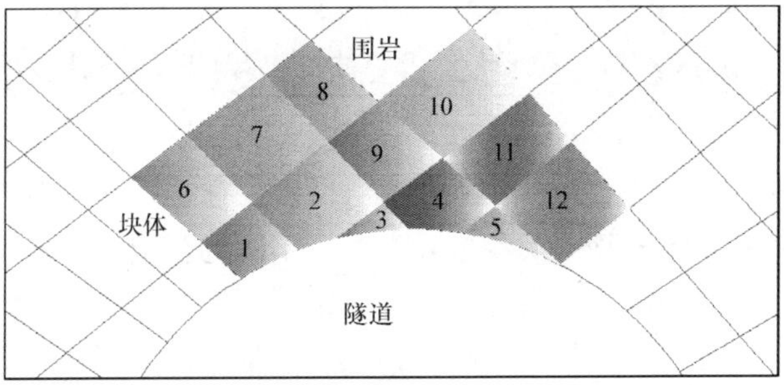

图 6.37　监测单元比选

第 7 章　断续节理岩体隧道围岩稳定性分析方法

工程岩体一般为不连续结构面(统称节理)和岩石块体共同构建的对象，其中节理的展布将完整岩体分割成形状各异、大小不同的断续岩体，或称为断续节理岩体，其中岩体中节理面和岩桥的力学行为共同决定了岩体工程的力学性态，并在岩体变形、破坏过程中，岩桥首先受到破坏，最后使工程岩体产生沿节理面的滑移、破坏。因此，对节理岩体工程力学性质的研究及隧道稳定性的研究应建立在断续节理岩体模型上。

本章在第 6 章研究的基础上，进一步对断续节理岩体的工程稳定性进行研究。首先，在计算模型中引入虚节理，解决断续节理在块体生成中的不足；其次，构建虚节理转化为实节理的方法，由此提供模拟完整岩石破坏的途径；最后，对岩石块体间(虚节理)的强度准则进行研究分析，给出适用于非连续变形分析的 Jennings 强度准则和最大抗拉强度准则，为非连续变形分析数值计算方法实现模拟断续节理提供理论依据。

7.1　非连续变形分析计算程序分析

7.1.1　虚节理

非连续变形分析方法数值计算过程中，首先对研究对象进行块体搜索和块体生成。如图 7.1 中，6 条随机长度、随机方向的节理可以形成 A、B、C、D 4 个块体，在块体搜索过程中，不仅要把节理切割形成的块体找出来，还要将未能形成块体的节理部分(如图 7.1(a)中虚线部分)记录下来，并在块体生成过程中删除，最后仅保留块体单元(如图 7.1(b))。

因此，在块体生成过程中需要对节理进行删截处理，若研究区域内的节理为贯通节理，则这种删截不会产生，对节理的展布特征没有影响(图 7.2)。若节理为断续节理，则这种删截处理会改变研究区域的力学特性，甚至无法反映实节理展布特征对工程的影响。如图 7.3(a)所示，两组节理为断续节理，迹长分别为 6.2m 和 4.8m，岩桥长度为 0.5m，在此展布状况下，生成的块体(图 7.3(b))多为相互铰接的块体，该形态下分析区域的围岩稳定性明显改善，未能反映原有的性态。

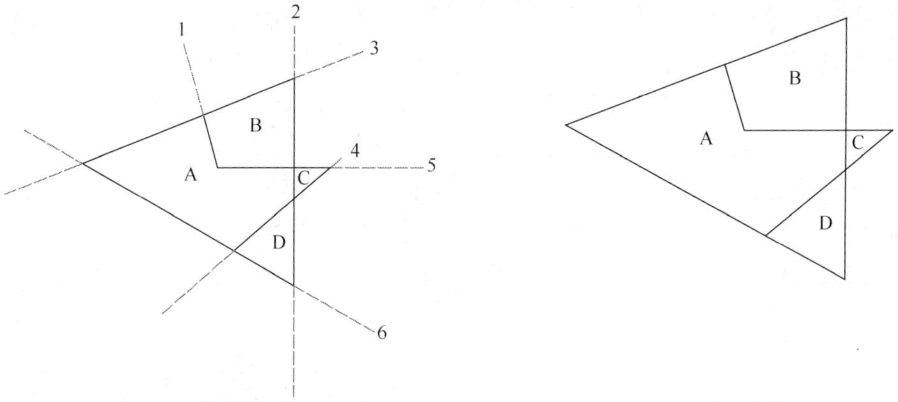

(a) 块体搜索　　(b) 块体生成

图 7.1　块体生成

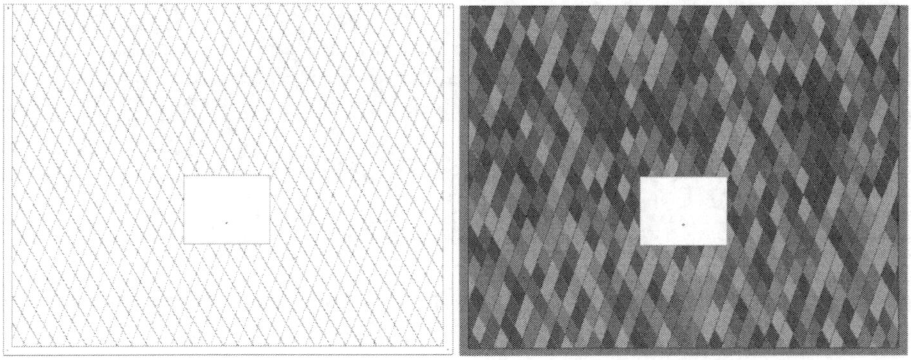

(a) 贯通节理分布　　(b) 块体生成

图 7.2　贯通节理模型

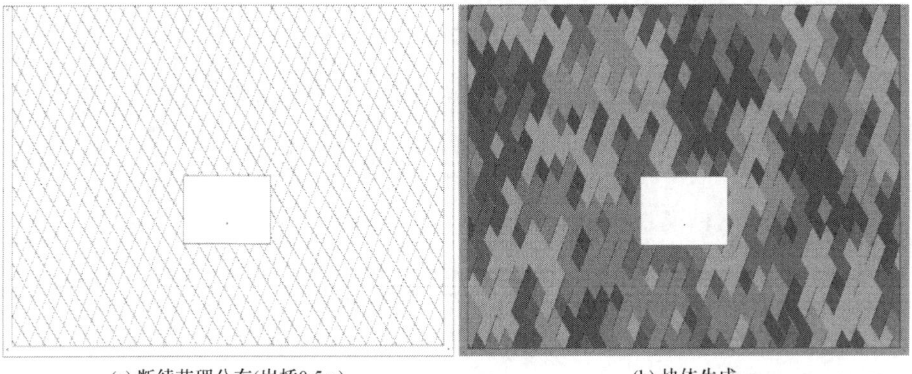

(a) 断续节理分布(岩桥0.5m)　　(b) 块体生成

图 7.3　断续节理模型

此外，在非连续变形分析中，块体的变形、破裂、滑移等力学行为均发生在其边界条件(即节理线)上，由于块体内部不存在类似的边界条件，块体本身不会发生开裂、破坏现象，即无法模拟块体(或完整围岩)自身的破坏。因此，非连续变形分析在隧道工程围岩稳定性分析中的适用范围受到了限制。

解决以上两点不足的关键是能否在分析域内提供用于减少删截带来的不利影响、能够为块体破坏提供途径的虚构的节理，即虚节理。若能在块体生成过程中提供一定数量的虚节理，则上述两个问题可以得到解决，满足工程稳定性分析的需要。如图 7.4 所示，在与图 7.3 节理展布特征相同的断续节理条件下，在分析域内添加一定数量的虚节理生成的块体(图 7.4(b))，基本上能够保持原岩条件下的力学行为。

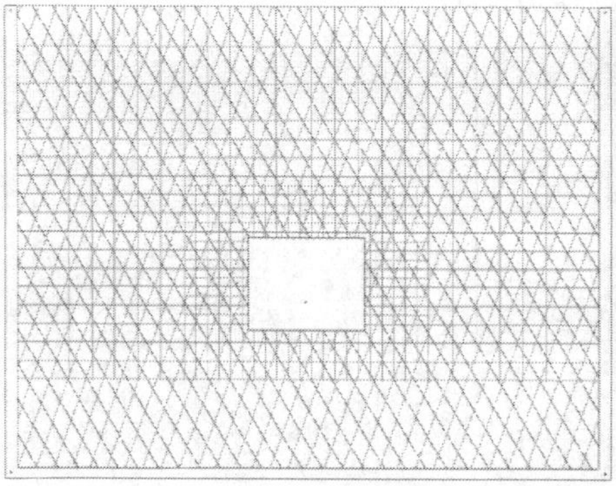

(a) 断续节理分布(岩桥0.5m)

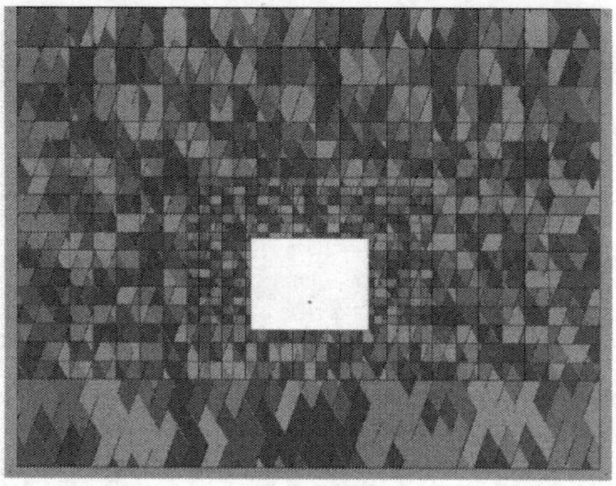

(b) 块体生成

图 7.4　虚节理模型

因此，在非连续变形分析中通过添加横向、竖向虚节理的方法来改善非连续变形分析方法计算的可靠性和与原岩条件的相似性。

7.1.2　虚节理力学参数

虚节理本身是为节理扩展、块体破裂而提供的一种假想路径，在真实岩体中并不存在，所以在初始状态下，虚节理的力学参数就是围岩块体的力学参数。但在计算过程中当虚节理应力状态满足一定条件时，虚节理会转化为实节理，此时的力学参数也相应地转化为实节理力学参数。可见，若要模拟块体开裂和断续节理岩体变形过程中的力学行为，需要添加虚节理力学参数转换模块。虚节理力学参数转换方式有两种模式：

(1) 虚节理应力状态在达到极限应力状态后，虚节理变为实节理，其力学参数立即从块体力学参数转变为实节理力学参数(图 7.5)。该模式岩体在峰值强度后，直接弱化到残余强度(节理强度)，不存在变形软化阶段；该模式一般出现在低围压的脆性岩体中。

(2) 虚节理应力状态在达到极限应力状态后，虚节理变为实节理，但其力学参数并不是立刻转变为实节理力学参数，而是存在一个过程，其力学参数是随着这个过程逐步由块体力学参数弱化为实节理力学参数(图 7.6)。

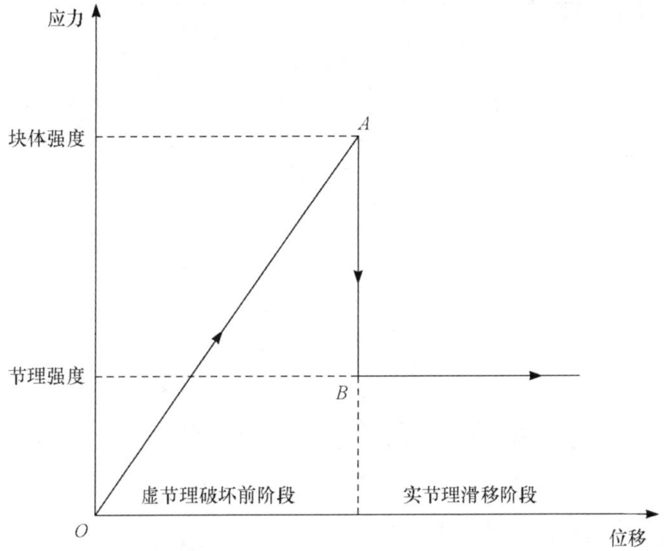

图 7.5 虚节理参数转换模式 I

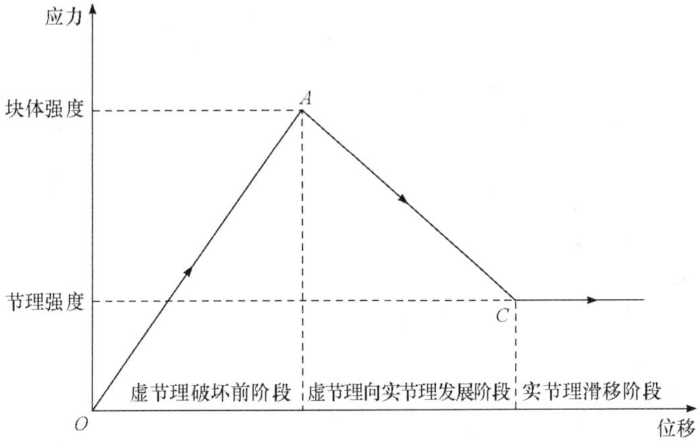

图 7.6 虚节理参数转换模式 II

7.1.3 断续节理扩展特征分析

断续节理岩体的变形、破坏实际为原有节理的贯通、岩桥的破坏，在非连续变形分析数值计算中可认为是虚节理的开裂和破坏。在非连续变形分析原始计算程序中，块体间的滑移、张开是按照莫尔-库仑强度和最大拉应力准则进行判定的，块体间的(节理)力学属性单一；而引入虚节理后，块体间的(节理)力学属性由一种或两种力学属性组合而成，且这种组合是一种与应力状态有关的动态组合(图 7.7)，非连续变形分析原始计算程序算法不能处理和正确反映这种力学行为。为此，需要建立适合断续节理岩体的强度计算方法。

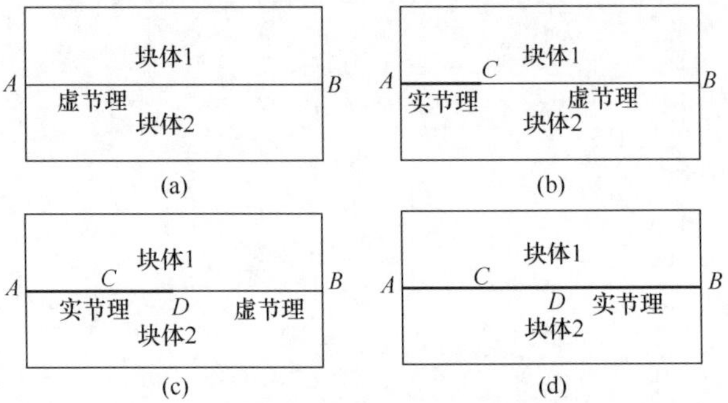

图 7.7　虚节理-实节理转化过程

7.2　断续节理岩体采用的强度准则

7.2.1　断续节理岩体扩展贯通强度准则

1. 莫尔-库仑强度准则

当节理面或岩桥某面上的法向应力和切向应力满足莫尔-库仑强度准则时，发生剪切破坏。莫尔-库仑强度准则见式(7-1)。

$$\tau = c_0 + \sigma_{\mathrm{n}} \tan \varphi_0 \tag{7-1}$$

式中，τ 为剪应力；c_0 为黏聚力；σ_{n} 为法向正应力；φ_0 为内摩擦角。

2. 最大拉应力准则

当岩桥某点的最小主应力达到抗拉强度时，发生张拉破坏。最大拉应力准则见式(7-2)。

$$\sigma_3 = \sigma_{\mathrm{t}} \tag{7-2}$$

式中，σ_3 为最小主应力；σ_{t} 为抗拉强度。

3. Jennings 强度准则

Jennings 强度准则是最先建立的断续节理岩体的强度准则，在工程上得到了广泛应用，主要内容为

$$\tau = c + \sigma_{\mathrm{n}} \tan \varphi \tag{7-3}$$

$$c = kc_{\mathrm{j}} + (1-k)c_{\mathrm{b}} \tag{7-4}$$

$$\tan \varphi = k \tan \varphi_{\mathrm{j}} + (1-k) \tan \varphi_{\mathrm{b}} \tag{7-5}$$

式中，c_{j} 为节理面的黏聚力；φ_{j} 为节理面的内摩擦角；c_{b} 为岩桥的黏聚力；φ_{b} 为

岩桥的内摩擦角；k 为节理的连通率；c 为加权平均黏聚力；φ 为加权平均内摩擦角。

式(7-3)是 Jennings 模型的抗剪强度计算公式，式(7-4)和式(7-5)是加权平均抗剪强度参数计算公式，故式(7-3)又称为加权平均公式。

实际上，直接由节理面和岩桥按照莫尔-库仑准则计算的抗剪强度加权平均可得到式(7-3)。

$$\tau_{\mathrm{j}} = c_{\mathrm{j}} + \sigma_{\mathrm{n}} \tan\varphi_{\mathrm{j}} \tag{7-6}$$

$$\tau_{\mathrm{b}} = c_{\mathrm{b}} + \sigma_{\mathrm{n}} \tan\varphi_{\mathrm{b}} \tag{7-7}$$

$$\tau = \tau_{\mathrm{j}} k + (1-k)\tau_{\mathrm{b}} \tag{7-8}$$

式中，τ_{j} 为节理面的抗剪强度；τ_{b} 为岩桥沿剪切面破坏的抗剪强度。将式(7-6)和式(7-7)代入式(7-8)，即可得到式(7-3)。

考虑到节理面和岩桥的区别，将 Jennings 强度准则修正为

$$\tau = c + c_{\mathrm{n}}\sigma_{\mathrm{n}} \tan\varphi \tag{7-9}$$

式中，c_{n} 为节理面的传压系数。

4. Lajtai 岩桥破坏理论

Lajtai 将岩桥的破坏分为张性破坏、剪性破坏和挤压破坏三种模式，建立了相应的断续节理岩体扩展贯通的强度公式，即

$$\tau = k\left(c_{\mathrm{j}} + \sigma_{\mathrm{n}} \tan\varphi_{\mathrm{j}}\right) + (1-k)\left[\sigma_{\mathrm{t}}\left(\sigma_{\mathrm{t}} - \sigma_{\mathrm{n}}\right)\right]^{1/2} \tag{7-10}$$

$$\tau = k\left(c_{\mathrm{j}} + \sigma_{\mathrm{n}} \tan\varphi_{\mathrm{j}}\right) + \frac{1-k}{2}\left[\frac{(2c_{\mathrm{b}} + \sigma_{\mathrm{n}} \tan^2\varphi_{\mathrm{b}})^2}{1+\tan^2\varphi_{\mathrm{b}}} - \sigma_{\mathrm{n}}^2\right]^{1/2} \tag{7-11}$$

$$\tau = k\left(c_{\mathrm{j}} + \sigma_{\mathrm{n}} \tan\varphi_{\mathrm{j}}\right) + (1-k)\sigma_{\mathrm{n}} \tan\varphi_{\mathrm{u}} \tag{7-12}$$

式中，φ_{u} 表示岩桥挤压破坏时的内摩擦角。

式(7-10)为张拉破坏的抗剪强度公式，式(7-11)为剪切破坏的抗剪强度公式，式(7-12)为挤压破坏的抗剪强度公式。

7.2.2　Jennings 强度准则处理

目前，能够反映断续节理的强度理论有 Jennings 强度理论和 Lajtai 岩桥破坏理论。虚节理贯通强度准则欲首先采用 Jennings 强度理论方法；然后在 Jennings 强度理论中将节理端力学参数的弱化考虑进来，以此对 Jennings 强度理论进行处理。

1. 虚节理力学性质参数弱化

虚节理力学性质参数的弱化程度受虚节理开裂后扩展程度的影响：在达到极限应力状态前，虚节理尚未开裂，其力学性质参数仍为岩石强度参数(c_b、φ_b)；而在虚节理全部贯通后，虚节理全部转化为实节理，其力学性质参数弱化为实节理强度参数(c_j、φ_j)；在两种状态中间即在达到极限应力状态后、虚节理全部转化为实节理前，虚节理已扩展部分的强度参数(c_i、φ_i)不断弱化，弱化程度受虚节理转化程度的影响。对虚节理转化程度用虚节理连通率来描述，虚节理连通率定义为虚节理已转化长度与虚节理初始长度的比值，因此虚节理已扩展部分的强度参数(c_i、φ_i)可描述为虚节理连通率的函数，假定这种函数关系为线性关系(图 7.8)，其在某状态 B 下已扩展部分节理面的强度参数计算公式为

$$c_B = c_b - k_B\left(c_b - c_j\right) \tag{7-13}$$

$$\tan\varphi_B = \tan\varphi_b - k_B\left(\tan\varphi_b - \tan\varphi_j\right) \tag{7-14}$$

式中，c_B 为状态 B 时虚节理已扩展部分的黏聚力；φ_B 为状态 B 时虚节理已扩展部分的内摩擦角；k_B 为状态 B 时虚节理连通率。

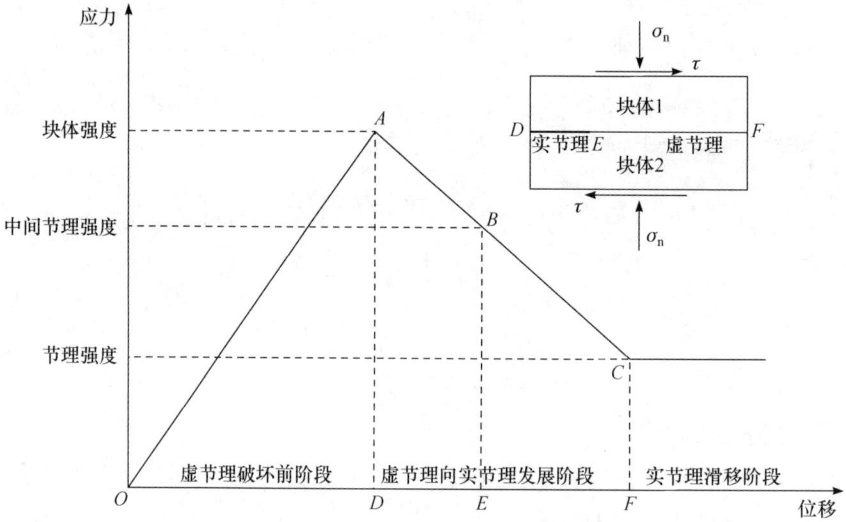

图 7.8　复合节理剪切破坏模型过程曲线

将式(7-13)、式(7-14)以节理强度参数的形式代入式(7-4)、式(7-5)中，便得到虚节理扩展过程中状态 B 下的加权平均黏聚力 c 和加权平均内摩擦角 φ。

$$c = c_b - k_B^2\left(c_b - c_j\right) \tag{7-15}$$

$$\tan\varphi = \tan\varphi_b - k_B^2\left(\tan\varphi_b - \tan\varphi_j\right) \tag{7-16}$$

式(7-15)、式(7-16)即为虚节理在开裂后随着节理扩展变化的力学性质参数弱

化公式，因此将式(7-15)、式(7-16)代入式(7-3)便得到仅由虚节理控制的 Jennings 强度。

2. 虚节理力学性质参数弱化下的断续节理强度

断续节理强度是由实节理和虚节理两种节理强度共同决定的，而且节理扩展过程中虚节理力学性质参数是经过弱化后才转化为实节理的力学性质参数，虚节理力学性质参数弱化公式如式(7-15)和式(7-16)所示。因此，对断续节理而言，加权平均抗剪强度参数为

$$c = k_0 c_{\mathrm{j}} + (1-k_0)\left[c_{\mathrm{b}} - k_B^2 (c_{\mathrm{b}} - c_{\mathrm{j}})\right] \tag{7-17}$$

$$\tan\varphi = k_0 \tan\varphi_{\mathrm{j}} + (1-k_0)\left[\tan\varphi_{\mathrm{b}} - k_B^2 (\tan\varphi_{\mathrm{b}} - \tan\varphi_{\mathrm{j}})\right] \tag{7-18}$$

式中，k_0 为断续节理初始连通率；k_B 为状态 B 时虚节理连通率。其中，虚节理连通率 k_B 和断续节理初始连通率 k_0、断续节理即时连通率 k 三者的关系如下：

$$k_B = \frac{k-k_0}{1-k_0} \tag{7-19}$$

将式(7-19)代入式(7-17)、式(7-18)得到以断续节理初始连通率、即时连通率表示的加权平均抗剪强度参数：

$$c = k_0 c_{\mathrm{j}} + (1-k_0)\left[c_{\mathrm{b}} - \left(\frac{k-k_0}{1-k_0}\right)^2 (c_{\mathrm{b}} - c_{\mathrm{j}})\right] \tag{7-20}$$

$$\tan\varphi = k_0 \tan\varphi_{\mathrm{j}} + (1-k_0)\left[\tan\varphi_{\mathrm{b}} - \left(\frac{k-k_0}{1-k_0}\right)^2 (\tan\varphi_{\mathrm{b}} - \tan\varphi_{\mathrm{j}})\right] \tag{7-21}$$

将式(7-20)、式(7-21)代入式(7-3)便得到断续节理扩展时的强度。

虚节理在长度上全部贯通后，虚节理成为实节理，强度参数为实节理强度参数(c_{j}、φ_{j})。

7.2.3 最大抗拉强度准则处理

虚节理的破坏形式基本上可以归为两种：剪切破坏和拉伸破坏。张秀丽等(2007)根据线状黏性裂纹模型提出了块体间黏结算法的改进方法。该方法认为材料在真正断裂之前会经历一个断裂过程区(图 7.9)，断裂过程区的尖端为裂纹区和未裂区的分界，末端为真正裂纹的尖端；虚节理的黏聚力达到抗拉强度之后，将随块体张开位移的增加而减小，当黏聚力减小到零时，虚节理转化成实节理。块体间的法向黏聚力表达式为

$$f_{\mathrm{n}} = k_1 d \quad (d < d_0) \tag{7-22}$$

$$f_{\mathrm{n}} = k_1 d_0 \frac{d_{\mathrm{c}} - d}{d_{\mathrm{c}} - d_0} \quad (d_0 < d < d_{\mathrm{c}}) \tag{7-23}$$

式中，k_1 为法向接触弹簧刚度；d 为块体张开位移，由块体之间的相对位置确定；d_0 为法向黏聚力达到最大抗拉强度时的块体张开位移；d_{c} 为法向黏聚力为零时的块体位移。法向黏聚力与块体张开位移的关系见图 7.10。

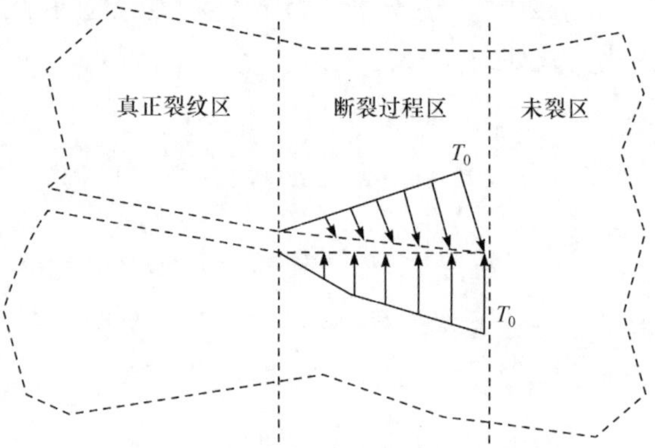

图 7.9　黏性裂纹模型断裂过程区(张秀丽等，2007)

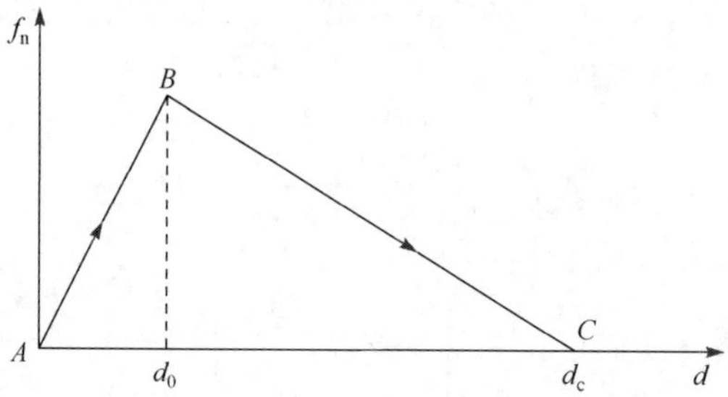

图 7.10　块体间法向黏聚力与块体张开位移的关系(张秀丽等，2007)

虚节理的线状黏性裂纹模型能够较好地反映材料在达到抗拉强度后黏聚力的弱化特征，但是这种法向黏聚力的弱化规律受法向接触弹簧刚度和块体张开位移影响，所涉及参数的确定较为复杂。

在虚节理开裂、扩展，最后成为实节理的过程中，同样将此过程分为三个阶段(图 7.11)：应力状态未达到抗拉强度前的阶段(虚节理破坏前阶段)；虚节理、实节理共存阶段(虚节理向实节理发展阶段)；虚节理全部开裂扩展为实节理后的阶段(实节理滑移阶段)。其中，第 1 阶段，虚节理力学参数不发生变化，保持块体力学参数不变；第 2 阶段，块体间的节理一部分是虚节理，一部分是实节理，且随着实节理扩展，抗拉强度降低；第 3 阶段，虚节理已全部变为实节理，力学参数全部由岩石强度参数转变为实节理力学参数。

当块体 1、块体 2 受到拉应力为 σ_{12} 时，若 $\sigma_{12} l > \sigma_{\mathrm{b}} l$($l$ 为块体 1、块体 2 间虚

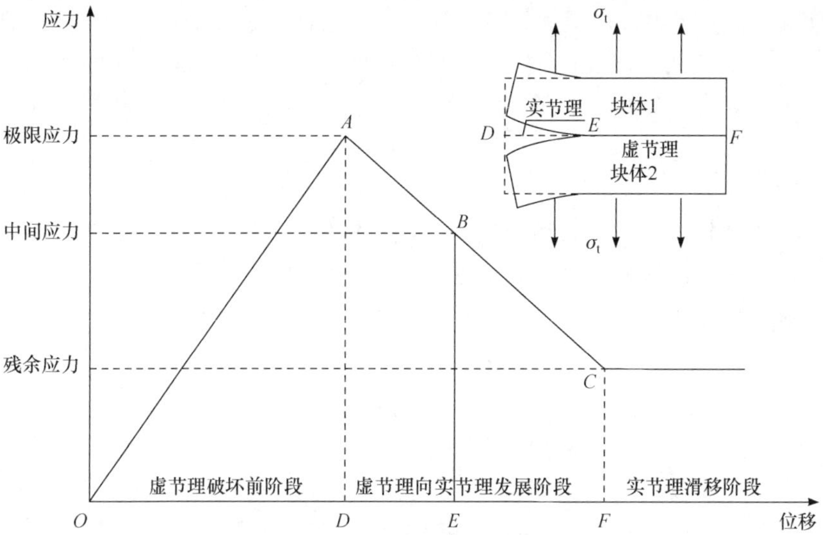

图 7.11　复合节理拉伸破坏模型过程曲线

节理 DF 的长度)，则块体 1、块体 2 间发生拉裂破坏，作用在块体 1、块体 2 的拉应力为 σ_{b}(假定为极限平衡状态)。当实节理由 D 端发展到 E 点时(虚节理长度为 l_{j}，实节理长度为 $l-l_{\mathrm{j}}$)，此时，抗拉强度由实节理 DE 段和虚节理 EF 段共同决定，根据极限平衡状态，有

$$\sigma_E=\frac{l_{\mathrm{j}}\sigma_{\mathrm{j}}+\left(l-l_{\mathrm{j}}\right)\sigma_{\mathrm{b}}}{l}$$

式中，σ_E 为状态 B 的抗拉强度。

用连通率表示为

$$\sigma_E=k_E\sigma_{\mathrm{j}}+\left(1-k_E\right)\sigma_{\mathrm{b}} \tag{7-24}$$

7.3　断续节理扩展算法实现与算例

7.3.1　断续节理开裂算法实现

非连续变形分析计算程序中位移采用全一阶近似模式，块体单元内部某点位移根据线性插值计算得出，利用各点的位移关系难以反映块体逐步变形破坏的过程。此外，全一阶近似位移模式计算程序中边-边接触是通过端点部位的弹簧表示，利用切向弹簧、法向弹簧的变形关系反映两侧块体的力学关系，接触边界上的应力分布形态对块体真实变形破坏过程中的应力分布描述亦缺乏精确性。因此，在非连续变形分析全一阶近似位移模式的计算程序中，虚节理连通率用虚节理转化为实节理的长度与虚节理全部长度的比值进行表征难以实现。本节采用一种伪连通率来表征块体变形中逐步破坏程度的真正连通率，伪连通率利用虚节理一侧块体的位移(假定另一侧固定)与虚节理的某一百分比的比值表示，表达式为

$$k_i = \frac{s_d}{l_{jk}}$$

式中，k_i 表示虚节理 i 的伪连通率；s_d 表示虚节理一侧块体的位移(假定另一侧固定)，或两侧块体位移差值；l_{jk} 表示虚节理贯通时的总位移，取虚节理长度的 2%。

考虑虚节理破坏弱化的非连续变形分析算法的计算程序流程见图 7.12。

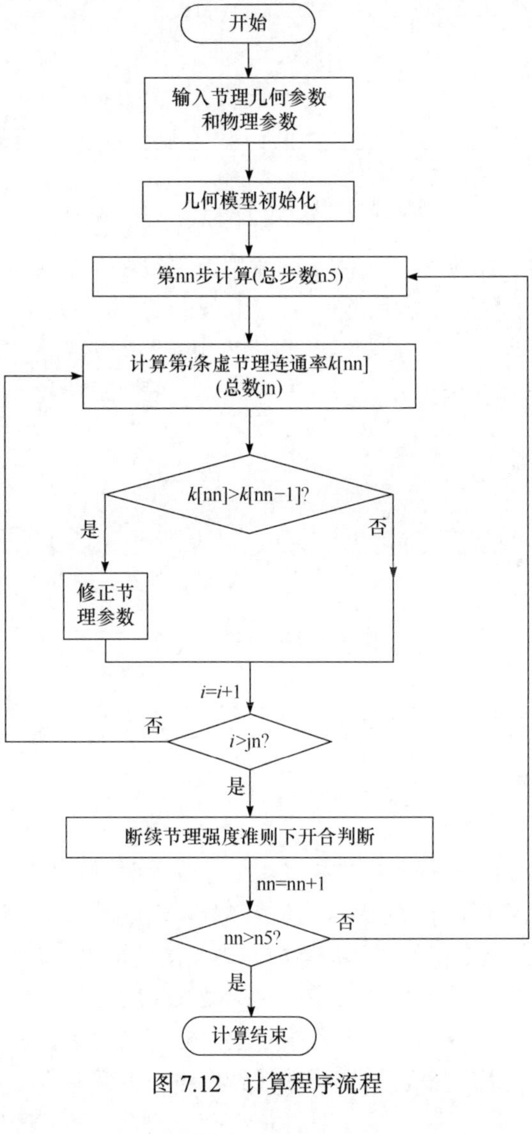

图 7.12　计算程序流程

7.3.2 断续节理岩体剪切试验计算校验

1. 数值模拟

1) 模型几何参数与材料参数

断续节理剪切试验模拟中采用中间为岩桥、两边为节理的计算模型，模型尺寸为 300mm×300mm(长×高)。其中两侧节理面的长度均为 80mm，中间岩桥长 140mm(图 7.13)。计算中岩石力学性质参数见表 7.1，节理面黏聚力为 0.56MPa，内摩擦角为 32.3°，抗拉强度为 0MPa。

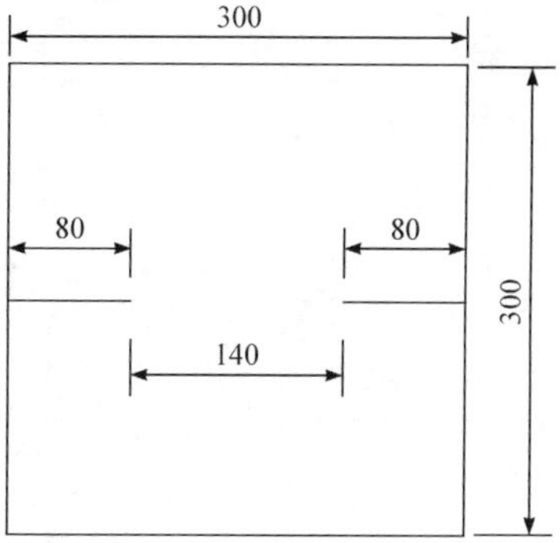

图 7.13　断续节理试样尺寸(单位：mm)

表 7.1　试样基本力学性质参数(刘远明，2007)

密度 /(kg/m³)	抗压强度 /MPa	抗拉强度 /MPa	弹性模量 /MPa	泊松比	黏聚力/MPa	内摩擦角/(°)
2.1	18.0	1.71	3700	0.16	3.93	41.6°

2) 剪切试验模拟方案及结果

断续节理剪切试验模拟中先施加法向荷载至预定值后再施加切向荷载，计算直到节理贯通、滑移破坏为止，分别模拟计算法向应力为 0.5MPa、1.0MPa、1.5MPa、2.0MPa 和 3.0MPa 时的剪切试验。5 级法向应力模拟计算所获得的剪应力-剪切位移曲线见图 7.14。

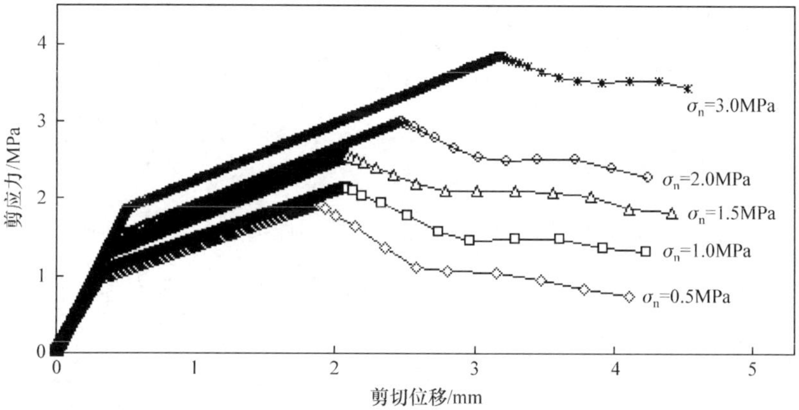

图 7.14　5 级法向应力下断续节理的剪应力-剪切位移曲线(数值模拟)

2. 室内试验

刘远明(2007)对中间为岩桥、两边为节理的断续人工节理的剪切试验进行了研究，试件尺寸为 300mm×150mm×300mm(长×宽×高)，沿剪切方向每个节理面的长度均为 80mm，中间岩桥长 140mm(图 7.15)；岩石材料力学性质参数见表 7.1；节理面的抗剪参数通过直剪试验获取，其黏聚力为 0.56MPa，内摩擦角为 32.3°。

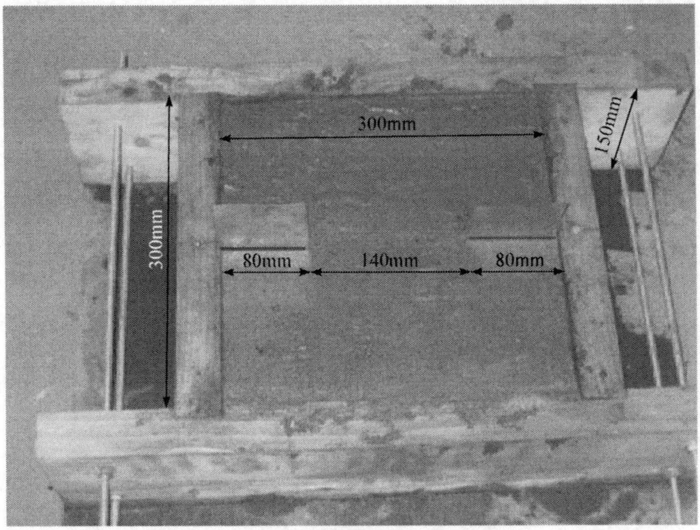

图 7.15　断续节理试样(刘远明，2007)

分别在 0.5MPa、1.0MPa、1.5MPa、2.0MPa 和 3.0MPa 5 级法向应力下进行直剪试验，先通过荷载控制方式施加法向荷载，加载速率为 5kN/min，直至预定法向荷载值；再按位移控制方式施加切向荷载，加载速率为 0.3mm/min，当剪应力-剪切位移曲线超过峰值并且切向位移达到 5mm 时停止试验。试验过程中自动采集切向变形-切向荷载曲线，5 级法向应力下断续节理的剪应力-剪切位移曲线见图 7.16。

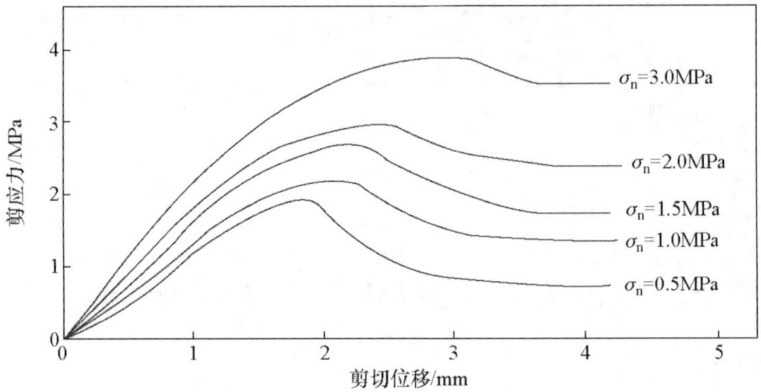

图 7.16　5 级法向应力下断续节理的剪应力-剪切位移曲线(室内试验)(刘远明，2007)

3. 数值模拟结果与室内试验结果比较

断续节理剪切试验的非连续变形分析数值模拟结果与室内试验结果比较见图 7.17。由图可知：

(1) 非连续变形分析断续节理岩体扩展计算程序对断续节理试件剪应力峰值后变形、破坏的模拟曲线与实际试验曲线十分接近，由此可以表明，考虑岩石力学参数弱化的非连续变形分析断续节理扩展算法能够反映断续节理岩体在达到峰值强度后节理岩体的变形、破坏发展趋势。

(2) 对峰值前的断续节理试件切向变形的模拟结果不是很理想，与剪切试验曲线差异性较大。其原因主要有两点：一是剪切试验中试件在加载开始时节理面(具有一定的厚度，约为 0.3mm)和试件中的微空隙会出现一定闭合，而在达到峰值前试件内部又会出现一定量的微裂隙，这两者使得试件峰值前剪切位移曲线呈现出 S 形，而非线性直线。二是数值计算过程中试件弹性阶段的位移曲线取决于既定的本构关系，无法反映试件中节理面和微裂隙的影响，如图 7.17 中峰值前的模拟计算点均是线性，且在法向荷载达到预定值、施加切向荷载时均会出现拐点；同时，计算所采用的强度准则使得试件峰值强度发生在虚节理即将扩展、岩桥即将破坏时，不能反映剪切试验中试件峰值微裂隙扩展、剪应力增加的现象。

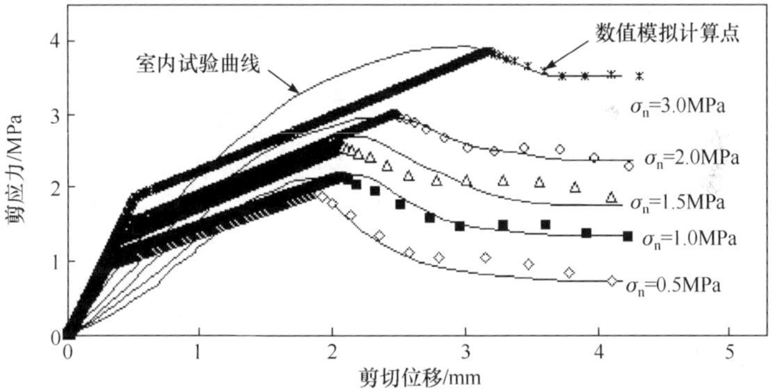

图 7.17　数值模拟结果与试验结果比较

因此，考虑力学参数弱化的非连续变形分析断续节理扩展算法虽然不能完全反映断续节理破坏前的变形特征，但可以较真实地反映断续节理在剪切峰值强度以后的变形、破坏特征。

7.3.3　完整岩石试件开裂模拟

试件为 10cm×10cm 的正方形试件，虚节理位于块体中间水平部位(图 7.18)，模拟计算中将虚节理下部块体固定，对试件进行剪切模拟和单轴抗拉模拟。块体力学参数、虚节理力学参数及其弱化后实节理力学参数见表 7.2 和表 7.3。

表 7.2 岩石力学参数(魁歧隧道岩体)

密度/(kg/m^3)	弹性模量/GPa	泊松比
2600	15	0.25

表 7.3 节理力学参数(魁歧隧道岩体)

节理类型	内摩擦角/(°)	黏聚力/MPa	抗拉强度/MPa
虚节理	44	2.0	4.0
实节理	37	0.8	0

1. 试件剪切试验模拟

试件法向施加 2.0MPa 的恒定应力，切向初始应力为 2.6MPa，计算开始后按照既定速率(主要依据计算时间和计算步数确定)进行加载(图 7.19)。

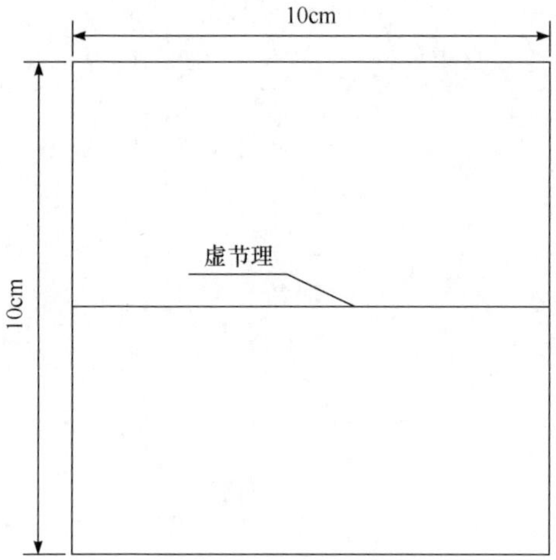

图 7.18 试件模型

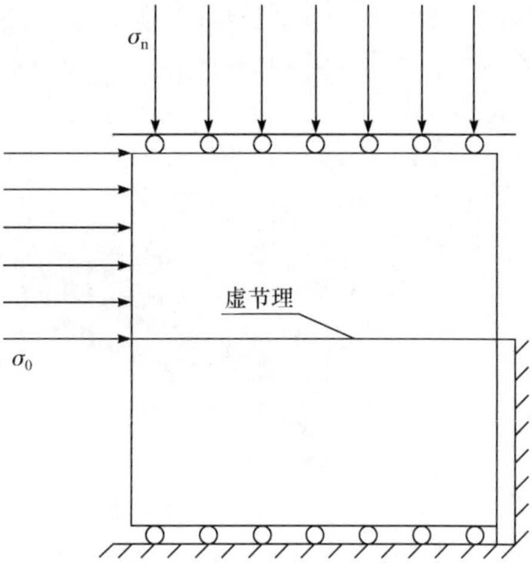

图 7.19 岩石试件剪切计算模型

模拟过程中剪应力与时间、切向位移、连通率的关系见图 7.20～图 7.22，切向位移与时间的关系见图 7.23。

试件在达到虚节理(岩石)强度前，剪应力随时间线性增加，切向位移也随时间线性增加，表明试件变形属于弹性变形范畴；试件在达到岩石强度后，剪应力不断减小，切向位移开始显著增加，剪应力与虚节理面上连通率呈线性递减关系；当虚节理面上连通率增大到 1.0 时，剪应力降低到最小值，此时，切向位移不断增加，与剪应力无任何关系。

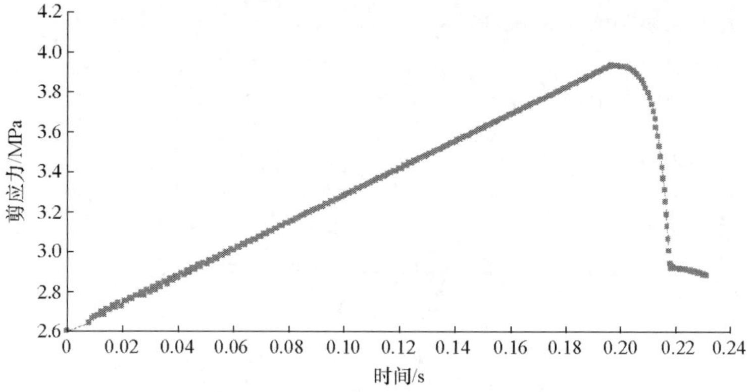

图 7.20　剪应力随时间的变化曲线

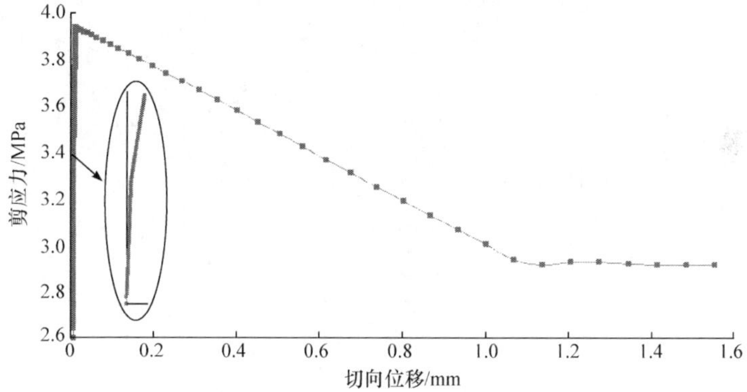

图 7.21　剪应力与切向位移的关系曲线

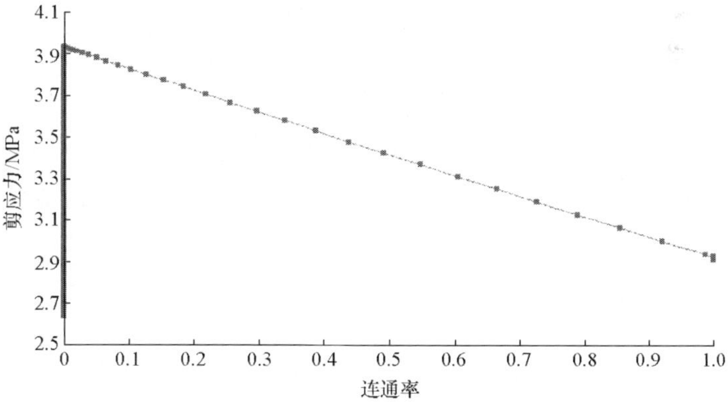

图 7.22　剪应力与连通率的关系曲线

2. 试件单轴抗拉试验模拟

试件切向不施加任何荷载，法向初始荷载为 0kN，计算开始后逐步增加荷载(图 7.24)。模拟过程中法向拉应力与时间、法向位移、连通率的关系见图 7.25～

图 7.27，法向位移与时间的关系见图 7.28。

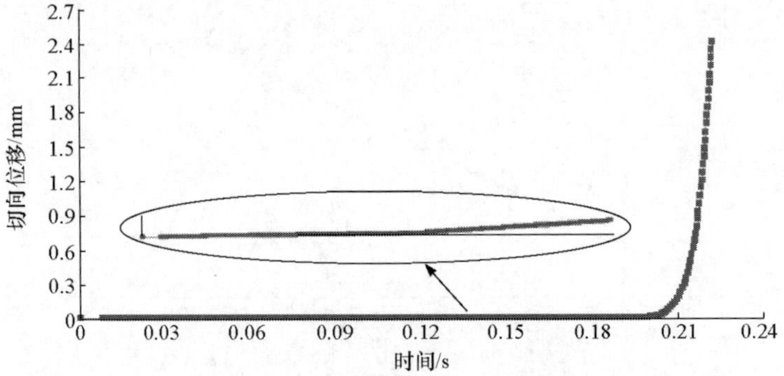

图 7.23　切向位移随时间的变化曲线

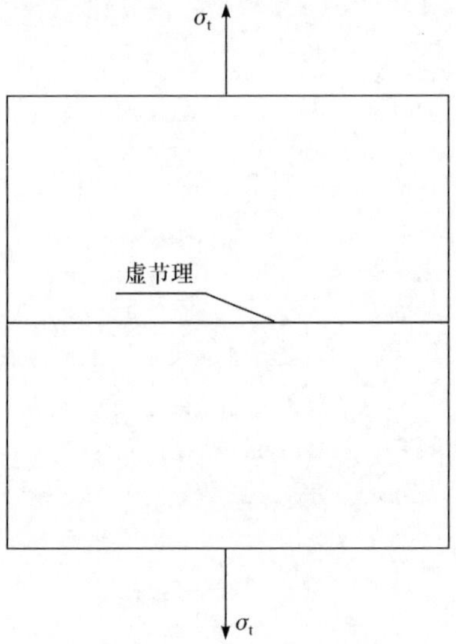

图 7.24　岩石试件抗拉计算模型

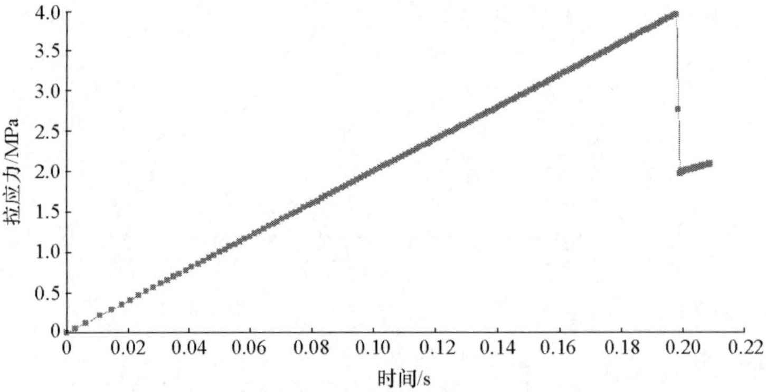

图 7.25　拉应力随时间的变化曲线

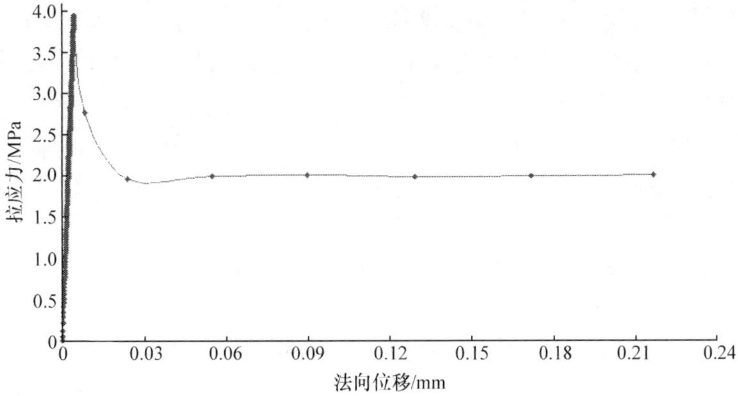

图 7.26　拉应力与法向位移的关系曲线

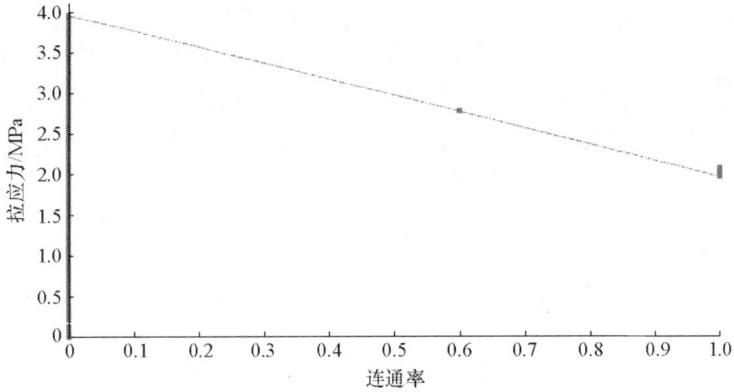

图 7.27　拉应力与连通率的关系曲线

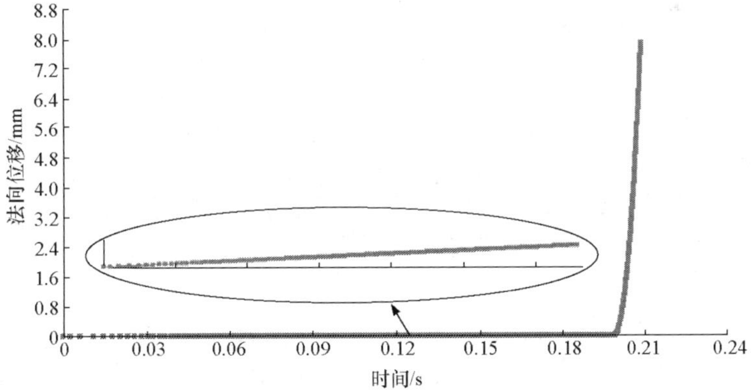

图 7.28　法向位移随时间的变化曲线

试件在达到虚节理(岩石)抗拉强度前，拉应力随时间线性增加，法向位移也随时间线性增加，试件变形属于弹性变形范畴；试件在达到岩石抗拉强度后，拉应力迅速减小、法向位移开始显著增加，拉应力与虚节理面上连通率呈线性递减关系，并且弱化过程比剪切应变迅速得多，弱化过程产生的位移也比较小；同样，当虚节理面上连通率增大到 1.0 时，拉应力降低到最小值，此后法向位移不断增加，与拉应力无任何关系。此外，需要注意的是，虚节理破坏后块体处于运动平衡中，块体的拉应力比理论计算结果未能完全一致。

7.4 工 程 应 用

6.5 节利用非连续变形分析源程序对金鸡山隧道围岩按照贯通节理岩体的力学性质进行了研究分析，得出金鸡山隧道 K22+560 断面围岩为全贯通节理岩体时，隧道围岩安全系数左洞为 1.1、右洞为 1.16，该隧道围岩安全系数是在隧道围岩中节理分布对工程极端不利条件下得出的。在实际工程中节理呈断续性分布，直接贯通整个工程区域的节理十分少见，且隧道围岩的失稳也常常是岩体中节理扩展、连通、滑移的结果。本节利用断续节理开裂算法对金鸡山隧道围岩按照工程实际中的断续节理岩体进行模拟计算，分析方法仍采用强度折减法，以期得到更符合工程实际的隧道围岩安全系数。

7.4.1 计算模型

金鸡山隧道模拟计算断面选取 K22+560，隧道围岩中主要有 62°∠75°、63°∠169°两组节理，两组节理的平均间距分别为 1.6m 和 1.8m，根据现场量测岩桥长度平均为 0.8m、0.6m。金鸡山隧道围岩中节理面和块体围岩力学参数见表 7.4、表 7.5。

表 7.4　金鸡山隧道节理面力学参数表

内摩擦角/(°)	节理面黏聚力/kPa	节理面抗拉强度/kPa
34	160	80

表 7.5　金鸡山隧道围岩力学参数表

容重/(kN/m^3)	弹性模量/GPa	泊松比	内摩擦角/(°)	黏聚力/kPa	抗拉强度/kPa
20	1.5	28	39	1600	1000

计算模型见图 7.29，监测部位见图 6.31。在金鸡山隧道断续节理岩体分析模型中，隧道围岩稳定性受节理与岩石(或岩桥)力学性质共同控制。其中，岩石的力学性质为关键因素，若节理间岩桥断裂，则节理会相互贯通造成隧道围岩宏观失稳，因此对断续节理岩体中隧道围岩稳定性研究分析的重点是节理间岩桥的稳定性。

图 7.29　金鸡山隧道 K22+560 断面计算模型(断续节理岩体)

7.4.2　位移分析与结果

断续节理岩体中金鸡山隧道各特征点在不同折减系数下的水平位移和竖向位移及总位移见图 7.30～图 7.32。

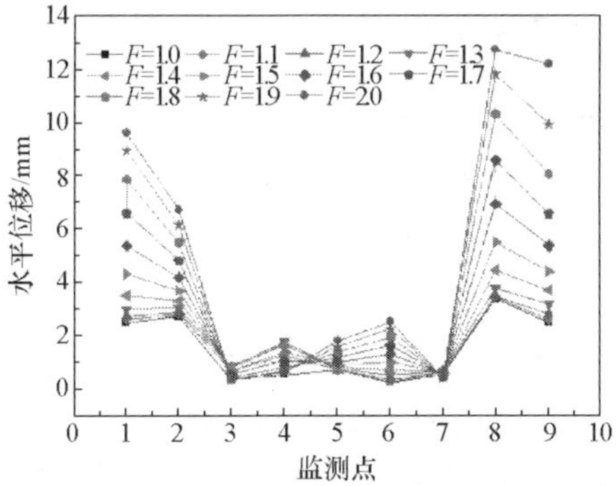

图 7.30　监测点水平位移(断续节理岩体)

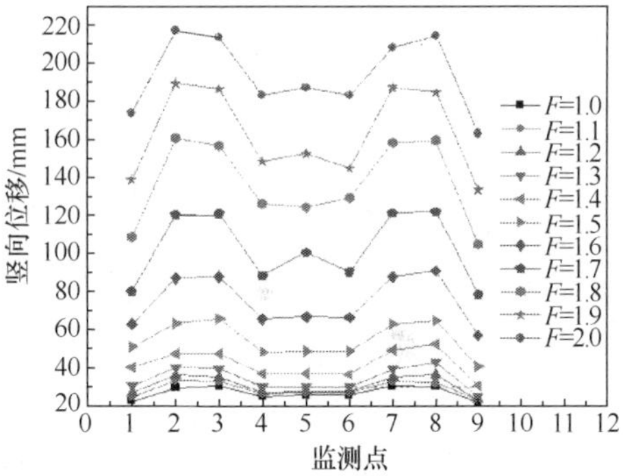

图 7.31　监测点竖向位移(断续节理岩体)

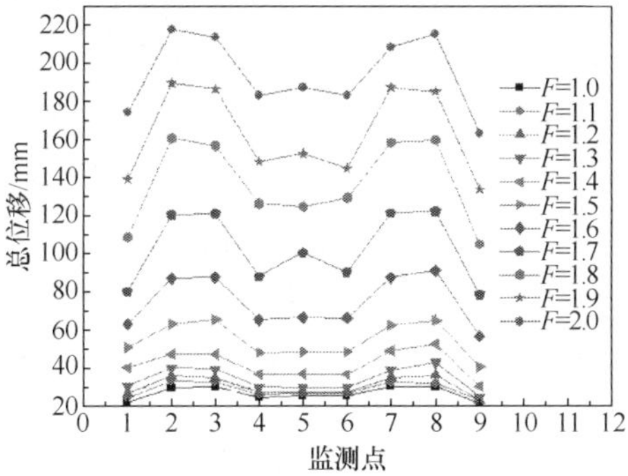

图 7.32　监测点总位移(断续节理岩体)

在 62°∠75°和 63°∠169°、间距 1.6m 和 1.8m、岩桥长度为 0.8m 和 0.6m 两组节理作用下，隧道围岩各个监测点的位移规律如下：

在水平位移中，隧道左边墙监测点 1 和右边墙监测点 9 的水平位移最大，其次是隧道外侧拱肩部位，内侧拱肩和拱顶部位水平位移较小。在竖向位移中，隧道拱顶和外侧拱肩部位水平位移最大，其次是内侧拱肩部位。水平位移与竖向位移相比，竖向位移数值仍然远远大于水平位移，因此各监测点总位移大小分布中拱顶与外侧拱肩居首位。与贯通节理岩体计算结果相比，各监测点的竖向位移与折减系数的变化规律整体趋于一致，变化幅度较为均匀(图 7.33)；但各监测点的水平位移的变化却与此不同，如拱顶监测点水平位移计算结果在一定折减系数后减小(图 7.34)。由此可见，围岩块体系统在变形过程中相互间的影响关系与其自身的力学参数有关。

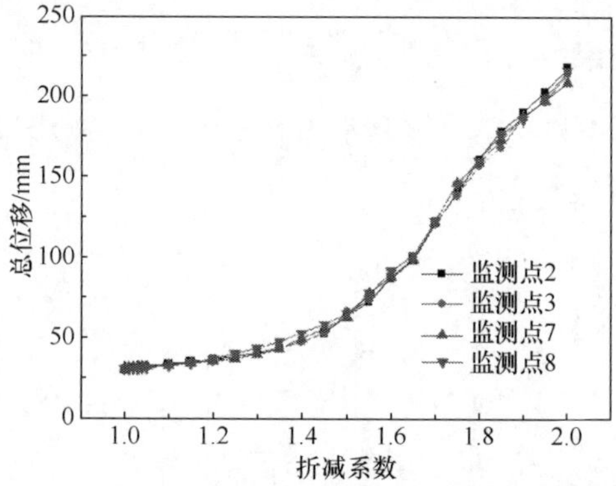

图 7.33　监测点 2、3、7、8 总位移与折减系数的关系

断续节理岩体中隧道围岩稳定性按照总位移显著变化部位的稳定性进行判断，图 7.34 给出了隧道围岩位移与强度折减系数变化最为敏感的监测点的位移变化曲线，按照监测点 2、3、7、8 总位移计算得到的安全系数均为 1.25，显著高于贯通节理岩体模型的计算结果 1.10。

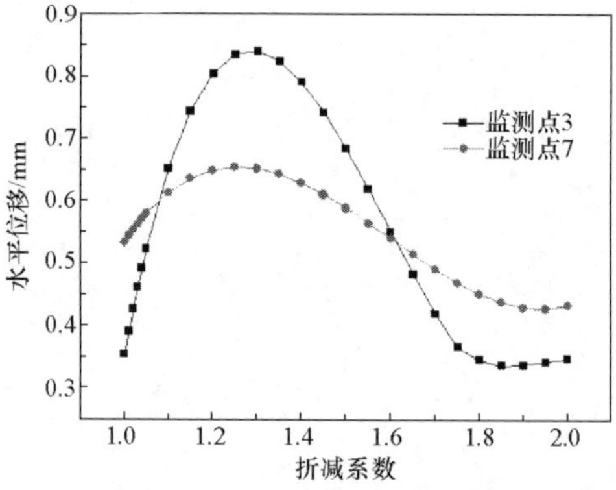

图 7.34　监测点 3 和 7 水平位移与折减系数的关系

参考文献

白世伟, 任伟中, 丰定祥, 等. 1999. 共面闭合断续节理岩体强度特性直剪试验研究. 岩土力学, 20(2): 10-16.

曹文贵, 赵明华, 刘成学. 2004. 基于 Weibull 分布的岩石损伤软化模型及其修正方法研究. 岩石力学与工程学报, 23(19): 3226-3231.

曹文贵, 赵明华, 刘成学. 2005. 基于统计损伤理论的莫尔-库伦岩石强度判据修正方法之研究. 岩石力学与工程学报, 24(14): 2403-2408.

陈贵红, 李玉文, 赵玉光. 2005. 连拱隧道中墙受力研究. 中国铁道科学, 26 (1):20-24.

陈剑平, Kulatilake P H S W. 1996. 岩体结构统计均质区的划分. 地质灾害与环境保护, 7(1): 19-24.

陈建勋, 罗彦斌, 万利, 等. 2018. 超大跨度公路隧道研究现状与面临的挑战. 筑路机械与施工机械化, 35(6): 36-44.

迟作强, 刘瑞辉, 陈瑶, 等. 2020. 超大跨度公路隧道施工工法转换方案研究. 科学技术与工程, 20(17): 7059-7066.

丁文其, 王晓彤, 李志刚, 等. 2005. 龙山浅埋大跨度连拱隧道施工方案优化分析. 岩石力学与工程学报, 24(22): 4042-4047.

冯玉国. 1996. 灰色优化理论模型在地下工程围岩稳定性分类中的应用.岩土工程学报, 18(3): 62-66.

韩现民, 孙明磊, 李文江, 等. 2011. 复杂条件下隧道断面形状和支护参数优化. 岩土力学, 32(s1): 725-731.

郝洪兴. 2020. 富水山岭隧道开挖工法对围岩稳定性的影响研究. 水利与建筑工程学报, 18(3): 150-154, 174.

郝小苏, 金露, 何远康. 2008. 双向八车道公路隧道双侧壁导坑法施工优化. 现代交通技术, 5(1): 61-64.

黄伦海. 2005. 双洞八车道公路隧道施工方案研究. 公路, (9): 206-212.

黄明琦, 付贤伦, 李云超. 2007. 大断面海底隧道软弱地层CRD法施工稳定性控制研究. 岩石力学与工程学报, 26(s2): 3804-3809.

贾蓬, 唐春安, 杨天鸿, 等. 2007. 强度折减法在岩石隧道稳定性研究中的应用. 力学与实践, 29(3): 50-55.

蒋树屏, 刘洪洲, 鲜学福. 2000. 大跨度扁坦隧道动态施工的相似模拟与数值分析研究. 岩石力学与工程学报, 19(5): 567-572.

李强, 王明年, 李玉文. 2006. 双跨连拱隧道两种中墙的空间力学效应分析. 岩土力学, 27(4): 667-672.

李慎文. 2000. 采用双侧壁导洞法通过断层破碎带. 铁道建筑技术, (1): 40-43.

李术才, 王汉鹏, 郑学芬. 2008. 分岔隧道稳定性分析及施工优化研究. 岩石力学与工程学报,

27(3): 447-457.
李新志, 李术才, 李树忱. 2011. 浅埋大跨度隧道施工过程地表沉降变形特征研究. 岩石力学与工程学报, 30(增 1): 3348-3353.
李炎延, 郑颖人, 康楠. 2015. 隧洞稳定性影响因素的敏感性分析. 地下空间与工程学报, 11(2): 491-498.
李志清, 丁春林, 窦世学, 等. 2014. 大断面浅埋黄土隧道围岩变形特性分析. 地下空间与工程学报, 10(s1): 1623-1628.
李仲奎, 周钟, 汤雪峰, 等. 2009. 锦屏一级水电站地下厂房洞室群稳定性分析与思考. 岩石力学与工程学报, 28(11): 2167-2175.
梁巍, 黄明利. 2007. 大跨度隧道 CRD 法穿越含水软弱层沉降变形控制. 岩石力学与工程学报, 26(s2): 3738-3742.
梁作元, 朱维申. 1994. 压剪应力作用下含共面闭合节理岩石材料的剪切破坏准则探讨//中国青年学者岩土工程力学及其应用讨论会议论文集. 北京: 科学出版社.
林刚, 何川. 2003. 连拱隧道施工方法模型试验研究. 现代隧道技术, 40(6): 1-6.
刘刚, 赵坚, 宋宏伟, 等. 2008. 断续节理方位对巷道稳定性的影响. 煤炭学报, 33(8): 860-865.
刘涛, 沈明荣, 陶履彬, 等. 2006. 连拱隧道动态施工模型试验与三维数值仿真模拟研究. 岩石力学与工程学报, 25(9): 1802-1808.
刘远明. 2007. 基于直剪试验的非贯通节理岩体扩展贯通研究. 上海: 同济大学.
戚玉亮, 唐孟雄, 曹洪. 2014. 大断面浅埋暗挖海底隧道 CRD 法施工模拟分析. 地下空间与工程学, 10(1): 136-143.
曲海锋, 朱合华, 蔡永昌. 2008. 扁平大跨度公路隧道松动荷载计算方法探讨. 岩土力学, 29(4): 989-994, 1000.
任露泉. 2009. 回归设计及其优化. 北京: 科学出版社.
任伟中, 王庚荪, 白世伟, 等. 2003. 共面闭合断续节理岩体的直剪强度研究. 岩石力学与工程学报, 22(10): 1667-1672.
申玉生, 赵玉光. 2005. 高速公路双连拱隧道的中墙力学特性分析. 地下空间与工程学报, 1(2): 200-204, 213.
石根华. 1997. 数值流形方法与非连续变形分析. 裴觉民, 译. 北京: 清华大学出版社.
石熊, 张家生, 刘宝琛. 2015. 大断面浅埋偏压隧道 CRD 法施工工序研究. 现代隧道技术, 52(3): 193-199.
时亚昕, 王明年, 李强. 2007. 爆破振动对双连拱隧道中墙的影响分析. 岩土力学, 28(6): 1275-1279.
宋选民, 顾铁凤, 柳崇伟. 2002. 受贯通裂隙控制岩体巷道稳定性试验研究. 岩石力学与工程学报, 21(12): 1781-1785.
孙钧, 周健, 龚晓南, 等. 2004. 受施工扰动影响土体环境稳定理论与变形控制. 同济大学学报(自然科学版), 32(10): 1261-1269.
涂碧海, 李正文, 冯金海. 2005. CRD 法在大跨度隧道掘进中的应用. 中国市政工程, (6): 39-41.
汪成兵. 2007. 软弱破碎隧道围岩渐进性破坏机理研究. 上海: 同济大学.
吴顺川, 周喻, 高利立, 等. 2010. 等效岩体技术在岩体工程中的应用. 岩石力学与工程学报, 29(7): 1435-1441.

夏才初, 陈孝湘, 许崇帮, 等. 2010a. 特大跨度连拱隧道岩体节理的精细化描述及其块体稳定性分析. 岩石力学与工程学报, 29(s1): 2598-2603.
夏才初, 刘金磊. 2000. 相思岭连拱隧道中墙应力研究. 岩石力学与工程学报, 19(s1): 1115-1119.
夏才初, 肖维民, 丁增志. 2010b. 非贯通节理 Jennings 强度准则的岩桥弱化和节理面起伏角修正. 岩石力学与工程学报, 29(3): 485-492.
夏永旭, 王文正, 胡庆安. 2007. 公路双连拱隧道施工过程中中隔墙的变形及稳定性. 中国公路学报, 20(5): 83-88.
谢家杰. 1964. 浅埋隧道的地层压力. 土木工程学报, (6): 58-70.
许崇帮, 夏才初, 朱合华. 2009. 双向八车道连拱隧道施工方案优化分析. 岩石力学与工程学报, 28(1): 66-73.
许崇帮, 杨志刚, 王皓. 2016. 浅埋大断面隧道施工方法优化分析. 公路, 61(4): 261-265.
杨超, 陆士良, 姜耀东. 2000. 支护阻力对不同岩性围岩变形的控制作用. 中国矿业大学学报, 29(2): 170-173.
姚红伟, 王薇. 2018. 浅埋暗挖隧道 CRD 工法优化与现场试验研究. 铁道科学与工程学报, 15(6): 1509-1515.
叶飞, 丁文其, 朱合华, 等. 2007. 连拱隧道中隔墙现场监测及分析研究. 地下空间与工程学报, 3(3): 470-474.
曾胜, 覃庆通, 阳军生. 2008. 大跨度连拱隧道直中墙受力现场监测分析. 岩土力学, 9(9): 2537-2541.
张顶立, 王梦恕, 高军, 等. 2003. 复杂围岩条件下大跨隧道修建技术研究. 岩石力学与工程学报, 22(2): 290-296.
张国华, 陈礼彪, 钱师雄, 等. 2010. 大断面小净距大帽山隧道现场监控量测及分析. 岩土力学, 31(2): 489-496.
张秀丽, 焦玉勇, 刘泉声, 等. 2007. 用改进的 DDA 方法模拟公路隧道的稳定性. 岩土力学, 28(8): 1710-1714.
张志强, 何川. 2006. 连拱隧道中隔墙设计与施工力学行为研究. 岩石力学与工程学报, 25(8): 1632-1638.
赵旭. 2007. 隧道洞口段边仰坡失稳机理及计算研究. 上海: 同济大学.
郑颖人, 邱陈瑜, 张红, 等. 2008. 关于土体隧洞围岩稳定性分析方法的探索. 岩石力学与工程学报, 27 (10): 1968-1980.
中华人民共和国交通部. 2004. 公路隧道设计规范(JTG D70—2004). 北京: 人民交通出版社.
中华人民共和国交通运输部. 2010. 公路隧道设计细则(JTG/T D70—2010). 北京: 人民交通出版社.
周小平, 王建华, 哈秋. 2003. 压剪应力作用下断续节理岩体的破坏分析. 岩石力学与工程学报, 22(9): 1437-1440.
朱合华, 叶斌. 2002. 大跨度非对称连拱隧道施工力学研究//中国岩石力学与工程学会第七次学术大会论文集. 北京: 中国科学技术出版社.
Barton N, Lien R, Lunde J. 1974. Engineering classification of rock masses for the design of tunnel support. Rock Mechanics, 6(4): 189-236.
Belem T, Hamond-Etienne F, Souley M. 2000. Quantitative parameters for rock joint joint surface

roughness. Rock Mechanics and Rock Engineering, 33(4): 217-242.

Goodman R E, Dubois J. 1972. Duplication of dilatancy in analysis of jointed rocks. Journal of the Soil Mechanics and Foundations Division, 98(4): 399-422.

Jia P, Tang C A. 2008. Numberical study on failure mechanism of tunnel in jointed rockmass. Tunneling and Underground Space Technology, 23(3): 500-507.

Lajtai E Z. 1969a. Shear strength of weakness planes in rock. International Journal of Rock Mechanics and Mining Sciences & Geomechanics Abstracts, 6(5): 499-515.

Lajtai E Z. 1969b. Strength of discontinuous rocks in direct shear. Géotechnique, 19(2): 218-233.

Lanaro F. 2000. A random field model for surface roughness and aperture of rock fractures. International Journal of Rock Mechanics and Mining Sciences, 37(8): 1195-1210.

Qiu X, Plesha M E, Huang X, et al. 1993. An investigation of the mechanics of rock joints—Part Ⅱ: Analytical investigation. International Journal of Rock Mechanics and Mining Sciences & Geomechanics Abstracts, 30(3): 271-287.

Singh B, Goel R K, Jethwa J L, et al. 1997. Support pressure assessment in arched underground openings through poor rock masses. Engineering Geology, 48(1-2): 59-81.

Xia C C, Xu C B, Zhao X. 2009. Application of strength reduction DDA method in stability analysis of mountain tunnel//Proceeding of the 9th International Conference on Analysis of Discontinuous Deformation, Singapore: 189-203.

Zhang X L, Jiao Y Y, Zhao J. 2008. Simulation of failure process of jointed rock. Journal of Central South University of Technology, 15(6): 888-894.